실제 예수 사건들을 순서대로 재배열하고 조명한

벤 아담

실제 예수 사건들을 순서대로 재배열하고 조명한

벤 아담

초판 1쇄 인쇄 ｜ 2019년 9월 16일
초판 1쇄 발행 ｜ 2019년 9월 25일

지은이 박영주
책임편집 손성실
편집 조성우
마케팅 이동준
디자인 권월화
용지 월드페이퍼
제작 성광인쇄㈜
펴낸곳 생각비행
등록일 2010년 3월 29일 ｜ 등록번호 제2010-000092호
주소 서울시 마포구 월드컵북로 132, 402호
전화 02) 3141-0485
팩스 02) 3141-0486
이메일 ideas0419@hanmail.net
블로그 www.ideas0419.com

ⓒ 박영주, 2019
ISBN 979-11-89576-42-4 03230

실제 예수 사건들을 순서대로 재배열하고 조명한

בֶּן אָדָם
The Son of Man 벤 아담

박영주 지음

생각비행

당신에게 이 책을 권합니다

저자는 생터성경사역원 전문강사 훈련을 받고 헌신적으로 사역하고 있는 탁월한 사역자요 선교사입니다. 선교 현장에서 사역하는 동안, 그 사역의 뿌리를 《성경》에 두고 있었기에 이 작품은 그 흙을 뚫고 나온 아름다운 열매라고 할 수 있습니다. 귀한 사역을 응원하며 《성경》을 사랑하는 분들에게 기쁨으로 이 책을 추천합니다.   김강현 목사 / (사)생터성경사역원 부대표

《성경》을 읽으면서 주님을 더 생생하게 경험할 수 있다면 얼마나 좋을까! 이 책은 바로 그런 소원을 열어 줍니다. 저자는 사복음서를 한눈에 보도록 사건들을 통합하며, 그 현장을 섬세하게 묘사하고 있습니다. 주님께서 공생애를 보내시던 그 땅의 먼지 냄새, 뜨겁게 달아오르는 낮의 햇볕, 갈릴리 바다의 소금기, 서민들의 땀 냄새, 유대 지도자들의 살기를 느끼게 합니다. 주님의 자비가 죽어 가는 자들과 죄인을 살리고 회개가 없는 곳에 엄중한 책망과 심판을 선포하시는 주님의 음성이 쟁쟁하게 귓전을 울립니다. 주님을 더 깊이 만나고 싶은 소원을 가진 자들을 위한 좋은 안내서라고 생각하며 적극 추천합니다.   송춘복 목사 / 호평교회

이 책은 복음서에 기록된 역사의 무대 속으로 독자를 안내하여 생생한 현장 속에서 함께 호흡하는 느낌을 갖게 합니다. 예수 그분의 이야기에 몰입하여 경청할 수 있도록 인도해 줍니다. 이 책을 읽는 독자는 사복음서라는 항아리 속에 담긴 보다 숙성된 신앙의 깊은 맛을 볼 수 있을 것입니다. 예수님이 나의 인생과 신앙에 어떤 의미인가 고민하는 독자들이 영혼의 비밀한 빛을 발견하게 될 것입니다.   신영준 목사 / 드림교회

복음서 네 권은 모두 예수님의 공생애 사건을 다루고 있고, 각각은 신앙적 관점이 다른 특성을 가지고 있습니다. 네 복음서를 하나의 이야기로 통합한 이 책은 예수님 공생애 그 역사 속에서 그를 만나 그의 육성 설교를 들으며 그의 숨결을 체험하게 만듭니다. 시간과 공간을 뛰어 넘어 타임머신을 탄 것처럼 예수 사역의 현장, 그때 그 장소로 우리를 이끌어 주는 흥미진진한 '예수 시뮬레이션'입니다. 독자들이 역사적 예수 그분을 인격적으로 만나길 바라는 마음으로 이 책을 적극 추천합니다.   양정국 목사 / 홍성장로교회

저자는 《성경》에서 영원한 생명의 비밀한 진리를 발견하고 사복음서를 이해하기 쉽게 재조명한 책을 내놓았습니다. 문화의 시대에 때맞추어 《성경》 속 예수 그리스도의 메시지를 오늘날 삶의 정황 속에 풀어내 주는 스토리텔링입니다. 수십 년 선교지 삶에서 우러나온 이 책을 통하여 영혼이 목마른 독자들이 그리스도를 재발견하고, 생수의 강 같은 해갈로 이어지기를 기대합니다.

이용희 목사 / 이태원제일교회

《성경》의 주인공이자 복음의 본체이신 예수님을 실제 삶의 현장에서 만나서 보고 듣고 만지게 하는 설교자가 되었으면 좋겠다고 생각한 적이 있습니다. 그 기대에 부응한 이 책은 하나님이 나에게 주신 선물이라는 생각이 들었습니다. 이 책은 청소년들도 단숨에 읽어 내려갈 수 있을 정도로 재미가 있습니다. 성령의 감동하심이 함께한 이 책으로 주님을 더 깊이 알아가게 될 것을 믿어 의심치 않습니다.

임형빈 목사 / 성광교회

사복음서는 성령의 감동에 의한 예수님 행적이 기록된 책입니다. 이 책은 그 기록을 우리 삶의 정황 속에 옮겨다 놓음으로 의미와 흥미를 더하고 있습니다. 소설 형식을 취했지만 결코 성경적 주제를 벗어나지 않은 정통적 신학의 바탕 위에 구성된 책임을 확인하였습니다. 그래서 《성경》을 흥미진진하게 읽게 할 뿐만 아니라 예수님의 실재에 더 가까이 접근할 수 있게 하여 신앙 성장에 큰 도움이 될 것으로 확신합니다.

장경덕 목사 / 가나안교회

차례

구도자들

길을 예비하는 자

인적 없는 광야, 떠오르는 아침 태양은 대지를 뜨겁게 달구기 시작했다. 좌우 사방에 작은 돌산들이 섬처럼 떠 있으며, 바위들은 눈부신 태양의 햇살을 튕겨 내고 있었다. 붉은빛이 섞인 화강암 잿빛 바위들 사이로 숭숭 뚫린 시커먼 동굴들이 여기저기 눈에 띄었다. 천연 동굴들 같았다. 한 동굴 입구에서 언뜻 커다란 짐승이 모습을 드러냈다. 사람이었다. 짐승 가죽을 겉옷으로 걸치고 가죽띠를 두르고 있었다. 그는 눈이 부신지 손바닥으로 눈을 가리고 잠시 그대로 서 있었다. 석굴 속에 오랫동안 머물다 나온 사람인 듯했다. 야인 복장의 그는 더부룩한 머리를 하고 얼굴엔 수염이 가득했다. 40대 중년처럼 보였으나 탄탄한 피부를 보아 30대 중반 젊은이 같기도 했다. 어깨에는 가죽 물주머니를 걸쳤고 손에는 양피지 두루마리를 들고 있었다. 그는 하늘을 향하여 낮은 목소리로 독백처럼 기도했다.

"주님, 누군가는 저들에게 외쳐야겠지요? 제게 불같은 소원을 주고 이 길을 달려가게 하시는 분이 분명 당신이지요?"

세례요한은 나실인으로 살면서 아버지 임종을 지키지 못했고 장례식에도 가지 못했다. 그러나 아버지의 당부를 잊은 적이 없었다. 이제 사명자로서 때가 찼음을 직감하고 그는 에센 공동체를 떠나기로 결심했다. 그가 발걸음을 내딛으며 자리를 떠나려 할 때 뒤에서 또 한 사람이 동굴 속에서 나타났다. 그와 비슷한 분위기를 가진 자였는데 머리와 두 팔 부위가 뚫린 통옷의 가벼운 속옷 차림이었다. 함께 떠나려고 하는 사람은 아닌 듯했다. 그도 손으로 햇빛을 가리고 잠깐 서 있더니 앞선 사람에게 말했다.

"요한, 지금 가려고?"

요한이라 불린 사나이가 뒤를 돌아보며 대답했다.

"필립, 자넨가?"

"이 친구 급하기는…. 필사실에 밤낮으로 붙어 있더니, 하던 일을 마친 모양이지?"

"그래, 어젯밤에 〈이사야〉서 필사를 끝냈어."

"잠깐 앉아서 얘기 좀 할까? 끝낸 소감이 어때?"

그들은 비교적 평평한 돌 위에 걸터앉으며 대화를 이어갔다.

"이사야 선지자를 직접 만난 것 같아. 그의 메시지가 내 속에 불을 질러 참을 수가 없어."

"오! 대단히 감동을 받았군 그래. 나도 〈다니엘〉서를 필사 중인데 역사 속에 성취된 하나님의 예언을 확인하며 많은 생각을 하게 돼."

"느부갓네살 왕이 꿈속에서 본 거대한 신상 예언을 말함인가?"

느부갓네살은 메소포타미아 지역에서 발흥하여 앗수르 대제국을 무너뜨린 바벨론 왕이었다. 바벨론은 아시아와 북아프리카, 유럽 남부까지 경계를 확장한 대제국이 되어, 남왕국 유다까지 멸망시키고 많은 사람들을 포로로 끌고 갔다. 끌려간 유대인들은 그 땅에서 눈물로 세월을 보냈다. 청년 다니엘과 에스겔이 유대인 포로 공동체 속에서 선지자로 등장했다. 다니엘은 아무도 해석하지 못하는 바벨론 왕의 꿈을 알아맞히고 해석함으로써 관련 부서 최고 책임자로 발탁되었다. 그 꿈의 내용은 바벨론부터 이어질 미래 제국들에 관한 예언이었다.

"자네도 알다시피 예언대로 제국의 흥망성쇠가 그대로 진행되고 있지 않는가?"

"그렇지. 창조주 하나님은 역사의 주인이시니까."

요한은 하늘을 올려다보면서 대답했다.

"세계사 속에 제국들은 잠깐 흥하다가 망할 것이지만 하나님 나라는 영원할 것이라는 메시지 속에 하나님 마음이 보이는 것 같았어."

"예언대로 이루어져 가는 세계 역사 속에서 특별한 메시지라도 발견했다는 말인가?"

"제국들을 상징하는 그 꿈속 커다란 신상을 향하여 위로부터 뜨인 돌이 날아와 산산조각 내 버리는 장면을 기억하는가? 자기 백성에 대한 하나님의 연민과 사랑이 엿보이지 않나?"

"하나님의 연민? 자네도 성경을 필사하면서 깨우친 것이 많은 모양이군."

요한이 친구 필립의 어깨를 가볍게 치면서 말했다. 그들은 서로 마주보며 웃었다. 필립이 말을 이어갔다.

"하나님께서는 징계의 도구로 바벨론을 들어 쓰셨으나, 회초리를 꺾어 던져 버리시고 자기 백성을 향한 연민으로 다시 끌어안으셨어. 심판하시나 구원하시는 자비의 하나님은 여전히 우리 민족을 사랑하고 계시는 거야. 나아가 그분은 역사의 주인이시며 세상 제왕들 위에 최고의 왕인 것을 선포하고 있는 그림이잖아."

필립의 말에 요한이 격한 반응을 보이며 말했다.

"그런데 또다시 이스라엘 백성이 그 사랑을 무시하고 배반하고 있잖아? 작금의 이 백성이 얼마나 타락하고 부패했는지 보라고. 위정자들, 종교 지도자들, 일반 백성에 이르기까지. 도무지 회개할 줄 모르는 이 백성들이 하나님의 진노를 자초하고 있잖아? 이 땅의 왕이라는 작자는 이복동생 아내를 빼앗고 버젓이 살고 있지를 않나… 위에서 아래까지 통째로 썩었어. 그러고도 임박한 하나님의 심판을 피할 수 있겠어?"

말을 하면서 요한이 주먹을 불끈 쥐고 몸을 떨었다. 그가 일어섰다.

"지금 바로 가려고? 선생님께 인사는 드렸어?"

"며칠 전에 말씀은 드렸는데 아침에 인사하려고 찾았더니 기도하고 계셔서 그냥 나왔어. 자네가 대신 말씀드려 주게나."

"그런데 꼭 가야겠는가? 우리 쿰란 공동체, 에센파 노선은 현실 정치에 관여하지 않는다는 것을 자네도 알고 있잖은가?"

"알아. 그래도 이제는 누군가 나서서 '그만, 그만해!' 하고 외쳐야 할 것 같아. 이 혼탁한 세상에 물들지 않으려고 몸부림치는 우리 공동체야 주의 날에 심판을 면할지 몰라도 우리만 구원받을 수는 없지 않은가? 여기 그대로 가만히 있으면 내 심장이 터져 버릴 것 같아 견딜 수가 없어."

"그래. 결과가 어떻든 노아처럼 끝까지 외쳐야 할 책임은 깨어 있는 자들에게 있겠지."

필립이 요한의 군은 결의를 보면서 알았다는 듯 고개를 끄덕이며 말했다.

"자네의 뜻이 정 그렇다면 어쩔 수 없지. 주께서 자네와 함께하시기를 기도함세."

요한은 터벅터벅 광야를 가로질러 가면서 혼잣말처럼 같은 기도를 되풀이했다.

"곧 오시옵소서. 임마누엘 주님, 황무한 이 땅, 고달픈 백성을 돌아보소서."

작렬하는 광야 태양 볕 속으로 그의 그림자가 사라져 갔다. 짧고 굵게 살다 간 한 사명자의 인생은 그렇게 꽃을 피우기 시작했다.

길을 찾는 사람들

갈릴리 바다 북동쪽에 '어부의 집'이라는 뜻을 가진 벳새다 마을에 새벽이 열리고 있었다. 하늘과 바다와 산이 대치하고 있는 해변에 작은 파도들이 검푸른 바다를 타고 달려왔다. 수평선 너머에서 번져 오던 여명이 어둠을 걷어 내며 하늘에 날개를 펴고 산등성을 쪼아 대었다. 사자처럼 웅크린 산등성 아래로 이어지는 해변에 한 사람이 백사장에 쪼그리고 앉아, 수평선에 시선을 고정한 채 상념에 빠져 있었다. 이윽고 그는 두 손을 뒤로 하여 모래 바닥을 짚으며 그 자리에 철퍼덕 주저앉았다. 그의 입에서 독백이 흘러나왔다.

"이 갈릴리 바다는 나의 운명을 보여 주는 걸까?"

이런저런 생각으로 뒤척이다가 더 이상 잠이 올 것 같지 않아 일어나 주섬주섬 옷을 챙겨 입고 새벽 바다로 나온 청년 존이었다. 작은 어촌, 어부의 집안에 태어난 그는 아버지처럼 어부가 되어 평생 갈릴리 바다를 벗어나지 못할 수도 있다는 생각에 가슴이 답답했다. 갈릴리 바다는 사실 건너편 육지가 보이지 않는 커다란 호수였다. 이름을 어떻게 부르던지 바다는 바다고 호수는 호수다. 그 둘이 결코 같을 수 없다고 그는 생각했다. 서쪽의 지중해 바다에서는 배를 타고 어디로도 뻗어 나갈 수 있지만 갈릴리 바다의 배는 운명처럼 갈릴리를 벗어날 수 없다.

조국 이스라엘은 로마의 손아귀에 붙잡혀 있고 자신은 갈릴리 바다에 묶여 있다는 생각이 들었다. 아버지와 형을 따라 고깃배로 이곳저곳을 누비고 다니면서도 그는 혼자서 고민이 많았다. 인생이란 무엇이며, 신앙이란 무엇인가. 자신의 미래를 어떻게 그려 나가야 할지 안갯속에 있는 것같이 갈피를 잡지 못했다.

아침 해가 본모습을 드러내자 바닷가에는 어부들의 발걸음이 분주해졌다. 존의 집 고깃배는 며칠 쉬기로 했기에 그는 조금 여유를 부렸다. 존이 일어나 집으로 발길을 돌렸다.

"존, 오늘은 한가하네."

앞쪽에 친구 안드레가 그의 형과 함께 나타났다. 출항에 필요한 짐들이 손에 들려 있었다. 안드레는 존보다 한 살 위였지만 어릴 때부터 함께 친구로 자랐다.

"안드레, 이제 나오는 거야? 시몬 형, 오늘도 바쁘시네요."

존이 안드레에게 한 손을 들어 반기고 그 옆의 시몬에게도 인사하며 덧붙였다.

"우리 집은 그동안 너무 못 쉬었다고 아버지가 며칠 쉬겠다고 하시네요."

안드레의 형 시몬은 건장한 체구에 구릿빛 얼굴로 강한 인상을 주었지만 피곤한 기색이 엿보였다. 시몬이 미소를 띠며 존을 보았다.

"우리도 내일부터 며칠 쉬기로 했다."

안드레가 갑자기 생각난 듯 호들갑스럽게 존에게 말했다.

"너 소식 들었냐? 선지자가 나타났대!"

"정말? 언제? 어디서? 정말이에요, 형?"

존이 놀라 안드레에게 묻다가 시몬에게 확인까지 했다.

"그렇다는구나. 요단 동편 베레아에 선지자 요한이 등장해서 사람들이 난리인가 보더라. 요단강에서 회개의 세례를 베푼다고 사람들이 그를 세례요한이라 부른다더구나."

존이 안드레를 보며 말했다.

"그럼 우리 내일 당장 가 볼까? 너도 내일부터 한동안 쉰다면서."

"그럴까? 그래도 돼, 형?"

16

안드레가 존에게 대답하면서 옆에 시몬을 바라보고 허락을 구했다.

존은 세례요한 선지자가 나타났다는 말에 한 줄기 희망의 빛이 비치는 것 같았다. 거기 가면 인생과 신앙에 대한 해답을 찾을 수 있지 않을까 생각했다. '말라기 선지자 이후 사백 년 동안 침묵하신 하나님이 드디어 선지자를 보내셨구나. 하나님이 우리 민족을 아주 버리지는 않으신 거야.'

다음 날, 존과 안드레는 새벽에 길을 떠났다. 세례요한이 집회하고 있는 남쪽으로 길을 잡았다. 그곳은 요단강 하구에 '요단 저편'이란 뜻을 가진 베레아 땅이었다. 분봉왕 헤롯 안티파스가 갈릴리 지역과 함께 다스리는 지역이기도 했다.

"존, 거의 다 온 것 같은데 쉬었다 갈까?"

며칠을 걸어 온 그들의 얼굴은 햇볕으로 상기되었고 옷에 먼지가 잔뜩 내려앉아 있었다.

"집에서 여기까지 나흘 만에 주파해 조금 힘이 드는구먼."

"갈릴리를 주름잡는 젊은 바다 사나이가 이 정도에 힘들다고 엄살을 부리나?"

"젊어도 힘든 건 힘든 거지 뭐. 자기도 힘들면서 센 척은…."

안드레가 길가 작은 바위에 걸터앉으며 옷소매로 이마에 흐르는 땀을 닦았다.

"그럼 저기 강에 내려가 씻고 가자."

그들은 요단강 경사면 아래로 내려갔다. 아직 봄을 알리는 늦은 비가 오지 않은 겨울인지라 수위가 매우 낮아져 있었다.

"아, 시원하다!"

세수를 하고 올라온 그들은 다시 걸음을 재촉했다. 드디어 목적지인 집회 장소에 도착했다. 넓은 공터에 수많은 사람들이 모여 삼삼오오 앉거나 서서 담소하고 있었다.

"와, 대단한데. 어디서 이렇게 많은 사람들이 온 거야?" 안드레가 소리쳤다. "세례요한 선생님이 정말 선지자인가 봐."

그들은 세례요한을 찾으려고 두리번거렸다.

"지금은 쉬는 시간인가 보다. 저기 계신 분이 세례요한 선생님 같은데…."

건장한 체격에 약대 털옷을 가죽띠로 묶은 세례요한의 야인 복장이 눈에 띄었다. 그 모습은 구전으로 알려진 전형적인 엘리야 선지자의 복장이었다. 앉아서 몇 사람과 대화 중인 그에게 존과 안드레가 다가가 인사하며 자신들을 소개했다. 세례요한이 그들을 반갑게 맞으며 손을 내밀었다.

"만나서 반갑군. 난 저쪽에 있는 사람들에게 가 봐야겠으니 이분들과 대화를 나누시게나."

세례요한이 자리를 뜨자 존과 안드레는 옆에 앉아 있던 사람들과 인사를 하며 그들 곁에 앉았다. 그들 중 한 사람은 둥근 얼굴에 털이 가득한 중년이었고 또 한 사람은 땅딸막한 체형에 대머리의 중년이었다.

"우리는 갈릴리에서 왔는데 아저씨들은 어디서 오셨어요?"

"우리는 북쪽 수리아 지역에서 왔다네."

"그 멀리서 어떻게 소식을 듣고 오셨어요?"

"이미 팔레스타인 남쪽 끝에서 북쪽 끝까지 세례요한 선생님 집회 소식이 퍼졌지. 영적 각성운동이 일어나고 있는 거야. 여기 모이는 군중의 수가 날마다 불어나고 있어."

"예에. 그렇군요. 그런데 요한 선생님은 어떤 분입니까?"

"제사장 사가랴의 아들인데 나실인으로 일찍 출가하여 에센 공동체에서 수련을 했다더군."

한 사람이 잠시 존을 쳐다보더니 친절하게 세례요한에 대하여 들어서 알고 있는 바를 이야기해 주었다.

출생의 비밀

선이 부드러운 산등성 네 개가 꽃잎처럼 모인 지점에 마을이 있었다. 예루살렘 서쪽 4킬로미터, 포도밭으로 둘러싸인 산간마을 엔케렘은 평화로워 보였다. 담도 없는 집들이 옹기종기 둘러앉았고, 낮은 나무 울타리에 무화과나무가 시골 정취를 더했다. 무화과는 꽃이 없는 과실이라는 뜻인데 실제는 꽃이 과실 속에서 피어 외부로 나타나지 않을 뿐이었다.

마을 뒤쪽 산기슭 밑에 아담한 집 한 채가 자리 잡고 있었다. 집 뒤에는 화강암 암벽이 병풍처럼 둘러 있고, 가운데쯤에 움푹 들어간 동굴이 보였다. 그곳은 제사장 사가랴의 개인 기도처였다. 그 안에서 무릎을 꿇고 기도하던 그가 일어났다. 집 앞뜰로 나온 그는 반백의 머리에 중후한 풍채를 지닌 60대 후반쯤 되어 보였다. 50대로 보이는 정숙한 차림의 여인이 미소로 그를 맞았다. 그가 방문 앞 긴

나무 의자에 걸터앉자 여인도 그 옆에 나란히 앉으며 물었다.

"오늘은 무슨 기도를 하셨어요?"

사가랴가 아내 엘리사벳의 얼굴을 바라보았다. 육십이 다 되어 가지만 아내는 나이에 비해 훨씬 젊어 보였다. 다만 산마루에 걸쳐 있는 구름처럼 아내 얼굴에 어두운 그늘이 숨어 있었다. 아내는 슬하에 자녀가 없는 것 때문에 자괴감을 떨치지 못하고 있는 듯했다.

"늘 하는 간절한 기도제목 두 가지는 당신도 알잖아."

"자나 깨나 당신의 첫 번째 기도제목은 물론 나라 걱정이겠지요?"

"그렇지. 로마의 지배는 그 기세가 점점 더해지는데 국론은 사분 오열되어 있으니….."

사가랴가 하늘을 올려다보며 덧붙였다.

"이 어려운 시기에 백성들을 선도해야 할 종교 지도자들이 자리 싸움과 이권 챙기기에만 골몰하니 장차 이 나라가 어떻게 될 것인 가….."

"이제는 대제사장직도 돈을 주고 암암리에 사고판다면서요?"

"그렇게 돈을 투자했으니 성전에서 비상식적 방법으로 폭리를 취하는 게지."

"종교 지도자들이 왜 그 지경까지 되었을까요?"

"로마를 등에 업은 헤롯이 각계각층 지도자들을 장악하려 하는 데 근시안의 지도자들이 거기에 놀아나는 거지. 당장의 이익만 생각하고 정치, 종교 유착의 고리를 만들면서 말이야."

당시 이스라엘은 헤롯이 다스리고 있었다. 그는 팔레스타인 남부 에돔 사람이었다. 에돔은 아브라함의 손자요 이삭의 쌍둥이 아들인 에서의 후예들이었다. 헤롯은 로마 최고 권력자 줄리어스 시저 사후 권력 다툼이 한창일 때에 정치력을 발휘하여 로마 황제 옥타비아누스로부터 왕권을 받아 이스라엘의 통치자가 되었다. 로마의 꼭두각시인 셈이었다.

대화를 나누고 있는 부부의 눈에 무화과나무 울타리 사이로 스치는 그림자가 보였다. 대문 없이 좌우에 통나무 기둥만 있는 집 입구로 걸어 들어오는 사람은 사가랴의 친구 시몬 제사장이었다. 부부는 일어나 반갑게 그를 맞았다. 서로 인사를 주고받으며 사가랴는 시몬이 앉도록 의자를 권했다. 엘리사벳이 차를 준비한다며 안으로 들어갔다. 백발의 머리에 길게 늘어진 수염으로 더욱 나이 들어 보이는 시몬이 사가랴를 보며 말했다.

"며칠 후면 자네 조 차례지, 아마? 준비는 잘하고 있는가?"

예루살렘 성전에서 제사장 일은 가문에 따라 조를 나누어 일 년에 두 번 일주일씩 봉사하는 것이 관례였다.

"특별히 준비할 것이 뭐 있나. 기도하며 몸과 마음을 정결하게 하는 일 말고는."

"자네는 요즘 세상 돌아가는 것을 어떻게 보는가?"

"요즘은 두려운 생각마저 들어."

예기치 못한 사가랴의 대답에 시몬이 확인하며 물었다.

"두려운 생각?"

"하나님의 엄위하신 손길이 곧 임하지 않을까 하는 생각으로 때로는 잠이 안 와."

무슨 말인지 알겠다는 듯 시몬이 고개를 끄덕였다.

"600여 년 전 솔로몬 성전이 바벨론 제국에 의해 무너졌는데 오늘날 사회 종교적 상황이 그때와 유사한 것 같아서 하나님의 진노가 두려워."

"솔로몬 성전이 파괴된 것은 바벨론 때문이라기보다는 이스라엘 사회의 부패와 타락 때문이라고 말해야 정확하겠지."

"그래도 그때는 수많은 선지자가 나타나 경고를 했고 또 70년 후에는 회복될 것이라 예언도 했는데 지금은 400여 년 동안 하나님께서 침묵하시잖아."

"그러게 말이야, 스룹바벨 성전을 헤롯이 대대적으로 재건축하겠다고 저렇게 난리인데 완공도 되기 전에 주의 날이 올지도 모르겠구먼. 자네 혹시 저잣거리의 소문 못 들었나?"

"무슨 소문?" 사가랴가 궁금한 듯 물었다.

"온 이스라엘이 기다리는 메시아가 올 때 일곱 가지 표적이 함께 나타난다는 거야."

"무슨 표적인데?"

"그 구체적인 내용은 아직 확실치 않는데 그 첫 번째는 웅장한 성전이 재건축될 거라는군."

"포로 귀환 직후 어려운 상황 속에서 재건축한 스룹바벨 성전이 초라하고 낡아서 그런 염원이 소문으로 퍼졌을 수도 있겠구먼."

"예언의 진위가 어떻든 헤롯이 솔로몬 성전보다도 더 크고 화려하게 성전 재건축을 시작한 것이 메시아 오심의 전조라고 믿는 사람들이 있다는 거야. 두 번째 표적은 불의 선지자 엘리야가 불수레를 타고 다시 온다고 하지, 아마?"

"엘리야 선지자가 다시 온다는 건 말라기 선지자가 이미 예언한 내용인데 뭐 새삼스러운 것도 없지."

사가랴는 싱거운 소문이라고 속으로 생각했다.

"소문에는 일곱 가지 메시아 표적이 〈말라기후서〉에 있다는 거야."

"〈말라기후서〉?" 사가랴가 반문했다. "그런 예언서는 없잖아."

"〈말라기후서〉가 있었는데 어떤 사정으로 감춰져 있다가 갑자기 나타난 거라던데?"

"심해지는 로마 압제와 위정자들의 폭정으로 민심이 흉흉해져 혹세무민하는 소문들이겠지."

언제 나타났는지 먹구름이 해를 가렸다. 소나기라도 뿌릴 것 같은 날씨였다.

며칠 후, 금요일 아침 사가랴는 간단한 짐을 챙겨 예루살렘으로 떠났다.

예루살렘 성전에서는 관례대로 제비를 뽑아 제사장들이 각각 일을 분담했다. 사가랴는 그를 돕는 두 제사장과 한 조가 되었고 성소 안 떡상의 진설병 교환과 분향하는 일 등을 맡게 되었다. 그가 향을 올리도록 뽑힌 것은 아주 오랜만이었다. 그 영광을 얻게 되어 그는 눈물이 날 만큼 감사했다.

저녁 제사가 시작되었다. 다른 제사장들이 제단 돌 위에 피 뿌리는 일을 마치고 물러나자 이제 그들 조 차례였다. 레위 지파 찬양대의 노랫소리를 들으며 사가랴 조가 조심스럽게 성소 안으로 들어갔다. 오른쪽에 금으로 만든 떡상 10개가 줄지어 있고, 각 떡상 위에는 10개씩 진설병이 놓여 있었다. 진설병은 효모를 넣지 않은 무교병이었다. 그들은 각 떡상에 있는 떡들을 수거한 뒤 가져간 새 떡으로 바꾸어 올려놓았다. 함께 들어간 두 제사장이 사가랴가 향을 피울 수 있도록 필요한 준비를 해 주고 물러났다.

사가랴가 향단 쪽으로 나아갔다. 왼쪽에 금촛대가 있었지만 15미터 높이의 성소 안 어두운 공간을 다 채우지는 못했다. 전면에 자줏빛 휘장이 넓게 드리워져 있었다. 고급 세마포 휘장 좌우에 케루빔 또는 그룹이라고 불리는 두 천사가 정교하게 수놓아져 있었다. 커다란 두 날개를 가진 케루빔들 얼굴은 사람 형상이었다. 그는 그 앞에서 압도되었다.

사가랴는 경건한 마음으로 정성을 담아 은수저로 향가루를 퍼서 불타고 있는 단 위에 뿌렸다. 불꽃과 연기가 피어올랐다. 그는 여호와를 찬양하며 그 일을 계속했다. 연기구름이 성전을 가득 채우며 소용돌이쳤다. 어느 정도 일이 끝나갈 무렵 그는 거기서 잠시 기도하는 시간을 갖고 싶어졌다. 그가 그의 동료 제사장들에게 말했다.

"정리 작업은 내가 하고 나갈 테니 자네들 먼저 나가게."

동료들이 나간 뒤 그는 전면 휘장 앞에서 무릎 꿇고 기도의 손을 모으며 눈을 감았다. 어느 순간 오른쪽에 있는 금촛대 불빛이 흔들린다는 느낌을 받고 눈을 떴다. 깜짝 놀랐다. 휘장에 수놓아진 천사의 두 날개가 펄럭이고 있었다. 그 얼굴 또한 휘장에서 쑥 앞으로 솟아 나왔고 두 눈에서 안광을 쏟아내고 있었다. 그는 두려움으로 벌린 입을 다물지 못했다. 의식을 잃지 않으려고 입술을 깨물었다. 깊은숨을 들이마시며 집중해서 쳐다보았다.

"사가랴여, 무서워하지 말아라. 나는 가브리엘 천사다. 네 간절한 기도를 주께서 들어주셨다. 네 아내 엘리사벳이 아들을 낳을 것이다. 그를 나실인으로 키워라. 그가 많은 사람을 하나님께로 돌아오게 할 것이다."

"네? 제가 아들을?"

사가랴가 얼어붙은 입을 열고 물었다. 그의 간절한 두 번째 기도 제목이었음에도 불구하고 이제는 너무 늙어 포기하고 있었는데… 도저히 믿어지지 않았다.

"저나 아내나 너무 늙었는데… 천사님의 말씀이 사실이라면 제게 확실한 징표를 보여 주시겠습니까?"

"이 일이 이루어지는 날까지 너는 말을 하지 못하게 될 것이다."

사가랴가 밖으로 나왔을 때 동료들이 그를 맞으며 물었다.

"안에서 무슨 일이 있었습니까? 너무 오래 나오지 않으셔서 걱정했습니다. 지금은 성막 예배 때 쓰던 발목 끈은 사용하지 않으니 잡아당겨 확인할 수도 없고 말입니다."

성전이 지어지기 전 이동식 성막에서 성소 안에 들어가는 제사장은 입는 옷 단 끝에 방울들을 달아 움직일 때마다 소리가 나도록 했다. 성소 안에 들어간 제사장이 예법대로 하지 못하면 그 안에서 죽는 일도 있었기 때문에 발목에는 끈을 묶어 두었다. 방울 소리가 나지 않으면 안에서 죽었을 수도 있는 제사장의 몸을 밖에서 끌어내기 위함이었다.

"정말, 성소 안에서 무슨 일이 있었군요?"

밖에 나온 사가랴는 정신이 반쯤 나간 듯했으며 한마디 말도 못하고 손사래만 쳤기 때문이었다. 그는 한 주간 맡은 제사장 일을 계속하면서 손짓으로 의사를 표시했다.

그 후 천사가 말한 대로 사가랴의 아내 엘리사벳이 임신을 했고, 해산할 기한이 차서 아들을 낳았다. 이웃 사람들과 친척들의 축하 방문이 줄을 이었다. 그 집에 아이가 태어난 것은 기적이라며 분명 하나님의 특별한 은혜가 임한 것이라고 모두가 입을 모았다.

베들레헴에 피바람이 불고 있다는 소문이 들렸다. 사가랴는 제 사장직을 사임할 때가 되었다고 생각했다. 주께 특별히 받은 아들 요한을 키우는 데 집중할 생각이었다. 그는 아들에게 제사장직을 계승하도록 하지 않고 나실인으로 키웠다.

아들이 회당에서 초등교육 과정을 마치고 13살이 되었다. 중등 과정으로 진학하는 대신 그를 출가시켜 에센파 쿰란 공동체에 들어 가게 했다. 그 공동체는 세속화된 도시를 떠나 경건한 삶을 훈련하 는 광야 공동체였다. 그때 사가랴는 아들에게 출생의 비밀을 말해 주었다. 자신의 나이를 생각할 때 언제 아들과 마지막 이별을 하게 될지 모른다는 생각이 들어 유언처럼 그에게 말했다.

"너는 보통 아이가 아니다. 네가 태어날 때 천사가 나타나 네 이 름을 지어 주었다는 것은 들어서 알고 있지?"

소년이 고개를 끄덕이며 진지하게 아버지의 말을 들었다.

"천사는 네가 위대한 사명자가 될 거라고 말해 주었다. 너는 나 실인으로 살아야 한다. 네가 그 공동체 안에서 열심히 성경을 공부 하고 묵상하며 훈련을 받으면 주께서 네 행할 바를 가르쳐 주실 것 이다. 어떠한 험난한 인생길도 선택받은 너의 영광임을 기억하거 라. 나는 네가 특별한 사명자임을 자랑스럽게 생각한다."

이후로 세례요한은 광야 석굴 속에서 살며 엄격한 규율을 지키는 공동체 생활을 했다. 그를 지도한 선생은 당대 최고의 율법학자인 힐렐, 샴마이 등과 어깨를 나란히 하는 사람이었다. 세상에서 존경과 보장된 삶을 포기하고 광야로 나와 공동체를 만들어 후진을 가르쳤다. 그는 성경을 삶으로 실천하고자 기꺼이 야인의 삶을 선택하고 외길을 걸었다. 한평생 하나님 나라를 추구하며 청빈한 삶으로 본을 보여 주었다.

요단 동편 집회

언덕 위쪽에 있던 세례요한이 가죽 두루마리를 들고 일어서서 사람들을 주목하게 했다. 그 주위로 사람들이 모여들었다. 나무 그늘 밑에 앉기도 하고 겉에 두른 천을 머리 위까지 덮어쓰고 바닥에 주저앉았다. 세례요한이 두루마리를 펴서 〈이사야〉서의 한 부분을 읽고 강론을 시작했다. 존과 주위 사람들은 대화를 중단하고 자세를 바로 하며 귀를 기울였다.

"인간은 우연히 이 세상에 존재하게 된 것이 아닙니다. 하나님은 목적을 가지고 자기의 형상을 따라 인간을 창조하셨습니다. 우리는 하나님의 뜻을 발견하고 각자에게 주신 소명대로 살아야 합니다. 하나님은 역사 속에 자신과 그의 뜻을 계시하셨습니다. 우리는 역사 속에서 그분의 음성을 들어야 합니다."

존은 세례요한의 메시지 내용이 그가 고민하는 주제와 맥을 같

이하고 있어 전율했다. 그것이 바로 자기를 향한 메시지라고 생각
되었다.

"주께서 나의 고민을 아시고 나를 이곳으로 보내셨나 보다!"

그 메시지 속에서 인생과 미래와 신앙과 민족에 대한 밑그림이
어렴풋이 보이는 듯했다. 존은 숨도 크게 쉬지 못하고 귀를 세웠다.

"우리 민족이 나라를 잃기 직전 많은 선지자들의 메시지가 있었
음에도 그것을 무시하고 돌이키지 아니한 결과가 어떠했습니까?
마지막 왕 시드기야는 눈앞에서 두 아들이 죽는 것을 지켜보아야
했고, 자신은 두 눈을 뽑힌 채 수많은 백성과 함께 포로가 되어 바
벨론으로 끌려갔습니다."

존이 사람들의 표정을 살펴보았다. 청중은 열정적으로 선포하는
세례요한의 메시지에 귀를 기울였다. 그의 강론은 성경에 대하여
전문가로 자처하는 랍비들의 가르침과는 분명히 달랐다. 청중의 눈
빛에는 어둠의 나락으로 떨어져 가고 있는 암울한 현실에서 탈출구
를 찾는 간절한 염원이 깃들어 있었다. 존은 세례요한이 하나님께
서 보낸 선지자가 분명하다고 생각했다.

안드레가 존의 옆구리를 찌르며 물었다.

"존, 여기가 바로 엘리야 선지자가 불말과 불병거를 타고 승천했
다는 그 장소 맞지?"

"아마 그럴걸. 그렇게 들은 것 같아. 그런데 왜?"

"말라기 선지자의 마지막 예언 기억나? 때가 차면 엘리야가 오
리라 했는데 그 예언의 주인공이 세례요한 선생님이 아닐까?"

"듣고 보니 그럴듯해. 세례요한 선생님이 엘리야가 승천한 이곳

을 집회 장소로 선택한 게 우연이 아닌 것 같구나."

세례요한의 메시지가 계속되고 있었다.

"그 후 역사의 강물은 어떻게 흘러갔습니까? 70년간 바벨론 땅에서 종살이한 후 페르시아에 200년, 알렉산더 헬라 제국에 130년 지배를 받았습니다. 마카비 혁명을 통하여 잠시 독립을 누렸지만 나태해진 우리 민족은 또다시 마음에 하나님 두기를 싫어하여 타락하였고 로마의 손에 떨어졌습니다."

어디선가 한숨 쉬는 소리가 들렸다. 독립이 요원한 민족의 현실, 점점 더 발톱을 드러내고 있는 로마의 압제와, 백성을 생각지 않고 오히려 허기진 백성들의 피를 빨고 있는 헤롯 가문과 기득권층, 존은 청중의 한숨 소리에 내포된 의미를 짐작했다. 메시지를 전하는 세례요한의 음성이 점점 더 커졌다.

"지금 우리 이스라엘 선민 공동체 신앙의 현주소는 어디라고 생각합니까? 습관적으로 동물 희생 제사를 지내는 의식만 행하면 다 된 것으로 생각하는 신앙에서 돌이켜야 합니다. 이사야 선지자를 통하여 통탄하시던 하나님 음성이 들리지 않습니까? 무수한 제물의 번제와 살진 짐승의 기름기가 지겹고 싫다고 하셨습니다. 너희는 내 마당만 밟을 뿐이니 내가 가증히 여기는 헛된 제물을 다시는 가져오지 말라 하셨습니다. 너희의 악행을 내가 견디지 못하겠노라 하셨습니다."

세례요한은 피를 토하듯 〈이사야〉서를 인용하며 심판의 메시지를 선포하고 있었다.

"여러분, 회개하십시오. 동물 제사의 의식적 신앙을 버리고 진정한 회개로 신앙의 새로운 발상 전환이 일어나야 합니다. '주의 날' 이 가까워졌습니다. 하나님께로 돌이키지 않는 백성은 심판을 면할 수 없습니다. 지도자들은 물론 모든 백성이 성경 말씀으로 새롭게 결단하는 총체적 변화가 있어야만 합니다. 우리 조상들이 그랬던 것처럼 역사 속에서 하나님 음성을 듣지 못하면 우리는 소망이 없습니다. 심판입니다."

긴 하루의 시간이 흘러갔다. 해는 서쪽 언덕을 넘어간 지 오래였다. 어둠에 쫓기듯 군중이 썰물처럼 빠져나갔다. 숙소에 돌아온 존은 식사 생각이 없었다. 잠도 올 것 같지 않았다. 상기된 머리와 가슴이 아직도 제자리를 찾지 못했다.

"세례요한 선생님이 아직도 거기 계실까?"

존이 안드레에게 바람을 쐬고 오겠다고 말하자 그도 따라나섰다. 그들은 말없이 들길을 걸었다. 소리 없이 몰려들던 어둠에 사위는 완전히 정복당했다. 그들이 낮의 집회 장소에 도착했다. 텅 빈 들은 고요했고 밤하늘에 낮게 드리운 구름으로 별빛도 희미했다.

언덕진 곳 바위에 움직이는 물체가 보였다. 누군가 바위에 엎드려 기도하고 있었다. 어깨가 흔들리며 흐느끼고 있는 그는 세례요한이었다. 별들도 그 슬픔에 동참하려는 듯 그리 멀지 않은 곳에서 몇 개의 별똥별이 긴 자취를 만들며 흐르다 사라졌다.

"주님, 당신이 택한 백성을 버리지 마소서. 심판의 잔을 늦추고 긍휼을 베풀어 주소서."

존과 안드레는 먼발치에서 숨죽이고 지켜보았다. 얼마의 시간이 흐른 뒤 기도하던 세례요한이 그대로 바닥에 쓰러졌다. 그들이 급

30

히 달려 나갔다.

"선생님!"

세례요한이 눈을 뜨고 누운 채로 하늘을 바라보고 있었다. 그가 자리에서 일어나 앉았다.

"선생님, 괜찮으세요?"

"음, 너희구나."

그 밤에 셋은 많은 이야기를 나눴다. 존과 안드레는 세례요한의 제자가 되고 싶다고 자청했다. 존이 세례요한에게 물었다.

"선생님은 왜 세례를 베풀고 계셔요?"

세례요한이 세례를 베풀게 된 그날 밤을 회상하며 이야기를 풀어 놓았다.

그가 베레아에서 집회를 시작한 지 얼마 안 되었을 때 그날도 하루 집회를 끝내고 밤늦게까지 빈 들에서 기도하고 있었다.

"주님, 이제까지 저는 나실인으로서 기름진 음식 대신 채식과 자연식을 하며 성경 말씀과 씨름하며 살았습니다. 이제 저의 사명을 가르쳐 주옵소서. 사명자의 길을 가기 위해 무엇을 어떻게 시작해야 합니까?"

그는 땅바닥에 팔을 베고 누워 밤하늘을 올려다보았다. 하늘에 옅은 구름 사이로 별빛이 하나둘 모여들어 불꽃을 만들었다. 별들의 불꽃이 점점 불어나 흐르는 은빛 강을 이루었다. 별빛 강에 천사들이 줄을 지어 서 있었다. 무언가 하늘의 표적인 듯했다.

'오! 사람들에게 세례를 베풀라는 계시인가. 그래, 이제 회개의 세례를 베풀어야겠다. 성전에 진동하는 동물 희생 제사 시대가 끝나고 진정한 회개가 필요한 때다. 죄악으로 죽은 인간들, 썩은 이 사회가 어떻게 회복될 수 있겠는가. 이 땅에 회개의 분량이 차야만 한다.'

이튿날 세례요한은 불을 던지는 심정으로 심판의 메시지를 선포했다. 그 집회에 참석한 사람들이 옷을 찢으며 바닥에 무릎을 꿇고, 눈물로 회개의 기도를 했다. 세례요한이 강물로 들어가 허리까지 차는 곳에 서서 세례받기 원하는 사람들을 한 사람씩 줄지어 그 앞에 나오게 했다. 수세자는 가슴에 양팔을 교차하고 한 손으로 자신의 코를 잡고 막았다. 세례요한은 한 손으로 수세자의 교차한 팔을 덮어 잡고 다른 한 손으로 그 사람의 허리를 받쳐 뒤로 젖혀 물에 잠기도록 했다가 다시 일으켜 세웠다. 몇 시간씩 세례를 베풀자 팔이 마비되는 것 같았다. 지켜보던 먼저 받은 수세자들이 자진하여 그를 도와주었다. 세례요한의 메시지에 은혜받은 사람들 중에 제자들이 생겨났고 그들이 그의 세례 사역을 도왔다.

존과 안드레는 보름 만에 집으로 돌아왔다. 저녁 식사 시간 직전에 도착한 존은 씻고 식사 자리로 나왔다. 시골이지만 그의 집은 부유한 편에 속했다. 전통 양식의 돌집에 테라스도 제법 넓었다. 주렁주렁 포도송이를 매달고 있는 포도나무 그림이 새겨진 긴 대리석 식탁에 가족들이 둘러앉았다. 야고보가 자리에 앉으며 존을 향하여 말했다.

"유대 지방에 올라가서 코에 바람 쐬니 좋든?"

아버지 세베대도 빵을 집어 들고 뜯으면서 한마디 했다.

"세상 근심 다 떠안고 사는 사람 같더니 얼굴이 환해졌구나."

"예. 너무 좋았어요. 세례요한 선생님은 대단한 선지자 같아요. 저랑 안드레는 그의 제자가 되기로 했어요. 다음번에는 형도 같이 가자."

존이 아버지에게 대답하고 형을 보면서 말했다.

"그래? 그렇게 좋았어? 아버지! 다음번엔 저도 가 볼까요?"

동생의 변화된 분위기를 보며 야고보도 마음이 동하여 아버지에게 물었다.

"요즘은 새 일꾼들이 들어와 고기잡이 일에 조금 여유가 있으니 원대로 하려무나."

첫 유월절 회상

작은 어촌 게네사렛 포구 주변에는 사람들로 항상 북적거렸다. 고기를 잡고 파는 사람들과 사려는 사람들뿐만 아니라 구경하는 사람들도 많았다. 게네사렛 호수는 갈릴리 바다의 또 다른 이름으로, 호수 모양이 '키노르(수금)'를 닮았다고 해서 붙여졌다.

지중해성 기후인 그곳은 4월이 되면 온난 다습한 기후에서 서서히 덥고 건조한 열대성 기후로 바뀌었다. 우기인 겨울이 끝나가는 것이다. 이때가 되면 타 지역에서 온 어부들이 게네사렛을 떠나갔다. 그들은 겨울이 시작되는 11월부터 3월까지 게네사렛을 거점으로 임시 거주하며 고기를 잡았다. 그 지역 일대는 미네랄 온천이 있는 관계로 겨울에도 바닷물에 온기가 있어 고기가 많이 잡히기 때문이었다.

정박한 배들 사이로 근육질의 뱃사람들 손길이 분주했다. 흐르는 땀을 훔치고 있는 바다 사나이들에게 아침인데도 햇볕은 꽤나 따갑게 느껴지는 듯했다.

"빌립, 쉬었다 하자."

작은 배에 짐을 싣던 한 사나이가 젊은 동료를 불렀다. 그들이 바닷가 대추야자나무 그늘에 앉아 쉬고 있을 때, 제법 선실이 큰 고깃배에서 뱃사람들이 내려왔다. 그들 중에 한 사나이가 시몬을 발견하고 소리쳤다.

"어이, 시몬!"

시몬이 야고보를 돌아보며 반가움으로 손을 들었다. 시몬 옆에 있던 청년 빌립도 일어서며 야고보에게 인사했다. 빌립은 시몬의 동생 안드레와 같은 동향의 친구였다.

"어찌 안드레는 안 보이고 빌립이 너와 함께 있냐?"

야고보가 시몬 곁으로 다가와 앉으며 물었다.

"안드레는 유대 지역 세례요한 선생님 집회에 참석한다고 갔어." 시몬이 대답했다.

"내 동생도 거기 간다고 했는데 함께 간 모양이구나." 야고보가 말했다.

"존과 안드레가 너무 죽이 잘 맞아 걱정이다." 시몬의 말에 야고보가 무슨 소리하느냐는 듯 시몬을 바라보며 물었다.

"웬 걱정?"

"존이야 여유 있는 집 도련님이라 빠져도 다른 일꾼이 많으니 문제없지만 우리 집은 가난하니 안드레가 빠지면 생업에 지장이 많잖아."

"난 또 무슨 소리라고. 터프한 갈릴리 사나이 시몬이 왜 이렇게 엄살을 부릴까?"

야고보가 웃으며 시몬의 어깨를 쳤다. 옆에서 빌립이 야고보를 보며 물었다.

"이번 유월절 명절에 야고보 형은 예루살렘 안 올라가십니까?"

"나도 가고 싶지만 이번에는 형편상 어려울 것 같다."

야고보가 빌립에게 대답하고 시몬을 돌아보면서 물었다.

"시몬, 넌?"

"올라가야지. 우기가 끝나가고 유월절 명절도 다가오는데 오늘 짐 챙겨서 빌립과 고향 벳새다로 돌아가려고…. 쉬면서 집안일도 해 놓고 예루살렘으로 올라가야지."

유월절 명절이 다가오고 있었다. 시몬의 머릿속에 1500년 전 첫 유월절 그림이 펼쳐졌다.

"내 백성을 보내라!"

백발의 팔십 노인이 긴 지팡이를 들고 외쳤다. 40년 만에 이집트로 돌아온 모세가 이집트 왕 파라오 앞에서 소리를 높였다. 그는 이집트 왕궁에서 왕자로서 최고의 학문과 경륜을 쌓았고 차기 왕권 주자 서열 1위였지만 정치적인 이유로 이집트를 떠나 망명 생활을 했다. 미디안 광야에서 그는 평범한 야인으로 40년을 지내며 구도자로 거듭났다. 신이 그의 앞에 나타났고, 특별한 체험을 한 뒤 그는 사명을 받아 이집트로 돌아온 것이다.

모세는 이집트로 돌아와 그의 히브리인 형 아론과 지도자들을 아주 오랜만에 만났다. 그들은 너무도 달라진 모습으로 재등장한 모세를 보고 놀랐다. 그가 그들의 신 여호와 하나님을 만났고 이스라엘 백성의 구원을 위한 사명자로 왔다는 말에 그들은 다시 한번 놀랐다. 그의 간증과 자초지종을 듣고 그들은 반신반의하면서도 그를 따르기로 했다.

모세는 아론과 함께 이집트 왕궁으로 향했다. 왕궁에 모세를 아는 사람은 나이 많은 극소수에 불과했다. 신의 사신을 자처하며 모세는 이집트 왕에게 면담을 요청했다. 당시 왕은 모세의 정적이었던 투트모세 3세의 뒤를 이은 아멘호텝 2세였다. 왕은 아버지의 정적이었던 모세를 호기심으로 만나 주었다.

넓은 궁정 권좌에 비스듬히 앉은 파라오는 모세를 보고 실망했다. 이집트 최고의 권력을 다투었다는 그가 초라한 백발노인으로 그 앞에 서 있었기 때문이었다. 그러나 표정을 감추고 과거 왕궁 사람이었던 점을 감안하여 정중하게 말했다.

"그대가 모세요? 그래, 무슨 일로 날 만나고자 했소?"

"히브리인들 신의 메시지를 전달하러 왔소."

"히브리 신이 나와 무슨 상관이 있다고 내게 메시지를 전한단 말이오?"

모세는 여호와 하나님의 메시지를 전달했다. 노예로 살고 있는 히브리인들을 풀어 주라며 그들의 집단 망명을 요구했다. 그렇지 않으면 무서운 재앙이 내릴 것이라고 했다.

"뭐라? 나의 노예들을 풀어 주라고? 이런 미친 늙은이를 보았
나. 저들을 당장 쫓아내라!"

아론은 일이 그렇게 될 줄 짐작하고 있었다. 황당하게 들리는 정
면 돌파는 불가능할 줄 알았다. 그래서 그는 모세에게 조언했었다.
히브리인들이 광야로 나가 신에게 희생 제사를 드릴 수 있도록 사
흘만 여유를 달라고 왕에게 요청해 보라 한 것이다.

일이 틀어지자 아론은 여호와께서 정말 모세를 보냈다면 이제는
그분이 직접 나서서 뭔가를 해야 할 때라고 생각했다. 바로 그때 온
세상에 난리가 났다. 극심한 자연재해가 이집트 온 땅을 덮쳤다.

나라의 젖줄인 나일강이 시뻘겋게 피바다를 이루는가 하면 땅속
의 모든 개구리가 뛰쳐나와 온 집과 길에 넘쳐났다. 개구리들이 죽
어 곳곳에 사체 더미를 이루자 날파리와 해충이 들끓고 악질이 전
염병처럼 번졌다. 한여름 더위에 우박이 쏟아져 농작물이 못 쓰게
되더니 먹구름처럼 몰려온 메뚜기 떼가 남은 녹색 식물들을 갉아
먹어 초토화시켰다.

모세와 아론은 수차례 파라오에게 항복을 권유했으나 왕은 오히
려 더 완고하게 히브리 노예들을 압박하며 몰아붙였다. 왕과 모세
의 힘겨루기로 히브리인들의 일상은 점점 더 고통스러워졌다. 히브
리 공동체 내에서 모세에게 불평과 원망하는 목소리가 높아졌다.
재앙은 계속되었다. 흑암이 온 나라 하늘을 가두었다. 아침이 되었
는데도 희뿌연 하늘에 해도 달도 없는 낮과 밤이 며칠간 계속되었
다. 심리적 두려움에 빠져 사람들은 정신적 공황 상태가 되었다. 이

읏고 흑암이 가장 깊어진 밤에 모든 장자들이 원인 모르게 죽어 갔다. 왕의 큰아들을 포함하여 서민들의 장남과 첫 소생의 생축까지도 죽음을 맞았다.

모세와 아론은 히브리 백성들에게 장자의 죽음을 피할 수 있는 방법을 일러 주었다. 어린양의 피를 집 좌우 문설주와 상인방에 바르면 죽음의 사자가 그 집을 지나쳐 간다는 것이었다. 그 말대로 따른 사람들은 마지막 장자 재앙을 피할 수 있었다. 결국 파라오는 항복했다. 250만 명가량의 히브리 민족이 이집트를 빠져 나왔다. 민족 대이동이었다. 이 역사적 사건이 이스라엘 민족의 가장 큰 명절인 유월절이었다. 유월跡越은 죽음의 사자가 양의 피를 발라둔 집들을 들어오지 않고 지나쳐 갔다는 의미였다.

유월절 축제가 다가오면 사람들은 전국 각지에서 성전이 있는 예루살렘으로 몰려들었다. 시몬은 유월절이 1500년 가까이 이어져 오면서 그 정신이 많이 희석되고 형식적인 절기로 전락하고 있다고 생각했다. 예루살렘이 있는 쪽 하늘을 바라보는 그의 입에서 작은 한숨이 새어 나왔다.

'방법은 잘 모르겠지만 어떻게든 변화와 개혁이 일어나야 한다.'

새로운 만남

세례요한 사역 현장에서 존과 안드레는 선생님이 사람들에게 세례 베푸는 일을 도왔다. 그들이 그 일을 끝내고 물 밖으로 나오는데 몇 사람이 거드름을 피우며 다가왔다. 복장으로 보아 바리새인들과 사두개인들이었다. 두 그룹은 신앙적 관점이 달라 평소 서로 잘 어울리지 않았지만 세례요한 열풍이 온 유대를 뒤흔들며 뜨거워지자 연합하여 그 불을 끄려고 혈안이 되었다.

바리새파는 유대교 종교적인 사회 분파의 하나였다. 의식상 부정한 것들을 철저히 금하여 정결예식과 먹는 법, 안식일 계명 등을 엄격히 준수했다. 그들은 민중의 지지를 받는 유대교의 핵심 세력이었다.

사두개파는 유대교 안에서 제사장적 귀족 집단을 형성하고 있는 분파로 다윗 시대 제사장 사독의 후예들이었다. 바리새파와는 반대 입장을 취하여 부활과 천사와 영의 존재를 믿지 않고 지혜를 추구하는 철학자들과 논쟁하기를 좋아했다.

"당신은 누구요? 당신이 메시아요?"

그들은 다짜고짜 세례요한에게 따져 물었다.

"아니요. 나는 그의 종이 될 자격도 없소이다."

"그럼, 당신은 누구 허락하에, 무슨 권세로 이런 일을 하는 거요?"

"나는 이사야 선지자가 말한, 광야에서 외치는 소리일 뿐이오."

그들은 서로 얼굴을 바라보며 난감한 표정을 지었다. 존은 그들의 속셈을 간파했다. 대제사장들과 바리새인 등 종교 기득권층이 세례요한을 고발할 꼬투리를 잡기 위해 파견한 자들이 분명했다. 그들은 자기들을 향했던 민중의 지지가 세례요한에게 쏠리자 수단과 방법을 가리지 않고 그를 제거하려고 했다.

한참 동안 질문 공세를 펴던 그들이 돌아간 뒤, 세례요한과 제자들은 나무 그늘을 찾아 잠시 휴식을 취했다. 존과 안드레가 선생님 곁에 앉았다.

"선생님! 저희 없는 동안 무슨 특별한 일이라도 있었나요? 선생님 분위기가 사뭇 달라져 보여요."

"암, 있었지. 큰일이 있었고말고."

세례요한의 밝은 미소 속에 뭔가 기대감으로 부풀어 있었다.

"우리가 그렇게 고대하던 특별한 분이 나타나신 것 같다."

"예?"

존과 안드레가 눈을 크게 뜨고 동시에 소리쳤다.

"조만간 그분이 다시 오시면 너희는 그분을 따라가야 할 것이다."

"선생님이 말씀하신 그분은 어떤 분입니까?"

세례요한은 어렸을 때 어머니 엘리사벳에게 마리아 이모와 천사의 수태고지로 태어났다는 그의 아들 예수에 대해서 들었다. 그에 대하여 궁금했지만 만날 기회가 없었다. 그러다가 예수가 요단강에서 세례를 받고 떠난 한참 후에야 그는 예수에 대하여 들었던 바를 까마득한 기억 속에서 끄집어냈다.

"선생님이 말씀하신 그분은 지금 어디에 계시는지요?"

세례요한도 자신에게 세례를 받고 떠난 예수의 근황이 궁금했다. 그는 예수의 사역과 연계해서 자신의 사명을 고민하고 있었다.

그때 멀리서 한 사람이 걸어오는 것이 보였다. 세례요한이 두 제자를 보면서 말했다.

"보라! 하나님의 어린 양이다."

세례요한은 그의 등장을 매우 반가워했는데 존과 안드레도 선생

님을 따라 벌떡 일어섰다. 가까이 다가오는 그는 남루한 의복에 초
췌한 모습이었다. 그의 깊은 눈만 형언할 수 없는 영기와 권위가 서
려 있었다. 세례요한이 그를 나무 그늘 밑에 앉도록 권하고 마주 앉
았다. 두 제자는 세례요한 옆에 앉아 두 영적 거인의 이야기를 경청
했다. 그들은 성경에 대하여 박식했고 그 해석은 신선했다. 일반 랍
비들의 가르침과는 차원이 달랐다. 존은 예수가 많은 설명보다 논
지의 핵심을 찌르는 단문을 많이 사용한다고 생각했다. 그의 영적
시야가 확 트이는 것 같았다.

세례요한과 대화를 나눈 뒤 예수가 떠나려 하자 존과 안드레는
세례요한의 의중을 헤아리고 일어서서 그를 따르려 했다. 그가 돌
아보았다. 그와 눈이 마주친 존이 황급하게 물었다.

"어디서 머물고 계시는지요? 선생님 말씀을 더 듣고 싶습니다."

둘은 예수의 뒤를 따라갔다. 그들은 예수가 잠시 머물고 있는 숙
소에서 그와 많은 대화를 나누었다. 목마른 그들의 영혼이 생수를
마신 듯 희망으로 벅차올랐다. 존은 표현할 수 없는 감동으로 얼굴
까지 상기되었다. 그동안 고민하던 삶에 대하여 길을 찾아가는 듯
했다. 답답하고 갇힌 인생 호수에서 자유로운 영혼의 바다에 배를
띄우게 될 것 같았다.

"안드레, 넌 예수 선생님을 어떻게 생각해?"

집에서 나와 길을 걷던 존이 안드레에게 물었다.

"대화를 나누면 나눌수록 그 말씀의 깊이와 카리스마가 대단하
다고 생각했어. 넌?"

"예수 선생님도 세례요한 선생님과 같이 또 다른 선지자일까?

과거 역사 속에서 동시대에 등장해서 일한 선지자도 많잖아. 아모스와 호세아 선지자가 그랬고, 이사야와 미가 선지자가 그랬고, 다니엘과 에스겔 선지자가 그랬잖아."

"우리 형들도 예수 선생님을 만나볼 수 있도록 우리가 주선해 볼까?"

"그거 좋겠다. 마침 형들도 갈릴리에서 유대로 올라와 있으니까 함께 만나 그분께 다시 가 보자. 아, 빌립도 와 있다고 들었는데 그 친구한테도 알려야지?"

세례요한의 집회에 참석해서 은혜를 받았던 나다나엘은 우연히 빌립을 만났다. 빌립은 입에 침을 튀기며 예수에 관해 이야기했다. 세례요한 못지않게 영성이 깊은 또 다른 선지자가 있다고 했다. 만나 보면 절대 후회하지 않을 것이라며 강권했다. 나다나엘은 빌립의 말에 그를 한번 만나보는 것도 괜찮겠다고 생각했다. 첫 만남에서 그는 예수의 깊은 눈에 압도되었다. 그가 자신의 심중을 꿰뚫어 본다는 느낌을 받았다. 더욱 놀란 것은 예수가 무화과나무 밑 개인 기도처는 물론 자신의 기도 제목들까지 알고 있다는 사실이었다.

나다나엘은 새벽이면 어김없이 일어나 집 뒤쪽 커다란 무화과나무 밑에서 간절히 기도했다. 그가 집을 떠나오던 날 아침 기도 시간을 떠올렸다.

"여호와 하나님, 이집트에서 신음하던 우리 열조들의 기도를 들으시고 모세를 보내 주셨던 하나님, 사사 시대 암울한 역사 속에서도 다윗 왕을 보내 주셨던 하나님, 선지자들을 통하여 약속하신 메시아는 언제쯤 보내 주시렵니까? 타락한 정치, 종교 지도자들 밑에 백성들의 시름이 너무도 깊습니다. 온 땅이 그분을 사모합니다."

새벽 캄캄할 때 시작된 나다나엘의 기도가 끝났을 때 이미 훤하게 동이 트고 있었다. 그는 기도를 마친 뒤 무화과나무에 기대고 앉았다. 산 위에 아침 해가 떠오르고 있었다. 옹기종기 모여 있는 집들에서 피어오르는 연기가 아침 햇살을 받아 아롱거리며 평화로운 분위기를 자아내었다. 그는 소문으로 들은 세례요한이 혹시 기다리는 메시아일까 생각했다.

베레아에서 갈릴리 방향으로 구불구불한 비포장 길은 왼쪽으로 요단강이 내려다보였다. 행려객 중에 간단한 봇짐을 든 일단의 사나이들이 등장했다. 그들의 발걸음은 가벼웠고 표정도 밝았다. 예수와 다섯 명의 젊은이였다. 안드레는 그의 형 시몬을 인도해 왔고, 존은 친구 빌립을 예수에게 소개했다. 빌립은 그가 평소 잘 아는 몇 살 위의 신앙심 좋은 나다나엘과 함께 다시 왔다. 바돌로매라 불리는 나다나엘, 그는 지식인이며 신앙심 깊은 민족주의자이기도 했다.

"나다나엘 형, 예수 선생님 만나 본 소감이 어때?"

빌립이 물었다. 나다나엘은 빌립을 통해 예수를 만나게 된 것이 기도의 응답이라고 생각했다. 그는 예수와 대화하는 중에 그의 영성에 감동하여 푹 빠져 버렸다. 그의 가르침은 독특했다. 나다나엘이 보기에 예수는 진지할 때는 진지하고, 어떤 때는 매우 쾌활하고 재미있으며, 자상한 면도 있었다. 그와 함께하고 있는 젊은이들은 새로운 기대로 들떠 있는 듯했다.

폭풍의 눈

긴장하는 교권들

예루살렘 성벽 3곳 중 제1성벽은 지대가 높은 성전 서남쪽에 있었다. 그 안에 헤롯 궁이 화려한 석조 건물을 자랑했다. 그 아래쪽은 헤롯 안티파스 별궁을 비롯한 최고급 주택이 몰려 있는 예루살렘 상부 도시였고 왕족과 부유한 고관들이 살았다. 넓은 뜰을 가운데 두고 가야바 제사장의 집과 마주하고 있는 대궐 같은 저택은 대제사장 안나스의 집인데 지하 1층, 지상 2층 구조였고, 지하에는 저수조와 족욕탕, 포도주와 치즈 저장고 등의 시설이 갖춰져 있었다.

마루와 벽이 화려한 모자이크로 장식된 거실 중앙 긴 석재 테이블에 사람들이 둘러앉아 있었다. 그들 앞에는 과일이 담긴 수입산 도기들과 아름다운 고급 잔들이 놓여 있었다. 집주인 대제사장 안나스가 상석에 앉았고 좌우로 노년에 접어든 제사장과 서기관 대표, 바리새파 대표 들이 줄지어 앉았다. 조금 떨어진 뒤쪽에는 세 명의 젊은이가 조심스러운 몸가짐으로 앉아 있었다. 안나스가 입을 열었다.

"먼저 초대에 응해 주신 여러분께 감사드리오. 산헤드린 임원이시며 각 계파 대표님들이신 여러분을 모이게 한 것은 다름이 아니라 작금에 번지고 있는 세례요한 사태를 의논코자 함이오. 먼저 직접 조사에 참여한 젊은 분들의 보고를 들어 봅시다."

세 명의 젊은이 가운데 사두개파 대표인 엘리살이 보고서를 들고 일어났다. 앉아서 보고해도 괜찮다는 안나스의 말에 그가 다시 자리에 앉았다.

"세례요한은 오래 전에 은퇴한 사가랴 제사장의 아들입니다. 사가랴는 늙도록 자식이 없었는데 어느 날 성소에서 천사의 수태고지를 들었고, 그의 아내 엘리사벳은 노년에 임신한 것이 부끄러워 다섯 달 동안 문밖출입을 하지 않았다고 합니다. 세례요한은 나실인으로 구별되어 에센 공동체에 출가하였고 거기서 오랫동안 수련을 받았습니다. 저희가 직접 현장을 방문하여 조사한 내용에 대해서는 바리새 친구가 보고드리겠습니다."

엘리살이 세례요한 개인에 대한 뒷조사를 자세히 보고한 뒤 옆자리에 있던 바리새파 아몬에게 눈짓했다. 안나스 제사장이 젊은이들의 친숙한 모습을 보고 서로 친구냐고 묻자 셋 중 하나인 젊은 제사장 자독이 나서며 어릴 적 동문수학한 사이라고 대답했다.

"그것 참 잘되었네. 사두개인들과 바리새인들이 신학적인 이유로 관계가 소원하다고 알고 있는데 이 기회에 좋은 유대관계가 이뤄지면 좋겠구먼, 허허허."

안나스가 너털웃음을 터트리며 긴장된 분위기를 누그러뜨렸다. 아몬이 앞에 놓인 보고서에서 눈을 떼고 보고를 시작했다.

"어르신들의 분부를 따라 저희는 세례요한의 집회 현장을 찾아갔습니다. 요단 동편 베레아 지역 베다니 집회 장소에 생각보다 많은 사람이 모여 있었습니다. 외람된 말씀이지만 우리 바리새인들을 적극 지지하던 민심이 이제는 세례요한에게 급격하게 쏠리고 있는 모습을 확인하였습니다. 이는 묵과할 수 없는 중대 사태라고 사료됩니다."

"사태의 심각성은 우리도 알고 있으니 사람들이 그를 어떻게 보고 있는지만 말해 보게."

사두개파 대표 중 한 원로 서기관이 조금 못마땅한 듯 말했다. 그동안 민심이 바리새인들을 적극 지지했다는 말에 조금 비위가 상한 모양이었다. 아몬이 계속해서 말했다.

"사람들은 그를 위대한 랍비라 칭했고 선지자라고도 했습니다. 더러는 엘리야 선지자의 현현으로 보기도 했습니다. 골수 추종자들은 그를 메시아라고 떠들어 대고 있습니다. 그래서 저희가 종교재판에 고소할 증거를 잡으려고 사람들 앞에서 그에게 직접 공개적으로 질문을 던졌습니다. 자칭 메시아라고 할 줄 알았는데 의외로 강력히 부인하더군요."

"아, 메시아는 아니란 말이지? 그럼 자칭 엘리야 선지자라고 하던가?"

또 다른 서기관이 물었다.

"아닙니다. 선지자라는 말도 직접 하지 않았고 다만 광야에서 외치는 자의 소리밖에 안 되는 존재라고 자기비하 발언을 했습니다."

"그럼, 조금 인기를 끌다가 곧 식을 수도 있겠구먼. 가르치는 내용은 어떻던가?"

바리새파 대표 한 사람이 조금 안심된다는 듯 말했다.

"심판과 회개를 주로 선포했습니다. 희생 제사 시대가 끝났다며 성전 제사 무용론을 펴기도 했고, 헤롯 안티파스의 사생활을 공격하는 발언도 서슴지 않았습니다."

"뭐라? 성전 제사가 필요 없다고? 미친 놈."

안나스 옆에 앉은 제사장이 발끈했다.

"이대로 수수방관해서는 안 될 것 같습니다. 뭔가 조치를 취해야 합니다."

"보는 눈이 많으니 처리하기가 쉽지 않을 것 같구먼. 산헤드린 공회에 불러다가 재판을 한다면 우리 쪽 부담도 만만치 않을 거고."

당시 로마에 속한 이스라엘의 공식적인 통치권은 로마와 헤롯왕이 갖고 있었으나 유대인 최고 자치 의결기관으로서 '산헤드린 공의회'가 있었다. 공의회는 사법, 입법, 행정적 기능까지 가지고 있었으며 대제사장들, 서기관들, 바리새파 대표들 등 유대 사회 지도자급 70여 명으로 구성되었다.

상석에 앉은 원로들이 저마다 한마디씩 했다. 조용히 골똘하게 생각하던 서기관 하나가 안나스를 쳐다보며 말했다.

"방법이 전혀 없는 것은 아닙니다."

"무슨 좋은 방도라도 있다는 말인가?"

안나스의 질문에 그가 목소리 톤을 낮추면서 차분하게 말했다.

"기회가 닿는 대로 헤롯 가문의 자존심을 건드려 보는 것이 좋을 듯합니다. 헤로디아가 숙부 헤롯 빌립과 결혼했다가 다시 그 형제 헤롯 안티파스의 품에 안기지 않았습니까? 비난의 대상이 된 그들의 자존심을 건드려 주면 세례요한을 알아서 처리해 줄 것 같은데요."

"우리 손에 피를 묻히지 않고 차도살인지계借刀殺人之計를 쓰자는 거로군. 괜찮은 생각 같은데 다른 사람들 의견은 어떻소?"

모두가 굳은 얼굴을 펴며 이구동성으로 찬성을 표시했다. 원로들은 이슈를 삼아 정치권에 압력을 넣기로 하고 젊은 조사관들은 세례요한에 대한 밀착 감시를 계속하기로 했다.

첫 이적

베레아를 떠난 지 나흘 후, 서쪽 하늘이 붉게 물들 즈음 예수 일행이 갈릴리 가나 마을 입구에 나타났다. 가나는 거인이 누워 있는 듯한 완만한 경사의 구릉지로 둘러싸인 산골 마을이었다. 그들이 이곳으로 온 것은 예수의 어머니 마리아가 친척집 혼인잔치가 있다고 초대했기 때문이었다. 나다나엘도 그 집과 친척은 아니었지만 신부를 잘 알고 있었다.

"여기가 갈릴리 가나, 나다나엘의 동네란 말이지?"

앞서 걷던 시몬이 나다나엘을 돌아보며 말했다.

"나다나엘, 너 산골 촌놈이었구먼."

"자기는 갈릴리 어촌 촌놈이면서 뭘."

놀리는 시몬의 말을 나다나엘이 받아쳤다. 며칠 함께하면서 그들은 친해졌고 막연하지만 운명 공동체 같은 동질감을 느끼며 유대감이 생겨났다.

"저녁 결혼식에는 늦지 않은 것 같은데?"

안드레가 말하자 존이 그를 쳐다보며 말했다.

"너는 결혼식보다 연회 잔칫상에 더 관심이 많은 것 같은데? 하하하."

드디어 그들은 시끌벅적하게 결혼식 잔치가 벌어지고 있는 신부집에 도착했다. 기다렸다는 듯 마리아와 예수의 동생들이 나와서 그들을 반갑게 맞이했다. 예수가 어머니를 안고 이마에 입을 맞추자 마리아가 그의 뺨을 두 손으로 어루만지며 말했다.

"거의 두 달 만에 보는 우리 아드님, 많이 야위었네."

예수는 함께 온 청년들을 한 사람씩 소개했고 모두가 그녀에게 인사했다. 시몬이 대표로 나서며 말했다.

"저희가 불청객은 아니겠지요?"

"아니고말고. 모두 반가워요. 기다렸어요."

마리아를 따라 나온 예수의 동생들이 인사를 하고 그들을 안으로 인도했다. 마리아와 예수가 그 뒤를 따랐다.

마당에는 후파가 만들어져 있었다. '후파'라 불리는 캐노피는 비단이나 벨벳으로 만든 이스라엘 결혼식용 천막이다. 후파의 붉은 융단 가장자리는 예쁜 레이스로 장식되어 있었다. 수수한 흰색 남방 차림의 신랑 친구들이 네 귀퉁이 장대를 하나씩 붙들고 서서 신부의 아름다움을 칭송하는 노래를 불렀다. 신부 뒤에 신부 들러리들이 화사한 흰 드레스를 갖춰 입고 〈아가〉서를 노래하며 화답했다.

챙 없는 모자 키파를 쓴 랍비가 주례자로서 결혼식을 집전했다. 신랑은 흰색 남방을 입었고 허리에 끝이 긴 벨트를 둘렀다. 신부는 하얀 드레스를 입고 머리에 흰 숄을 썼다. 자주색 레이스가 달린 벨트는 잘록한 허리에서 길게 내려져 있었다. 랍비는 신랑 신부와 두 증인이 서명한 결혼 서약서 크투바를 먼저 신랑과 신부에게 전달했다. 신랑 신부가 잔을 주고받는 합근례合巹禮를 행한 이후 신랑은 신부 술잔을 바닥에 놓고 밟아 깨뜨렸다. 사람들이 박수를 쳤다.

"이렇게 술이 쏟아지면 깨진 술잔에 다시 담을 수 없는 것처럼 이 결혼 언약은 이제 누구도 변개할 수 없습니다."

주례자가 성혼을 선포하고 크투바 서약서에 서명했다. 둘러선 하객의 축하 순서가 이어졌다. 선두에 선 신랑을 따라 친척, 친지들이 춤추며 신부 주위를 돌기 시작했다. 일곱 번을 돌았다. 옛날 여리고성을 일곱 번 돌고 점령했듯이 신부의 처녀성 점령이 시작되었다는 것을 의미하는 관습이었다.

큰 박수와 환호성으로 연회가 시작되었다. 신부 들러리들과 신랑 친구들이 춤을 추며 어울렸다. 잔칫상에 포도주를 나르는 하인들의 발걸음이 분주했다.

예수는 제자들과 음식상을 앞에 놓고 담소하고 있었다. 그때 마리아가 심각한 얼굴로 다가왔다. 그녀는 난처한 표정을 지으며 작은 목소리로 말했다.

"예상치 않게 포도주가 떨어졌다는데 어떡하지? 방법이 없다고 주인이 난감해하는데…."

마리아의 눈빛이 예수에게 어떻게 해 줄 수 없겠느냐고 부탁하고 있었다. 결혼식장에서 포도주가 떨어지는 것은 주인에게 대단한 수치였기에 보통 심각한 상황이 아니었다. 발을 동동 구르던 안주인은 친척인 마리아를 붙들고 하소연을 했었다.

예수가 얼굴을 굳히고 정색하며 마리아에게 말했다.

"여인이여, 그것이 나와 무슨 상관이 있습니까? 아직 내 때가 이르지 않았습니다."

둘러앉은 사람들이 놀랐으나 그녀는 담담했다. 오히려 기대한다는 표정을 지으며 돌아갔다. 예수가 일어나 자리를 떴다. 사람들이 수군수군했다. 잠시 후 그가 자리로 돌아와 앉자 하인 두 명이 오더니 예수 뒤에 섰다. 주위 사람들이 의아해하는 가운데 시몬이 그 하인들에게 물었다.

"무슨 일인가?"

"마리아님께서 보내셨습니다. 예수 선생님이 무슨 말씀을 하시든지 듣고 그대로 수행하라고 하셨습니다."

시몬 옆에서 지켜보던 존은 마라아가 무슨 생각으로 이들을 보냈는지 알 수가 없었다. 그때 예수가 하인들에게 엉뚱한 말을 했다.

"저 항아리들에 물을 가져다 채워라."

예수가 마당 한편에 놓여 있는 돌항아리들을 가리켰다. 그러자 하인들이 부지런히 오가면서 그가 말하는 대로 6개의 돌항아리에 물을 가득 채우고서 그의 얼굴을 쳐다보았다.

"이제 물을 떠서 연회장에게 갖다 주어라."

그 말을 듣고 둘러 앉아 있던 사람들이 놀랐다. 그 물은 마시는 물이 아니라 손님 접대용 손 씻는 물이었기 때문이다. 하인들도 놀라는 표정을 지으며 서로 쳐다보다가 그 물을 퍼서 연회를 총괄하는 연회장에게 갖다 주었다. 일의 진행이 어떻게 될까 존과 두 제자가 슬그머니 일어나 하인들을 따라가며 지켜보았다. 떨어진 포도주를 초조하게 기다리던 연회장은 하인들이 가지고 온 그릇을 반갑게 받았다. 잔에 조금 부어 시음하던 연회장이 깜짝 놀라며 손짓으로 신랑을 불렀다.

"꼭꼭 감춰 두었던 고급 포도주를 이제야 내놓는구먼. 최고야 최고!"

"예?"

"보통은 좋은 술을 처음에 내놓는데…. 이럴 수가, 대단해!"

"아, 예, 감사합니다."

연회장이 엄지손가락을 치켜들고 극찬하자 신랑은 무슨 말을 하는지 몰라 우물쭈물 대답하고 있었다. 멀리서 미소 지으며 고개를 끄덕이고 있는 마리아의 모습을 존은 놓치지 않았다. 예수의 첫 번째 표적을 직접 목격한 그들은 그가 정말 랍비 이상의 엘리야와 엘리사 같은 선지자라고 확신했다. 존은 세례요한과 예수의 관계가 그 두 선지자의 관계와 유사할지도 모른다고 생각했다.

그날 밤 마리아와 예수의 동생들은 혼인집에서 묵었고, 예수와 사나이들은 나다나엘 집으로 갔다. 그의 집은 동네 깊숙한 곳에 있었다. 제법 잘 지어진 돌집이었고 집 뒤쪽에는 무화과나무가 무성했다.

가버나움 답사

예수 일행은 이른 아침 서둘러 집을 나섰다. 그들을 환대한 나다
나엘 가족들은 더 머물도록 요청했으나 예수는 유월절 전에 들러
야 할 곳이 있다며 일정이 촉박하다고 했다. 잔칫집 안주인도 더 있
다 가라고 마리아를 붙잡았다. 마리아가 예수와 몇 마디 말을 주고
받더니 그녀와 예수 동생들도 이내 그들을 따라나섰다. 빌립이 나
다나엘에게 같이 가자고 권하자 기다렸다는 듯 그들을 따라나섰다.
그도 떨어져 혼자 집에 남고 싶지 않은 모양이었다.

예수와 일행은 유대 지방으로 돌아가지 않고 반대 방향인 갈릴
리 북쪽으로 길을 잡았다. 가버나움 방향이었다. 가는 길에 존과 빌
립이 어제 잔칫집에서 있었던 일에 대하여 서로 이야기했다. 존이
그때 흥분이 아직 가라앉지 않은 듯 신이 나서 말했다.

"빌립, 어제 예수 선생님, 대단하지 않았냐?"

"그래. 어떻게 물로 포도주를 만들 수 있지? 내가 직접 맛을 봤
는데 정말 극상품 포도주였어. 도무지 믿기지 않았어."

말을 하면서 빌립은 그 포도주 향이 혀끝에 아직 남아 있는 듯
음미했다.

"마리아님이 포도주가 떨어져 큰일 났다고 선생님에게 말할 때
그 반응을 너도 봤지? 어머니에게 '여인이여' 하면서 그 문제 해결
을 왜 나한테 와서 말씀하시느냐고 정색하며 거절하셨잖아. 선생님
이 왜 그런 태도를 취하셨을까?"

"글쎄. 나도 그때 깜짝 놀랐어."

빌립이 잘 모르겠다는 듯 머리를 갸웃했다.

"내가 곰곰이 생각해 봤는데 선생님은 이제 마리아님 아들이 아니라 출가한 선지자로서 자신의 정체성에 대하여 확실하게 관계 정리를 하려고 했던 것 같지 않아?"

"그렇게 말하니까 정말 그랬을 것 같기도 하다는 생각이 들긴 하는데…. 그런데 때가 아직 아니라는 말씀은 또 뭘까?"

빌립이 그때 들은 말이 생각난다는 듯 말했다.

"모르지. 공중 앞에서 뭔가 꽝 터트리려고 준비하고 있는 그 무엇이 있는지도…."

한 발 앞서가던 안드레가 발걸음을 멈추고 뒤돌아보며 끼어들었다.

"나는 이번 표적에 어떤 메시지가 있는 것 같다는 생각이 들어."

존과 빌립은 안드레가 무슨 말을 하려고 하나 싶어 그의 다음 말을 기다렸다.

"깨끗한 물이든 더러운 물이든 우리 선생님이 가리키는 항아리에 들어가기만 하면 귀한 포도주로 변한다는 것, 뭔가 의미가 있는 것 같지 않아?"

"와! 안드레, 너 영적 감각이 상당한 것 같은데? 하하하."

빌립이 놀랍다는 표정을 지으며 웃었다. 안드레가 어깨를 으쓱하며 턱을 내밀고 우쭐한 모양새를 지었다.

"그렇다면 예수 선생님이 선지자로서 첫 표적을 행한 장소가 장례식장이 아닌 결혼식장이라는 것도 어떤 의미가 있을 법한데?"

빌립이 말하며 소리 내어 웃었다. 두 친구도 따라 웃었다. 존은 그들의 이야기가 제법 그럴싸하다는 생각이 들었다. 조금 더 앞서

가던 시몬과 야고보가 뒤에서 나는 웃음소리를 들으며 뒤를 돌아보았다. 시몬이 물었다.

"무슨 재미있는 일이라도 있냐?"

"형들은 몰라도 돼. 오늘 날씨 좋다고."

존이 눈에 장난기를 달고 말했다. 그러자 시몬이 주위 사람들에게 말했다.

"애들아, 형들 놀리는 존하고 어울리지 마라. 물든다."

일행은 오후쯤에 가버나움에 도착했다. 푸짐하게 생긴 여인이 길가에서 팔라페를 만들어 팔고 있었는데 시장기를 느낀 그들은 군침이 돌았다. 시원할 때 길을 떠나려고 아침 일찍 차 한 잔으로 식사를 대신하고 출발한 그들이었다. 넓적한 빵에 각종 샐러드와 감자튀김을 넣은 팔라페는 꿀맛이었다. 시몬이 볼 가득 씹던 빵을 삼키며 예수를 바라보고 물었다.

"이제 여기서 우리 뭐하지요?"

"여기가 갈릴리의 도청 소재지인데 돌아다니며 분위기도 보고 사람들 사는 모습도 보고, 물가도 알아보고…."

갈릴리 바다 북서쪽에 자리한 가버나움은 열 곳 포구 중 가장 번성한 곳으로 헤롯 빌립과 헤롯 안티파스가 다스리던 땅의 경계 지역 길목이었다. 이집트에서 지중해 해변 길을 거쳐 남북을 연결하는 중요 도로의 길목이어서 주로 대상로나 군대 이동 통로로 활용되기도 했다. 국경을 지나는 많은 이방인들로부터 세금을 징수하기 위한 큰 세무서도 있었다.

예수가 어머니와 동생들을 돌아보며 부탁했다.

"어머니는 동생들과 이 도시의 셋집 현황이 어떤지 알아봐 주실래요?"

모두가 곳곳으로 흩어지자 그는 혼자서 가까운 갈릴리 포구로 걸음을 옮겼다. 어느덧 하루해가 저물고 어둠이 조용히 다가오고 있었다.

부지런한 시몬은 아침 일찍 일어났다. 허름한 민박집에서 여기저기 흩어져 자고 있는 동료들이 한눈에 들어왔다. 예수 선생님이 눈에 띄지 않았다. 그는 다른 사람들을 방해하지 않도록 주의하며 조심스럽게 집 밖으로 나왔다. 더위를 잠재운 새벽 공기가 시원하고 좋았다. 가버나움에는 몇 번 온 적이 있기에 그다지 낯설지 않았다.

그는 조용히 기도할 곳을 찾았다. 어스름한 새벽을 뚫고 그의 발이 바닷가로 향했다. 뱃사람들이 벌써 움직이고 있었다. 그는 바닷가에 서서 수평선을 바라보았다. 그러다가 한적한 바닷가에 앉아 있는 예수를 발견했다. 망망대해를 바라보고 있는 그는 기도하는 것 같기도 하고 깊은 생각에 잠겨 있는 것 같기도 했다. 천천히 그에게로 다가갔다. 혼자 있는 그의 시간을 방해하는 것은 아닐까 생각하며 조심스럽게 불렀다.

"선생님, 여기 계셨군요."

"음, 시몬. 너도 나왔구나."

"여기 온 지 이틀이 되었는데 다음 계획은 무엇인지요?"

시몬이 예수 곁에 앉으며 물었다.

"유월절이 임박했으니 예루살렘으로 올라가려고 해. 모두 함께 갈 수 있을까?"

예수는 다른 제자들이 예루살렘으로 동행했으면 하는 마음인 것 같았다. 시몬은 함께한 사나이들이 세례요한의 집회에 참석하느라고 한동안 떠나 있었기 때문에 각자 갈릴리에 있는 집에 들르고 싶어 하지 않을까 생각했다.

바닷가에서 돌아온 그는 다른 제자들에게 선생님의 의중을 전달했다.

"유월절이 임박했으니 일단 선생님을 따라 예루살렘으로 올라가야겠지?"

모두가 함께하기로 뜻을 모았다. 시몬은 이번 유월절이 다른 때와 달리 특별할 것 같았다. 뭔가 새롭고 뜻있는 유월절을 지키게 되리란 예감이 들었다.

예루살렘 성전에 등장한 예수

번화한 예루살렘에 예수와 그의 다섯 제자들이 나타났다. 생선 비린내가 물씬 풍기는 어물전을 통과할 때 존은 한 생선 파는 여인네의 사투리 섞인 높은 톤의 억양이 낯설게 들렸다. 시몬이 예수에게 말했다.

"예루살렘 어물전에서 생선 파는 사람들은 주로 두로에서 올라온다고 하더라고요."

두로는 갈릴리에서도 한참 북쪽인 지중해 연안 상업도시였다. 두로가 지리적으로는 북쪽에 있지만 유대인들은 모든 지방에서 수

도 예루살렘 쪽 길로 올라온다고 표현했다. 옆에서 듣고 있던 존은
두로인들의 치열한 상술을 생각하며 끼어들었다.

"참 멀리서도 왔네. 하기는 지중해 뱃길을 이용하면 쉽게 올 수
도 있겠군."

그들은 어물전 가까이 있는 어문을 끼고 돌며 양문 쪽으로 향했
다. 유월절이 시작된지라 그곳은 사람들로 더욱 붐볐다. 예루살렘
성벽에는 고유한 이름을 가진 문이 아홉 개나 있었다. 물고기 문인
어문, 양의 문인 양문, 아름다운 미문, 실로암 못 근처의 수문, 하부
도시로 들어서는 골짜기 문, 에세네 문이라고도 불리는 잿더미 분
문 등이 있었다. 유월절에는 각지에서 올라온 여행객들로 인하여
숙박업소와 식당마다 손님이 넘쳐났다. 제수용품을 취급하는 업계
사람들에게는 이때가 최고의 성수기였다.

"이 유월절에 주머니가 두둑해질 장사꾼이 많겠군."

빌립이 한마디 하자, 안드레가 말을 받았다.

"그래도 한몫 챙기는 데는 성전 제사장들만 하겠어?"

"맞아. 두 앗사리온 정도 하는 비둘기 한 쌍 값이 성전에서는 그
20배에 달하는 반 세겔이나 한다는군."

"그래도 어쩌겠어. 밖에서 사 들고 들어간 제물은 검역관 제사
장들이 대부분 불합격시킨다는데, 울며 겨자 먹기로 성전에서 파는
걸 살 수밖에."

"정말 너무해. 종교 지도자라는 사람들이 그럴 수 있어? 너무 썩
었어."

시몬이 울분을 담아 거칠게 말했다. 조용하던 나다나엘도 한마

디 했다.

"구조적으로 문제가 많은 거야. 로마 치하에 있으면서도 유대 최고 자치 의결기관인 산헤드린 공의회 주역들이 정치권력을 즐기는 세력으로 타락해 버렸으니."

"말이 지도자이지 실상은 종교라는 이름으로 백성을 착취하는 무뢰배들이군."

시몬이 맞장구를 쳤고, 나다나엘이 말을 계속했다.

"정복자들이 대제사장을 임명하는 구조로 만들어 놓은 것부터 의도가 있는 것이지. 종교에 관심 없는 정치가들이 아론 계열이나 레위인이 아닌데도 자기들이 다루기 쉬운 사람들을 대제사장으로 임명해 버리기 일쑤라는군."

"현 안나스 대제사장은 돈을 갖다 주고 대제사장권을 샀다는데 사실일까?"

"빌립, 목소리 낮춰. 걸리면 경을 치게 돼."

존이 빌립을 보며 집게손가락을 세워 자기 입에 대며 말했다. 나다나엘이 전에 누군가에게 들은 사실을 기억하며 덧붙였다.

"그건 공공연한 사실인데 뭘. 이제는 비밀도 아냐. 대제사장직 종신제를 로마 통치자들이 못마땅해하니까 안나스의 아들들과 사위들이 교대로 대제사장을 하려고 음모를 꾸미고 있다고 하더군. 대제사장직에 상당한 이권이 개입되었다는 증거지. 돈으로 자리를 차지한 제사장들과 추종 세력들이 성전에서 백성들을 착취하면서 서로 눈감아주는 악의 사슬고리는 정해진 수순 아니겠어? 지금은 누구도 손을 대지 못하는 상황이 되어 버린 거야."

말을 하면서 나다나엘의 눈길은 묵묵히 양의 문으로 들어서는 선생님 쪽으로 향했다. 오른쪽에 안토니아 요새가 위용을 자랑하고 있고 전방에 성전 솔로몬 행각 지붕이 보였다. 큰길에서 골목까지 수많은 사람들로 넘쳐 났으며 축제 열기가 한껏 달아오르고 있었다. 일행은 붐비는 사람들과 부딪히지 않으려고 천천히 걸어서 성전 쪽으로 향했다. 희생 제물을 태우는 냄새가 점점 더 짙어지고 있었다.

그들은 미문을 지나 성전 안으로 들어섰다. 마당 벽 사면은 미완성이었지만 늘어선 행각 기둥들과 성전 벽에 고급스러운 문양이 보였다. 안드레가 중단된 공사 모습을 보면서 말했다.

"성전 재건축은 도대체 언제 끝나는 거야?"

바벨론 포로 귀환 후 재건된 스룹바벨 성전은 알렉산더, 프톨레미, 셀레우코스 헬라 시대를 거치면서 훼손과 복원이 계속되었다. 로마 폼페이 장군의 예루살렘 함락 때 다시 훼손된 것을 헤롯이 전면적으로 재건축하겠다고 나섰다. 그는 크고 화려한 대대적인 성전 재건축을 발표했다. 그를 믿지 못한 이스라엘 지도자들은 밖에서 큰 틀을 잡아 완공할 때까지 스룹바벨 성전을 허물지 않고 계속 사용할 수 있도록 건의했다. 헤롯이 재정을 도와주고 백성들이 자원하여 공사를 시작했다. 우선 성소 본 건물만 짓고, 성전 문과 뜰의 행각과 담은 46년째 짓고 있었다.

"완공까지는 요원해 보이는데?"

빌립의 말에 나다나엘이 설명을 덧붙였다.

"공사가 지연되는 이유는 공사 규모가 커서 많은 예산이 필요하기도 하지만, 헤롯이 백성들의 환심을 사려고 선심성 과시용 공사를 하기 때문에 서두르지 않는 거지 뭐."

성전 행각 안쪽과 뜰에도 사람들이 넘쳐났다. 평소보다 분량이 훨씬 많기 때문인지 희생 제물 임시 검사장까지 설치했고, 제수용 품을 판매하는 사람들과 환전하는 사람들이 가판대를 만들어 사용하고 있었다. 그 앞에 수많은 사람들이 몰려 있었다.

로마 화폐 '데나리온'과 헬라 화폐 '드라크마', 유대 화폐 '세겔', '므나', '달란트' 등이 함께 통용되었다. 하지만 성전 안에서는 유대 화폐만 사용해야 했기 때문에 성전 안에 환전상이 많았다. 각종 제례용 동물을 사고파는 성전 안은 시장터를 방불케 했다.

존은 예수가 희생 제물을 묶는 데 사용하는 노끈을 땅에서 줍더니 그것으로 채찍을 만드는 모습을 지켜보았다. 노끈을 꼬아 만든 채찍을 들고 예수는 달리듯 앞으로 나아가며 그것을 휘둘렀다. 양과 소들을 성전에서 내어 쫓고 환전상들의 좌판을 쏟아 버렸다. 비둘기를 팔고 있는 사람들에게 성전에서 나가라며 호통을 쳤다.

"내 아버지 집을 장터 소굴로 만들지 말라."

갑작스러운 예수의 행동에 사람들은 당황했다. 놀라서 하던 일을 멈추고 쳐다보았다. 이 소동은 급히 제사장들에게 보고되어 그들이 달려 나왔다.

"무슨 일이냐? 어떤 놈이 난동을 피우느냐? 너는 누구냐?"

"여기는 내 아버지의 집이다. 내 집에서 이런 불경한 짓거리들은 도저히 용납할 수 없다."

예수는 나이 든 제사장들 앞에서 조금도 주눅 들지 않고 당당했다. 한 제사장이 그의 기세에 눌려 함부로 하지 못하고 청중의 동조를 얻으려는 듯 말했다.

"너는 모세 율법을 따라 우리 조상 적부터 행한 희생 제사를 부인하는 것이냐?"

"너희는 하늘에 계신 내 아버지께서 시각장애인이며 청각장애인인 줄 아느냐? 너희 악행으로 드려진 제물이 하늘에 열납될 것으로 생각하느냐? 어찌 손바닥으로 하늘을 가리려 하느냐?"

모여든 사람들이 웅성거리며 수군거렸다.

"저 청년은 도대체 누구기에 감히 제사장들에게 도전하는 거야?"

"또 다른 세례요한인가?"

존은 동료들이 잔뜩 긴장하여 선생님 뒤로 가까이 가서 서는 것을 보았다. 그도 여차하여 폭력이 일어나면 뛰어들어야 하지 않을까 생각했다. 어떤 사람이 제사장에게 다가가 귓속말을 하는 것이 보였다. 제사장이 한 발 앞으로 나오며 예수에게 물었다.

"무슨 권세로 이러느냐? 네가 특별한 자라면 표적을 보여 스스로 증명할 수 있겠느냐?"

"너희가 이 성전을 헐라. 내가 사흘 만에 일으키리라."

그의 대답에 제사장 곁에 있던 다른 한 사람이 어이없다는 듯 말했다.

"이 성전은 46년 동안 짓고 있거늘 네가 지금 3일 동안에 짓겠다고 말하는 것이냐?"

사람들 속에서 누군가가 말했다.

"헤롯이 짓기 시작한 성전을 헐어 버리라니, 헤롯에게도 도전할 모양이네."

그날 이후 온 예루살렘은 성전에서 소동을 일으킨 한 사람으로 인하여 크게 술렁거렸다. 이 소식은 삽시간에 온 유대로 퍼져 나갔다. 민중은 속 시원해하면서도 그를 염려했다. 이 소동이 있고 난 뒤 대제사장 집과 바리새파 대표 집에서 긴급회의가 소집되었다.

대책회의

며칠 후 대제사장 휘하의 실무담당 자독 제사장과 젊은 서기관 엘리살, 바리새파 아몬이 상부 도시 에세네 광장에서 자리를 함께했다. 나무 그늘이 늘어진 돌계단에 걸터앉아 각기 자기 계파에서 논의된 회의 내용들을 공유했다. 자독이 먼저 제사장들과 서기관들의 대책회의 스케치를 전달했다.

"성전에서 공식적으로 우리에게 반기를 들고 나온 자는 대체 누군가?"

안나스 대제사장이 모인 사람들에게 신경질적으로 물었다.

"갈릴리 나사렛에서 온 예수라는 청년과 그 일당이라고 합니다."

"왜 이렇게 골치 아픈 일이 자꾸 발생하는 거야. 안 그래도 세례 요한 때문에 신경이 곤두선 상황인데…."

유대인 공동체 대표라는 대제사장들은 지나치게 정치화되어 있었고, 제사장적 귀족 집단을 형성하고 있던 사두개파는 지극히 세속적이었다. 그들은 사회적 분위기와 정세를 살피고 세례요한과 예수의 근황에 대하여 정보를 주고받으며 논의했지만 뾰족한 대책을 내놓지 못했다. 새롭게 등장한 예수가 누구인지 철저히 조사한 뒤 다시 만나 대책을 세우기로 했다.

이번에는 아몬이 바리새파 내 동정을 이야기했다.

로빈슨 아치에서 가까운 바리새인 수장 맛디아의 집 거실에서 지도자급 바리새인들이 별도로 모였다. 산헤드린 공회원이기도 한 그가 말했다.

"예루살렘 성전에서 심상치 않은 사건이 터졌다면서?"

옆에 있던 한 바리새인이 대답했다.

"예, 어제 성전에서 큰 난리가 났답니다."

"그래? 유월절 폭풍의 눈이 된 주인공은 대체 누군가?"

그가 좌중을 둘러보며 재차 묻자 자유롭게 대화가 오고 갔다.

"갈릴리 나사렛 출신 예수인데, 사람들이 그를 세례요한 같은 선지자라고 한답니다."

"세례요한은 그를 메시아일 것이라고 했다죠, 아마?"

"선지자 시대는 400년 전에 끝났는데 무슨 선지자며, 또 북쪽 갈릴리 나사렛 촌에서 메시아는 무슨 메시아….."

"그래도 모세 율법을 무시하고 제사 의식에만 치우쳐 부정을 일삼는 대제사장들과 그 동류 세력에 대한 공격은 마음에 드는데요."

"예수 일당을 우리 편으로 끌어들일 수는 없을까?"

대제사장들, 사두개파, 서기관들보다는 그래도 민중의 지지를 받는 바리새파 사람들은 이 문제로 인한 득실을 따지면서 보다 신중한 자세로 사건을 분석하며 논의했다.

"그렇습니다. 우리를 그런 대로 지지하던 민중이 세례요한에게 대거 쏠리는 바람에 우리 입지가 매우 약화된 상황에서 또 저렇게 혜성처럼 나타난 예수라는 자, 요주의 인물인 것은 틀림없습니다. 더 지켜보면서 자세히 알아보고 대책을 세워야 할 것 같습니다."

당시 유대는 헬레니즘 문화가 물밀 듯이 들어오고 있었다. 에스라 종교개혁과 민족주의 하시딤 운동에 뿌리를 둔 보수파 유대인들은 헬라 문화화되는 헬레니즘을 강력히 거부했다. 정통 유대교 핵심 세력으로서 바리새인들은 종교적인 면에서 민중의 인정을 받았다.

율법 연구와 해석을 전문으로 하는 서기관들과 율법사들은 구전으로 전해진 율법 곧 '장로의 유전'을 정리했다. 그것이 회당 곧 학교 공교육의 교과서로 사용된 《미슈나》와 《탈무드》였다. 랍비들은 그것을 후진들에게 가르쳤고, 그것을 성경과 같은 권위로 끌어올렸다. 점차 그들은 율법의 정신보다는 기득권을 유지하는 데 더 많은 관심을 가졌으며, 타락한 지도자들은 율법을 악용했다.

제자들의 담론

예수와 일행들은 나다나엘의 주선으로 예루살렘 성안에 살고 있는 그의 친척 집에 임시 거처를 마련했다. 그 친척은 상인으로 비교적 경제적 여유가 있는 사람이었다. 그는 예루살렘 수공업자들로 구성된 조합, 길드의 일원이었다.

예수가 한적한 곳을 찾아 기도하러 나간 후 제자들은 그의 성전 청결 사건에 관하여 담론하며 그를 기다렸다. 안드레가 말했다.

"난 아직도 가슴이 떨려 정신을 못 차리겠어. 한없이 온유하기만 한 줄 알았는데 선생님의 성난 모습은 정말 무섭고 서릿발 같았어."

"난 선생님이 단순한 정의감과 의분으로 그런 행동을 했다고는 보지 않아. 뭔가 큰일을 시작하신 거야."

시몬도 흥분을 감추지 못하고 상기된 얼굴로 말했다.

"나는 채찍을 휘두르는 선생님을 보면서 〈시편〉 69편, '주의 전을 사모하는 열심히 나를 삼키리라'라는 말씀이 떠오르더군."

나다나엘이 말하자 존이 사람들을 둘러보며 전체 앞에 질문을 던졌다.

"예수 선생님은 선지자일까 아니면 온 이스라엘이 기다리는 메시아일까?"

잠시 침묵이 흘렀다. 그것은 그들 모두의 질문이었다.

"오늘 성전에서 선생님은 분명히 '내 아버지의 집'이라고 하셨어. 제사장들일지라도 하지 못하는 말이잖아."

자부심과 기대가 잔뜩 베인 투로 빌립이 말하자 여기저기서 한 마디씩 했다.

"그러니까 선생님 말씀의 논리를 따르면 성전은 아버지 하나님의 집, 곧 내 집이라는 말씀이네?"

"내가 곧 성전의 주인이라는 말을 하고 싶었던 걸까?"

"맞아. 손님은 집 안이 아무리 지저분해도 그 집을 청소하지는 않지. 주인이니까 나서서 청소한다는 거야."

"그런데 성전을 헐면 사흘 안에 다시 세우겠다고 하는 말은 또 무슨 뜻이야. 무슨 의도로 그런 말씀을 하셨을까?"

존이 뭔가 깨달은 듯 고개를 갸웃하며 말했다.

"매점매석으로 강도의 굴혈같이 장사판이 되어 버린 성전은 이미 하나님께서 떠나 버리고 안 계시는데 성전을 정결케 하는 방법은 헐어 버리는 것이 정답 아닐까? 너무 급진적인 생각인가?"

성전을 헐어라, 사흘 만에 내가 다시 짓겠다고 했던 예수의 외침은, 자신이 십자가에 죽고 3일 만에 부활할 것을 염두에 두고 선포한 말이었다.

예수가 수도 예루살렘 중심부에서 자신을 드러낸 그날 이후, 그는 수개월 동안 예루살렘에서 활동했다. 그는 폭풍의 눈으로 떠올랐다. 예루살렘과 온 유대를 술렁이게 만든 예수, 그는 과연 누구인가. 그것은 모든 사람에게 초미의 관심사였다. 그의 메시지에 은혜받는 사람들이 계속 늘어 갔다. 제사장 그룹은 그를 세례요한처럼 감시하기 시작했다. 세례요한의 제자였던 존이 동료들에게 말했다.

"세례요한 선생님 집회에 수시로 드나들던 사람들이 적지 않게 눈에 띄던데 이를 어떻게 보아야 할까? 예수 선생님의 메시지가 세례요한 선생님이 던진 메시지의 연장으로 들렸기 때문일까?"

나다나엘이 말했다.

"존, 메시지를 듣고 이해하는 수준이 상당한 것 같군. 나도 시간이 지날수록 예수 선생님의 메시지가 심오하고 세례요한의 메시지와도 차별화된다고 생각했어. 세례요한이 심판과 멸망의 메시지로 사람들 마음 밭을 가난한 심령으로 준비시켰다면, 예수 선생님은 그 위에 구원과 생명의 메시지를 담았다고 할까."

세례요한 집회에 열심히 참석한 사람들이 대거 예수를 좇았다. 은연중에 그는 세례요한의 청중을 인수하고 있었다. 세례요한이 '예수는 흥해야 하고 나는 쇠하여야 하리라'라고 말한 대로 되어 갔다.

밤의 방문객

어느 날 저녁, 다른 제자들은 외출하고 존과 나다나엘만 처소에 남아 선생님과 담소하고 있었다. 곧 비가 올 듯 하늘에는 별도 없었고, 점차 일기 시작한 바람이 나뭇잎들을 흔들며 소리를 냈다. 밖에서 누군가 대문 두드리는 소리가 바람소리에 섞여 들렸다. 존이 일어나 가서 문을 열었다. 문 앞에 바리새 복장을 한 점잖은 중년 신사가 서 있었다. 그가 정중하게 말했다.

"밤늦게 방문해서 죄송한데, 예수 선생을 잠깐 뵐 수 있을까요?"

"들어오세요."

존이 손님을 영접하여 선생님에게 안내했다. 예수가 손님에게 자리를 권하자 그가 앉으며 자기소개를 했다. 그는 산헤드린 공회원으로 유대 관원인 니고데모였다. 나다나엘과 존은 손님이 선생님과 거리낌 없이 대화할 수 있도록 자리를 비켜 주었다.

"예수 선생님, 요즈음 행하시는 놀라운 일들을 보고 들었습니다. 선생님은 하나님께서 보내신 분이라고 생각합니다. 하나님께서 함께하지 않고는 그런 일들이 결코 일어날 수 없지요."

니고데모는 바리새인이며 율법학자요 선생으로서 많은 사람들에게 존경받는 사람이었다. 그는 한평생 율법을 철저히 지키며 살려고 노력했다. 세상 욕심으로 불의를 행하며 외식하는 종교 지도자들이 주변에 많았지만 그는 율법대로 살려고 최선을 다했다.

그런데 그는 공허했다. 하나님 나라에 대한 관심이 많고 머리로 이해는 되었지만 확신이 없었다. 혼탁한 세상에 물들지 않고 신앙을 지켜 하나님 나라에 당당히 들어가고 싶었다. 그런데 노력하면 할수록 하나님 나라는 더 멀어지는 듯했다. 자신의 문제가 무엇인지 알 수 없어 고민했다. 세례요한의 집회소식을 듣고 참석해 보고 싶었지만 체면이 허락하지 않았다.

그때 예수에 관한 소문을 들었다. 그는 광야가 아닌 예루살렘 성 안에 머물고 있다고 했다. 바리새인 공동체 안에서는 그에 대한 부정적 분위기가 우세하였기에 그는 예수를 은밀하게 만나보기로 결심했다.

제자들이 하나둘 숙소로 돌아왔다. 존은 손짓으로 그들에게 조용히 들어오라고 했다. 그들은 문 밖에 앉아 간간이 들려오는 방 안의 대화에 귀를 세웠다. 그날 밤 두 사람의 대담은 밤늦게까지 계속되었다.

예수의 제자들은 바리새파 진영이 예수에 대하여 향후 어떻게 입장을 정리할지 관심을 모았다. 며칠 후 나다나엘은 어릴 적 친구였던 한 바리새파인을 통해 그들의 내부 분위기에 관하여 들었다. 예수와 니고데모의 만남 이후 바리새파 내부에서는 서로 다른 두 견해가 팽팽히 맞섰다고 했다.

"나는 예수를 만나고 성경에 대하여 해박한 선생인 것을 확인했소. 하나님이 보낸 사람이라는 인상을 받았는데 우리는 보다 호의적인 자세로 그를 지켜보아야 할 것 같습니다."

니고데모가 그렇게 말했으나 다수의 바리새파 사람들은 예수를 성토했다.

"하나님을 아버지라 부르는 것은 율법 선생의 차원을 넘는 이야기인데 어찌 우리가 그와 함께 갈 수 있단 말이오."

친구는 양쪽 다 일리가 있어 보여서 쉽게 판단이 서지 않는다고 나다나엘에게 솔직하게 말했다. 나다나엘이 친구에게 들은 이야기를 토대로 바리새인들의 분위기를 요약했다.

"니고데모처럼 호의적인 사람은 소수이고, 대다수 바리새파 사람들은 예수 선생님을 배척하는 입장에 선 것 같아."

나다나엘의 말에 존이 톤을 높여 말했다.

"그들은 성경 말씀의 본질을 이해하려고 접근하기보다 인간적이고 정치적인 자기네 세력의 입지에 더 많은 관심을 가지고 있는 것이 분명해. 그들은 대제사장들과 야합하는 물질주의적 현실주의자들로서 기득권을 유지하는 데만 골몰하고 있어. 그들의 눈에는 세례요한 운동도, 예수 운동도 눈엣가시처럼 보이고 성가실 뿐인 거야."

"대부분의 바리새인은, 민중의 지지가 예수께 쏠리는 것을 두고 볼 수 없다는 입장이며 다른 종교 지도자들과 연합하기로 한 것 같으니 우리도 경계해야겠어."

시몬이 말하면서 나다나엘에게 물었다.

"그런데 나다나엘, 그날 밤 선생님과 니고데모의 담론 주제는 뭐였던 거야?"

그 당시 잠깐 갈릴리 집을 다녀 온 시몬은 그때 일을 잘 알지 못했다. 예수의 예루살렘 사역은 8개월째 진행되고 있었다. 제자들은 틈을 내어 갈릴리 집과 예루살렘을 왕래했다.

"내가 이해하기로 니고데모가 궁금해하는 중심 주제는 하나님 나라인 것 같았어."

나다나엘과 존이 당시를 떠올리며 설명했는데 그들도 이해하기가 쉽지 않았다고 말했다.

"하나님 나라에 대해 니고데모는 사변적 접근을 하는 것 같았고 선생님은 실제적이며 본질적인 대답을 하신 것 같아."

나다나엘의 말에 존이 덧붙였다.

"선생님은 사람이 진실로 거듭나지 아니하면 하나님 나라에 들어갈 수도, 볼 수도 없다고 하셨어. 그 말에 당황한 니고데모가 사람이 모태로 다시 들어갈 수 없는데 어떻게 거듭날 수 있느냐고 반문했지. 그때 나는 터져 나오려는 웃음을 겨우 참았어. 내가 생각해도 유치한 질문이었거든. 아무튼 니고데모는 거듭난다는 말이 낯설고 도무지 이해할 수 없다고 하는 것 같았어."

나다나엘이 그의 말을 받았다.

"선생님은 육으로 난 것은 육이요, 영으로 난 것은 영이기 때문에 물과 성령으로 거듭나야 하나님 나라에 들어갈 수 있다고 말씀하셨는데, 내가 이해하기로는 하나님 나라에 어떻게 들어갈 수 있는가라는 방법론보다 그 나라에 대한 이해와 인식이 먼저라고 하시는 것 같았어. 율법에 대한 인간적 이해의 틀에 갇혀 있는 니고데모에게 관점이 거듭나야 한다고 하신 거지."

"물과 성령으로 거듭난다는 말은 무슨 뜻이지?"

시몬이 모르겠다는 듯 되묻자 나다나엘이 보충 설명을 했다.

"출생의 문제는 아이가 어떻게 할 수 있는 일이 아니고 조물주의 주권에 속한 문제잖아. 역사 속에 도도히 흐르는 하나님 언약의 말씀과 주권적인 성령의 역사로 하나님 나라가 인식되면 그 안에 들어가는 것은 저절로 되는 것 아닐까?"

존이 뭔가 깨달은 듯 끼어들었다.

"아, 그런 의미로 선생님은 그때 밖의 바람 소리를 예로 들어 성령의 역사를 설명하셨구나. 하나님 나라에 대한 인식 전환이 이뤄지면 보이지 않는 바람에 나뭇잎이 흔들리는 것처럼 그 결과로 빚어지는 구원과 영생은 너무도 분명하다고….”

그들의 말을 들으며 고개를 끄덕이던 시몬이 또다시 질문했다.

"그럼 영생은 어떻게 이해해야 하는 거야? 단순히 영원히 산다는 의미만은 아니겠지?"

"선생님은 모든 질병, 고통, 슬픔, 허무, 낙심, 불행 등 죽음의 묶음 가운데 있는 모든 것을 회복하고 빛 가운데로 이끌어 내는 구원을 영생이라는 단어로 재해석하시는 것 같았어. 영생은 영원하신 그분 안에서 누리는 풍성한 삶을 의미하는 것이겠지."

나다나엘이 대답하며 존을 보며 말했다.

"선생님은 자신을 인자人子라고 칭하며 모세 시대 광야의 놋뱀 사건과 관련하여 언급하신 내용도 있었지?"

존이 대답했다.

"영생을 얻기 위해서는 인자가 광야의 놋뱀처럼 들려야 할 것이라고 하셨던 것으로 기억해. 인자가 세상에 온 것은 그를 믿는 자마다 심판과 죽음에 이르지 않고 영생을 얻게 하려 하심이라 하셨어. 확실하게 이해되지는 않지만 매우 중요한 이야기인 듯했는데… 그렇지?"

존이 나다나엘을 돌아보며 자기 말이 맞는지 확인했다. 나다나엘이 덧붙였다.

"먼저 하나님 나라와 구원과 영생의 인식 문제를 주제로 삼으시고 그 길을 인자의 들림과 연계하시는 것 같았어."

다른 제자들도 고개를 끄덕이며 그들의 대화에 주의를 기울여 진지하게 듣고 있었다. 인자는 히브리말로 '벤 아담'인데 '사람의 아들'이라는 뜻이었다. 나다나엘이 인자에 대한 자기 생각을 피력했다.

"다니엘 선지자가 언급한 하늘 구름 타고 온다는 인자를 선생님이 자신에 대한 지칭으로 사용하셨지. 그 인자의 의미는 도저히 사람이라고 할 수 없는 존재인데 사람인 그런 존재를 말하는 것이겠지. 사람이면 굳이 '나는 사람이다', '나는 사람의 아들이다'라는 말을 쓸 필요가 없잖겠어?"

존이 생각난 듯 말했다.

"선생님은 하늘에서 내려온 자 곧 인자 외에는 하늘에 올라간 자가 없다고 하셨어."

나다나엘이 말을 계속했다.

"선생님은 니고데모가 인간 자신의 노력으로 하늘에 올라갈 수 있는 것처럼 생각한다고 보신 것 같아. 그래서 선을 행함이나 또는 양심이나 지식으로 하늘나라에 들어갈 수 없다는 것을 은유적으로 표현하신 것 같고… 오직 하늘에서 땅으로 내려오신 인자를 통해 하늘나라에 들어갈 수 있다는 의미에서 말이야."

"나다나엘, 너는 어떻게 그렇게 이해가 빠르냐?"

시몬이 부러운 듯 말했다.

"아니, 나도 같은 문제로 고민했어. 니고데모의 답답함이 나의 답답함이었거든. 처음엔 나도 니고데모처럼 선생님 말씀이 도무지 이해가 되지 않았지. 기도하며 곰곰이 묵상할 때 조금씩 열리더라고."

예루살렘에서 예수의 인기는 하늘을 찔렀다. 청중은 그가 신적 능력으로 언제 로마를 뒤엎어 유대를 독립시킬 것인가 기대했다. 그가 가는 곳마다 인산인해를 이루었다. 이스라엘 비밀 독립운동 단체인 열심당원들도 예수가 기회만 만들면 합세하여 봉기하려고 그를 예의주시했다.

반면 대제사장들을 중심으로 한 사두개파, 서기관 등 종교 지도자들은 바리새파 사람들까지 합세하여 예수를 제거하고자 했다. 그들은 민중이 자기들한테서 등을 돌리는 것이 예수 때문이라고 생각했다. 그들은 그에게 감시자들을 붙였다. 은밀하게 예수를 제거하기 위해 칼잡이들을 고용하고 머리를 맞대어 계략을 꾸몄다.

갈릴리 도상

안드레가 헐레벌떡 집 안으로 뛰어 들어오며 선생님을 찾았다.

빌립과 담소하고 있던 존은 무슨 사달이 났다고 생각하며 불안한 마음으로 물었다.

"무슨 일이야?"

"세례요한 선생님이 체포되어 투옥되었대."

존은 흥분하여 상기된 안드레의 얼굴에서 눈물 자국을 보았다.

"뭐야? 사실이야?"

존은 집회 현장에서 불같은 메시지를 선포하던 세례요한을 떠올렸다. 존경하고 따르던 옛 선생님을 생각하니 왈칵 눈물이 쏟아졌다. 그는 사명자의 쓸쓸한 생애를 한눈에 보는 듯했다. '일이 어떻게 되려나. 선지자로서 그의 사역이 끝나려는가. 그가 안드레와 나를 예수 선생님에게 떠나보낸 것은 그의 선견지명이었던가.'

"이제 종교 지도자들과 정치 세력들이 더욱 기가 살아서 예수 선생님도 붙잡으려고 더 노골적으로 나올 것 같은데요."

시몬이 예수를 쳐다보며 말했다.

"내일 갈릴리로 내려가자."

존은 예수 선생님이 예루살렘을 떠나려고 이미 마음먹은 것으로 짐작했다. 유월절에 예루살렘에서 성전 청결 사건을 일으키며 세례요한의 민중을 끌어안고 사역한 지 8개월이 되었다.

예수와 제자들은 이른 새벽 사람들이 모여들기 전에 길을 떠났다. 몰려드는 군중에게서 벗어나기 위해 쉬지 않고 걸었다. 아침 해가 점점 뜨거워지자 모두 땀을 줄줄 흘렸다. 유대에서 갈릴리로 가는 몇 개의 길 중에서 예수는 사마리아를 통과하는 길을 선택했다. 유대인들이 잘 다니지 않는 길이라 존은 길가 풍광이 조금 낯선 느낌을 받았다.

길에서 마주친 어떤 사마리아인들은 그들이 유대인인 것을 알아보고 고개를 외면하며 지나갔다. 혼혈족이 되어 버린 사마리아인들을 유대인들은 상종하지 않으려 했고, 그런 취급을 받는 사마리아인들도 유대인들을 싫어하고 미워했다.

"사마리아 땅도 이스라엘 12지파에 속한 곳인데 이방인 대하듯 지내는 것이 안타까워."

시몬이 씁쓸한 표정을 지으며 말하자 나다나엘이 그 말을 받았다.

"솔직히 이방인보다 더 견원지간이지. 힘이 없어 강대국들에게 나라를 빼앗긴 것도 서러운데 혼혈 정책이라는 정복자의 정치적 안배로 당사자인 우리 민족만 불행을 안고 사는 거지."

다윗과 솔로몬 시대 이후 분열된 이스라엘은 10지파로 구성된 북왕국이 기원전 721년 앗수르 제국에 망했고, 제국의 정복 정책에 의해 혼혈의 역사를 거치며 그 지역 사람들은 사마리아인으로 불리게 되었다. 바벨론 포로에서 돌아온 남왕국 출신 유대인들은 하나님 신앙의 회복과 거룩한 순결을 부르짖으며 유대주의가 강하게 일어났고 혼혈 문화가 신앙적 혼합으로 이어진 사마리아인들을 싫어하며 스스로를 차별화했다.

정오쯤 되었을 때 그들은 사마리아 수가성에 도착했다. 아침도 먹지 않고 출발한 그들의 뱃속에서 허기진 외침 소리가 들렸다. 안드레가 선생님을 향하여 입을 열었다.

"선생님, 잠시 쉬었다 가시지요. 여기서 땀을 식히고 계십시오. 저희가 먹을 것을 구해 오겠습니다."

몇몇 제자들이 함께 가겠다고 그를 따라나섰다. 한낮인지라 사람들이 눈에 띄지 않았다. 존은 두리번거리며 선생님을 위해 쉴 만한 곳을 찾았다. 멀지 않는 곳에 우물이 보였다.

"선생님, 저쪽 우물가에 작은 그늘이 있네요."

존과 나다나엘은 예수와 함께 그쪽으로 발걸음을 옮겼다. 그들은 우물 옆 무화과나무 그늘에 앉았다. 우물 뒤 경사진 뒤편에는 군데군데 허물어진 낮은 돌담이 있었다. 잠시 후 돌담 사이로 난 길을 따라 한 여인이 물을 길러 나왔다. 머리에는 너울을 썼고 몸에 두른 군청색 겉옷 안으로 자주색 치맛자락이 보였다. 겉옷의 어깨 부근에 화려한 꽃무늬가 있었다. 왼손으로 물동이 손잡이를 잡고 그 아랫부분을 오른손으로 감싸 안은 여인의 자태가 고왔다. 우물가에 앉아 있는 세 사나이를 발견하고 여인은 놀란 듯 움찔했다. 예상치 않은 듯 발걸음을 멈춘 그녀에게 예수가 말을 붙였다.

"물 좀 얻어 마실 수 있겠소?"

"보아하니 당신들은 유대인 같은데 어찌 저에게 말을 거시나요?"

당황한 여인이 방어적으로 날카롭게 응대했다.

"내가 누구인지 안다면 그대가 오히려 나에게 생수를 달라고 부탁했을 것이오."

두 사람의 눈이 마주쳤다. 예수의 깊은 눈길을 보자 여인이 몸서리를 치며 놀랐다. 그녀는 알 수 없는 특별한 기운이 온몸을 타고 흐르는 것만 같았다.

"이 우물물은 마셔도 다시 목마르겠지만 내가 주는 물은 목마르지 않는 샘물이라오."

여인은 이 남자가 보통 사람이 아니라는 생각이 들었다. '선지자인가. 유대에 선지자가 나타났다는 소문이 무성했는데 이분일까.' 여인은 자기도 모르게 생각지 않은 말이 입에서 튀어나왔다.

"영원히 목마르지 않는 물이 있습니까? 물을 길으러 나오지 않아도 되는 그런 물이 있다면, 제게도 주십시오."

"당신 남편을 이리로 불러올 수 있겠는가?"

여인은 선지자인 듯한 남자의 엉뚱한 말에 당황했다. 그녀는 즉시 자신은 남편이 없다고 대답했다. 그러자 더 놀라운 말이 그녀의 귀에 들렸다.

"그대는 남자가 다섯이나 있지만 지금 살고 있는 남자도 진짜 남편은 아니지."

여인은 자신의 모든 것을 알고 있는 그가 선지자라고 확신했다. 자기 같은 천한 여인이 선지자를 대면하다니. 자신은 유대인들이 말도 섞지 않는 사마리아인이요, 그 사마리아인들마저도 부정하고 더러운 여인이라고 멀리하며 손가락질하는데 이 사람은 거리낌 없이 자신을 대하고 있다. 말투에 자비로움이 배어 있다. 드러난 자신의 처절한 과거 상처 위로 따뜻한 손이 얹어지는 듯했다. '하나님이 나 같은 죄인의 기도도 들어주시다니.'

그녀는 사실, 사는 데 지쳐 있었다. 남자들에게 마음을 의탁하고 싶었으나 오히려 상처만 받았다. 어제저녁에도 동거하고 있는 술주정뱅이 남자에게 피가 나도록 매를 맞았다. 곯아떨어진 남자 옆에 주저앉아 그녀는 멍들고 상처 난 몸을 내려다보았다. 마음의 피멍이 더 고통스러웠다. 허무한 인생, 절망하여 죽고 싶어 울부짖었다.

"신이 있다면 이 불쌍한 인생을 구원해 주소서. 아니면 죽을 수 있는 용기를 주소서. 저는 더 이상 삶을 지탱할 의미를 잃었습니다."

여인은 자신의 기도를 들으신 하나님이 오늘 선지자를 보내 주셨다고 생각했다.

"여인아, 내 말을 믿어라. 여기도 예루살렘도 아닌 곳에서 아버지께 예배드릴 때가 온다. 그때는 신령과 진리로 예배드리게 될 것이다."

사마리아 사람들은 유대인의 거부로 예루살렘 성전에 올라가 예배드릴 수 없었다. 그들은 언젠가 모세와 같은 특별한 존재가 나타나 그리심산 성전 예배를 회복할 것이라 믿고 기다렸다. 깊은 뜻은 모르겠으나 여인은 예루살렘 성전 예배를 통하지 않고도 구원을 얻을 수 있다는 말로 들렸다. 알 수 없는 희열이 밀려왔다. 누군가에게 말하지 않고는 견딜 수 없어 터질 것 같았다. 여인은 물동이를 놔둔 채 동네 골목마다 다니며 큰소리로 외쳤다.

"우리 동네에 선지자가 나타났소. 다들 나와서 그분을 만나 보시오. 내가 선지자를 만났소."

그동안 그녀는 동네 사람들을 피해 다녔으나 그날은 개의치 않았다. 기쁨으로 자기가 만난 하나님의 사람을 전했다. 여인의 행동을 이상히 여긴 사람들이 하나둘 그녀가 만났다는 선지자 예수에게 나왔다. 많은 사람들이 그의 복음을 듣고 기뻐했으며 믿음을 고백했다. 그 광경을 지켜보며 여인은 행복한 눈물을 흘렸다. 그 여인은 한 알의 밀알이었다.

늦은 오후 예수 일행은 다시 길을 떠났다. 존이 나다나엘과 대화를 시도했다.

"예루살렘 성전 예배를 통하지 않고도 구원을 얻을 수 있다는 말씀은 무슨 의미일까요? 이제는 장소 중심적 예배가 아닌 각 사람이 신령과 진리로 예배하는 때가 올 것이라고 선생님이 말씀하시는 것 같던데요."

"하나님을 만나는 유일한 장소로서 가시적인 예루살렘 성전은 이제 그 기능을 다했다는 의미일 수도 있어. 뭔가 새로운 형태로 하나님께서 우리를 만나 주시려고 하는 것은 아닐까 하는 생각이 들어. 세례요한 선생님도 설교에서 비슷한 말씀을 하셨잖아?"

"세례요한 선생님이나 예수 선생님이나 '하나님 나라'에 대해서 많이 말씀하셨는데, 혹 성전과 하나님 나라의 상관성을 생각하시는 건가요?"

"가시적인 예루살렘 성전이 광야의 회막처럼 예표적인 의미라면 비가시적인 성전은 하나님의 통치와 보호 안에 들어와 있는 하나님 나라를 의미하는 것이 아닐까?"

예수는 구약 시대 성전 중심 예배에 대변혁의 틀을 준비하고 있었다. 존은 생각했다. 예배는 창조주의 왕권에 대한 고백이다. 선악과나무로 상징되는 하나님의 왕권은 모세 시대 이후 이스라엘 백성에게 성막과 성전 예배를 통해 나타났다. 이제 하나님은 어떤 방식으로 인간들과 관계를 맺고자 하시는 것일까. 존은 예수 선생님이 그 새로운 터를 닦고 있다고 생각했다. 그의 생각 속에 미지의 미래에 대한 하나님의 청사진이 물음표로 남았다.

마리아의 회상

갈릴리 가나

예수와 제자들이 갈릴리 가나에 도착했다. 그곳은 그들이 8개월 전 마리아의 친척집 혼인잔치에 참석한 곳이며 나다나엘의 고향이었다. 동네로 들어서자 그들을 알아보는 사람들이 있었다. 한 청년이 예수에게 인사를 했다.

"예수 선생님이시지요? 지난 유월절 예루살렘에서 집회하실 때 거기 있었습니다. 가슴 벅찬 감동이었어요."

그들 옆에서 지켜보던 나이 지긋한 사내가 다가와 예수에게 인사를 했다.

"반갑습니다. 대단한 분이라고 소문 들었습니다. 지난 유월절부터 예루살렘과 온 유대에 폭풍을 몰고 오셨더군요."

옆에 있던 그의 부인이 놀라는 표정을 지으며 말했다.

"혹시 지난 유월절 직전에 여기 가나에 오지 않으셨나요? 혼인 잔칫집에서 뵌 분 같은데…."

그녀의 말을 듣고 또 다른 여인이 앞으로 나섰다.

"혼인식 끝나고 여주인에게서 황당한 이야기를 들었어요. 포도 주가 떨어지자 물로 포도주를 만드셨다면서요? 사실인가요?"

"뭐? 그런 일이 있었어?"

그 말을 들은 주위 사람들이 모두 놀라워했다.

"그때는 별 싱거운 소릴 다 한다 생각하고 넘겼는데, 예루살렘에서 많은 이적을 행하고 계신다기에 혹시 그분인가 했지요."

그들은 예수가 대답할 틈도 주지 않고 계속 나서서 이야기를 했다. 나다나엘이 앞으로 나서며 말했다.

"여러분 말씀이 모두 사실입니다. 제가 쭉 옆에서 지켜본 증인입니다."

나다나엘을 알아본 40대 중반의 신사가 곁으로 다가와 그의 어깨에 손을 얹으며 말했다.

"오, 나다나엘! 자네가 유명한 선생님을 따라다닌다는 소식은 들었네."

그가 둘러선 사람들을 향하여 큰 소리로 말했다.

"여러분, 이 청년 나다나엘을 아시지요? 아주 경건한 기도의 사람인 것을 제가 잘 압니다. 이 친구 말은 믿어도 좋다고 제가 보증합니다."

뒤에서 어떤 사람이 손뼉을 치자 모두 함께 박수하며 예수 일행을 환영했다. 앞서 말을 걸었던 부부가 예수와 그 일행을 초청했다.

"괜찮으시다면 우리 집으로 가시지요? 식사라도 한 끼 대접하고 싶습니다."

"예, 감사합니다."

안드레가 시장했는지 선생님께 물어보지도 않고 큰 소리로 대답했다. 그들을 초청한 부부를 따라가는 도중에 많은 사람이 예수를 알아보았다.

"저분이 그분인가 봐."

"저번에 혼인잔치 때 참석한 마리아님의 아들이잖아?"

온 유다 폭풍의 눈이 된 예수가 가나에 왔다는 소식에 사람들이 몰려왔다. 식사를 마치고 담소하고 있을 때 지체 높은 관리 복색을 한 자가 예수를 찾아와 간청했다.

"예수 선생님! 제 아들을 살려 주십시오. 선생님이 예루살렘에서 많은 이적과 기사를 베풀었다고 들었습니다. 제 아들이 지금 고열로 의식을 잃고 사경을 헤매고 있습니다."

그 집 주인이 그 사람에게 물었다.

"여기 가나에 사는 분은 아닌 것 같은데 어디서 오셨습니까?"

"저는 가버나움에서 왔습니다. 동네 의원들은 가망이 없다고 나서 주지 않아 각지로 용한 의원을 찾아다니고 있습니다. 서둘러 저와 함께 가서 제발 제 아들을 살려 주십시오. 간곡히 부탁드립니다."

그는 갈릴리 지역과 베레아 지역을 다스리고 있는 헤롯 안티파스 분봉왕의 신하였다. 그 사람을 물끄러미 바라보던 예수가 그에게 말했다.

"그대가 아들에 대한 마음이 각별하니 지금쯤 깨어났을 것이오. 가서 확인해 보시오."

그 관원은 예수의 눈빛을 보면서 말만으로도 아들의 병을 고칠수 있을 것이란 믿음이 생겼다. 그는 고개를 숙여 인사를 하고 즉시 가벼나움으로 떠나갔다.

시몬이 예수 선생님에게 와서 머뭇머뭇 망설이다가 작은 목소리로 말했다.

"대부분 제자들이 고향집 가까운 갈릴리 지역에 오랜만에 왔으니 집에 가서 가사를 살피고 싶어 하는 눈치입니다."

"그들이 원하는 대로 그렇게 하자. 나도 나사렛으로 가서 어머니를 뵈어야겠다."

나사렛 귀향

예수의 고향 나사렛은 갈릴리 남부 기손강 상류를 가로질러 므깃도에서 동북쪽으로 20킬로미터쯤 떨어진 곳이었다. 분지 위에 자리한 산골마을이었다. 멀리 갈멜산이 보이고 남동쪽으로는 다볼산과 이스르엘 평야가 끝없이 이어졌다.

사람보다 먼저 달려온 소문으로 동네 사람들은 예수가 갑자기 유명해졌다는 사실을 알았고, 동네 종교 지도자의 집에서 원로 몇 사람이 회의를 열었다.

"자네들, 요셉의 아들 예수가 돌아온다는 소식 들었는가?"

"그래. 그가 예루살렘에서 대단한 바람을 일으켰다면서?"

"대중에게 성경 말씀을 선포하고 많은 이적 기사도 행했다고 하더군."

"그런데 그가 가르치는 내용이 수상하다는 거야. 성전에서 희생 제사 드리는 것도 폭력을 휘둘러 방해하기도 했고… 대부분의 율법학자들이 그를 위험 인물로 보고 있다더군."

"그렇잖아도 예루살렘 성전의 고위급 제사장 중 한 분에게서 기별이 왔는데 우리 나사렛 종교 지도자들이 정통을 벗어난 사이비 예수와 한패가 아니냐고 하면서 경고를 하더라고."

"그렇다면 뭔가 대책을 세워야 하지 않을까?"

"목수 아들 하나 때문에 예루살렘 지체 높으신 분들에게 밉보이면 우리 자손들 출셋길에 지장이 많을 것 같은데 말이야."

"결의해서 그를 동네에서 내쫓고 우리가 그와 다르다는 것을 예루살렘 지도자들에게 분명하게 보여 줘야 하지 않을까?"

"지금 결정하기보다는 그가 돌아오면 안식일에 회당에서 말씀을 전하게 하여 확실한 증거를 가지고 어떻게 행동할지 결정하도록 합시다."

"그럽시다. 그 결과에 따라 나서서 확실하게 매듭을 지어야 합니다."

한 사람이 터벅터벅 걸어서 마을로 들어섰다. 동네 아랫길로 이어진 곳에 우물이 보였다. 한낮의 뜨거운 햇볕 때문에 사람들이 별로 눈에 띄지 않았다. '어머니와 함께 늘 물 길으러 다니던 때가 그

립구나.'

예수는 8개월 만에 집으로 돌아왔다. 아버지 요셉을 일찍 여의고 홀로 된 어머니와 어린 동생들을 두고 출가한 것이 마음에 걸렸다. 이윽고 그는 나지막한 나무 대문을 밀고 집 안으로 들어섰다. 마리아가 방문을 열고 내다보다가 아들임을 확인하고 반가운 얼굴로 나와 마당으로 내려섰다.

"어머니, 잘 지내셨어요?"

예수가 인사를 하며 어머니 마리아를 가볍게 껴안았다.

"어서 오시게. 객지에서 고생이 많았지?"

동생들은 모두 밖에 나가고 없었다. 방에 들어와 두 사람이 마주 앉았다. 아들의 얼굴을 한참 동안 물끄러미 바라보던 마리아의 눈에 눈물이 맺혔다. 마리아가 자세를 바로하며 무릎을 꿇었다.

"주님, 때가 차서 하늘로부터 오신 분으로서 새 삶을 시작하셨더군요. 제 몸을 통해 이 땅에 오셔서 제게 영광을 주신 것, 정말 감사합니다."

예수가 마리아의 손을 붙잡고 일으켜 세우며 대답했다. 그의 눈에도 이슬이 맺혔다.

"어머니, 제가 이 땅에 있는 동안 저는 언제나 어머니의 아들입니다. 다만 안타깝게도 그 기간은 그리 길지 않을 것 같습니다."

마리아는 하염없이 눈물이 났다. 그 이유를 정확히 알 수 없는 눈물이었다. 메시아가 자신의 몸을 통해 이 땅에 오셨고 이제 자신의 품을 떠나 그의 길을 걷기 시작한 것이다. 문득 세상 떠난 남편 요셉이 사무치게 그리워졌다.

회상

나사렛 동네 언저리에 터가 넓은 집이 한 채 있었다. 마당에는 흩어져 있는 널빤지들과 석재들이 여기저기 눈에 띄었다. 창고 옆 작업장에는 웃통을 벗어젖힌 젊은이가 망치질을 하고 있었다. 오른손으로 정을 붙잡고 왼손으로 망치를 내리치자 정 끝에서 불꽃이 튀었다. 왼손잡이인 모양이다. 근육질의 몸에 굵은 팔뚝이 단단해 보였다. 흘러내리는 머리카락을 쓸어 올리며 허리를 폈다. 드러난 단아한 얼굴이 흐르는 땀으로 번들거렸다. 일을 멈추고 그는 한동안 먼 하늘을 바라보다가 한숨을 쉬었다. 그때 나무로 얼기설기 만든 대문을 밀치고 한 노인이 들어섰다.

"잘 지내는가, 요셉?"

"어서 오십시오, 어르신."

젊은이가 노인을 돌아보며 정중히 인사했다. 노인은 인사를 받으며 물었다.

"부탁한 거실 테이블은 잘 만들어지고 있겠지?"

"예, 조금만 더 다듬으면 됩니다. 염려되어 나오셨습니까?"

"아닐세. 마을 분위기가 어수선해서 잠시 바람 쏘일 겸 나와 보았네. 자네 실력이야 내 잘 알지."

"동네에 무슨 일이라도 났습니까, 어르신?"

젊은이가 노인에게 나무 의자를 내밀어 앉으시도록 권하며 물었다.

"아니, 그건 아니고 자네도 왜 들었잖은가, 인구조사 한다고. 이

시골 마을까지 난리가 났어. 모든 주민은 예외 없이 각자 본적지로 가서 호적을 등록하라 한다더군."

"아, 그 말씀이군요. 그렇잖아도 저도 걱정입니다. 산달이 다 된 아내를 데리고 어떻게 해야 할지, 원."

요셉 역시 그 문제가 고민이라 말끝을 흐렸다.

"왜 갑자기 그동안 전혀 안 하던 짓을 한다고 난리인지 모르겠어."

"우리가 로마 압제 아래 있기 때문이지요. 로마 황제 아우구스투스가 정복한 땅들에서 세금을 받아 내려고 머리를 쓰는 것이겠죠."

"참, 자네 고향은 예루살렘 근처 베들레헴이라고 했던가?"

노인이 기억난다는 듯 묻자 그가 고개를 끄덕였다.

"꽤 먼 거리를 가야겠군. 요즈음은 그 일 때문인지 각지로 왕래하는 사람들이 많아 탈것을 구하기 쉽지 않다는데 자네도 서둘러야 할 걸세."

"예, 그래야겠지요. 그렇잖아도 어르신께 부탁을 드리려고 했는데…."

그가 말끝을 흐리면서 노인을 쳐다보았다. 노인이 눈치를 챘다는 듯 말했다.

"집을 봐 달라는 얘긴가? 그건 걱정 말고 다녀오게. 내가 잘 살피고 있을 테니."

"예, 감사합니다. 그런데 시간이 걸릴지도 모르겠습니다. 이번 기회에 그곳 사정을 살펴보면서 거기에 정착하는 문제도 알아볼까 해서요."

"음, 그런 생각을 하고 있었군. 하기는 아이가 태어나면 예루살렘 가까운 그쪽이 여기 시골보다는 여러모로 좋을 거야. 이거, 자네가 정말 떠나게 된다면 매우 섭섭하겠는걸, 허허허."

"아직 확실한 결정은 아닙니다. 만일 그곳에 거처가 마련되면 곧 다시 와서 이 집과 작업장을 정리하려고 하는데, 인수할 사람이 있는지 어르신께서 좀 알아봐 주시지요."

"알겠네. 형편대로 해야지. 시국이 워낙 어려운 때라서 어디서든 새롭게 시작하는 것이 그리 녹록지 않을 거야."

며칠 후 요셉은 채비를 하고 여행길에 나섰다. 나귀에 안장을 지워 아내 마리아를 태웠다. 나귀 좌우에 짐을 균형 맞춰 싣고, 자신도 등에 봇짐을 메었다. 일주일 이상 걸릴 텐데 임신한 마리아가 염려되어 마음이 무거웠다. 임신부 핑계로 호적을 포기할까 생각하며 알아보기도 했다. 그러나 관의 엄포가 심하여 어떤 핑계도 통하지 않았다. 그는 기도하면서 생각을 바꾸었다. 불평 없이 기꺼이 따르기로 했다. 아이가 태어난 후를 염두에 두며 오히려 적극적으로 상황을 살피면서 여차하면 아예 이주할 생각까지 했다. 그래서 이것저것 준비하느라 출발이 늦어졌다.

길 가는 중에 나귀 등에 앉은 아내가 허리가 아프다고 호소해서 여러 차례 쉬어야만 했다. 참으로 힘든 여행길이었다. 사흘이 지났다. 마리아가 힘들다며 또 쉬어가자고 했다. 요셉은 아내를 나귀 등에서 안아 내렸다. 그가 염려스러운 표정으로 물었다.

"당신, 많이 힘들어?"

부른 배를 손으로 붙들고 땅바닥에 주저앉으며 그녀가 대답했다.

"처음보다는 조금 나아요."

그녀는 미안해하는 남편이 마음 쓰여서 어설픈 미소를 지으며 한마디 덧붙였다.

"뱃속 아이가 상황 파악을 했는지 처음보다 잠잠히 잘 참아주는 것 같아요. 때로는 태중의 아이로부터 어떤 힘이 주어지는 것 같은 느낌도 들고요."

"그것 참 감사하네. 처음보다 나아진다니."

사마리아 땅을 돌아 요단강 접경으로 이어지는 산길이 유대 땅에 가까워지자 넓어졌다. 오가는 행려객도 부쩍 늘었다. 보통 사람들이 일주일 정도 걸리는 길을 요셉과 마리아는 열흘 걸려 베들레헴 근처까지 왔다. 해는 이미 서산으로 기울었다. 서둘러 머물 곳을 찾았지만 숙박업소마다 만원사례였다. 임신부가 있다고 사정을 해보았지만 행색이 초라한 그들을 위아래로 훑어보고는 거절했다. 날이 저물고 캄캄해지자 요셉은 마음이 다급해졌다. 베들레헴은 그에게 본적지이지만 아버지 대에 일찍 떠난 곳이라 아는 사람이 없었다. 그는 외곽 후미진 곳까지 전전해 나아갔고 한 초라한 농가의 문을 두드렸다.

"죄송한데, 하룻밤 밤이슬만이라도 피할 수 있을까요? 임부가 있는데 여관이 다 만원이라서요."

"어디서 오는 분들이오?"

"호적하기 위해 갈릴리에서 오는 중입니다."

"우리도 좁은 단칸방이라 방이 없는데…."

노인은 방이 없다고 거절하려다가 배가 불룩 나온 마리아를 난감한 표정으로 바라보았다.

"보아하니 처지가 매우 딱하게 보이는구려. 가축을 키우다가 지금은 헛간으로 쓰고 있는 저곳이라고 괜찮다면 하룻밤 지내시구려."

노인은 집 왼쪽에 붙어 있는 헛간을 가리키며 말했다.

"감사합니다. 어르신."

요셉은 그곳으로 가서 주인이 내어 준 등불을 벽에 걸었다. 널린 물건들을 간단히 정리한 뒤 구석에 여장을 풀었다. 그는 마리아가 편하게 눕도록 자리를 만들었다. 여행이 힘들고 긴장이 풀린 탓인지 그녀는 이내 잠이 들었다. 그도 많이 피곤했으나 잠이 오질 않았다. 아내 곁에 잠시 누웠다가 일어나 밖으로 나왔다.

캄캄한 밤하늘에 유난히 많은 별들이 반짝였다. 그는 평평한 바위에 자리를 잡고 앉았다. 몸이 힘든 것보다 여러 가지 생각으로 심사가 몹시 복잡했다. 결혼한 지 1년이 다 되어가지만 온전한 신혼생활이라 할 수 없었다. 약혼한 뒤 얼마 지나지 않아 서둘러 결혼한 것은 누구에게도 말할 수 없는 충격적인 속사정이 있기 때문이었다.

요셉은 정숙하고 사랑스러운 마리아와 약혼했다. 경제적 여유가 없어 조촐하지만 많은 사람들의 축하를 받으며 약혼식을 할 때만 해도 그는 세상을 다 가진 것만 같았다. 이 세상에서 자신이 제일 행복한 행운아라고 생각했다. 그런데 약혼식이 끝난 몇 달 후 마리아가 찾아왔다.

"요셉, 나 고백할 것이 있어요."

마리아는 종잡을 수 없는 표정으로 말했다. 그는 뭔가 심상치 않은 일이 생긴 것 같아 바짝 긴장했다.

"저 임신한 것 같아요."

기어들어가는 목소리로 힘없이 말하는 그녀의 얼굴엔 수심이 가득했다.

신앙심 깊고 정숙한 그녀가 임신을 하다니 그는 도저히 믿을 수가 없었다. 땅이 꺼지고 세상이 빙빙 도는 것 같았다. 그녀는 눈물을 흘리며 말했다.

"믿기지 않겠지만 저는 결코 어떤 남자와도 부정한 일을 저지르지 않았어요."

그녀가 횡설수설 하는 말은 황당하기 이를 데 없었다.

"무슨 소리야. 알아듣게 말해 봐요."

마리아는 어느 날 꿈속에 천사가 나타나 자신이 곧 임신하게 될 것이라고 한 얘기를 요셉에게 들려주었다.

"은혜를 입은 여인이여! 기쁜 소식을 전하노라. 네가 곧 임신하여 아이를 낳을 것이니라."

"저는 남자를 알지 못하는 처녀인데 어떻게 그런 일이 있을 수 있나요?"

"성령이 네게 임하여 낳을 아이는 거룩한 하나님의 아들이라 불릴 것이다."

꿈에서 깨어난 그녀는 별 희한한 꿈을 꾸었다고 생각했다. 애써 잊어버리려고 했지만 그 꿈은 시간이 지날수록 더 선명해져 불안감에 사로잡혔다. 얼마 후 정말로 자신의 임신 사실을 확인하게 되었을 때 그녀는 너무 놀라 기절할 뻔했다.

요셉은 그녀의 말이 도저히 믿어지지 않았다. 어떻게 이런 일이 일어날 수 있다는 말인가. 그날 마리아는 울며 돌아갔다. 떠나면서 그녀는 유대 엔케렘 사촌 엘리사벳 언니에게 가서 3개월 정도 지내다 오겠다고 했다.

"나이 많은 그 언니도 임신하여 산달이 가깝다고 들었어요. 그 언니 남편 사가랴에게 천사가 나타나 수태고지受胎告知를 했다는데 저와 비슷한 경우 같아서 가서 확인해 보려고요."

요셉은 잠을 이룰 수가 없었다. 뜬눈으로 지새우는 날이 하루 이틀이 아니었다. 과연 이 일을 어떻게 하면 좋단 말인가. 이 일이 알려지면 분명 그녀는 율법에 따라 돌에 맞아 죽게 될 것이다. 그녀를 그렇게 죽게 할 수는 없었다.

고민 끝에 그는 적당한 이유를 들어 조용히 파혼하기로 마음먹었다. 그것은 사랑하는 그녀를 위해 그가 할 수 있는 최선의 배려였다. 엔케렘에 갔던 마리아가 돌아왔다는 소식이 들렸다. 그녀를 찾아가 그의 결단을 전해야겠다고 생각하면서 스르르 잠이 들었다.

꿈속에서 요셉은 낯선 길을 헤맸다. 갑자기 환한 빛이 그의 머리 위에 쏟아졌다. 강한 회오리바람이 불어와 그의 몸을 공중에 띄웠다. 꿈속이었지만 그는 엄습하는 두려움으로 제정신이 아니었다. 우렛소리 같은 어떤 음성이 들리며 그에게 무슨 말인가를 하고 있었는데 너무 놀라서 무슨 내용인지 제대로 깨닫지 못했다. 그는 놀람과 두려움으로 몸서리를 치며 꿈에서 깨어났다. 너무도 생생한 꿈이었다. 하나님의 메시지를 전하는 가브리엘 천사가 그의 꿈속에 찾아왔다는 것을 직감으로 알았다.

그는 천사가 그에게 무슨 말을 했는지 생각해 내려고 골몰했다.

그는 다시 잠을 청했으나 정신이 말똥말똥했다. 이리저리 뒤척이다 보니 새벽이 밝아오고 있었다. 그는 일어나 작업장 뒤편에 있는 개인 기도처로 향했다. 무릎을 꿇고 엎드려 간절히 기도했다.

"주님, 꿈속에 제게 하신 말씀이 무엇이었지요?"

그가 기도하며 생각하니 천사가 마리아의 일로 너무 고민하지 말라고 한 것 같았다. 또 마리아가 성령으로 말미암아 잉태했다는 천사의 말이 아련한 기억 속에서 떠올랐다. 꿈속에서 찰나적인 순간에도 너무 황당해서 무슨 말인지 모르겠다는 생각을 했었다. 기도할수록 꿈속에서 천사가 한 말이 뚜렷해졌다. 도무지 믿을 수도 없고 그렇다고 믿지 않을 수도 없었다. 천사의 말대로 마리아의 말이 사실일 수 있겠다는 생각이 점점 살을 찌웠다. 그녀에 대한 섭섭함과 애증과 배반의 아픔이 점점 엷어지는 듯했다. "그래, 믿자. 그녀의 말도, 천사의 말도 믿어 보자." 요셉은 혼자 소리 내어 말했다.

그날 요셉은 마리아를 찾아갔다. 얼굴이 많이 수척해 보였다. 아무렴, 돌에 맞아 죽을 상황인데 마음고생이 오죽했을까. 그녀가 몹시 안쓰럽다는 생각이 들었다. 요셉은 자기가 꾼 꿈을 마리아에게 말했다. 배가 더 불러오기 전에 결혼을 서두르자고 제안했고, 얼마 후 그들은 조촐하게 결혼식을 올렸다.

"요셉, 고마워요."

그녀는 그의 품에 안겨 펑펑 눈물을 쏟았다.

"괜찮아요. 주께서 우리에게 무엇을 어떻게 하실지 모르지만 지켜보자고."

그는 그녀의 등을 쓸어 주며 위로해 주었다. 아내가 몸을 풀 때까지는 동침하지 말아야 한다는 생각으로 그녀에게 뜻을 전했다. 그녀는 몹시 미안하다는 표정으로 고개를 끄덕거렸다. 그는 그녀를 믿기로 굳게 마음먹었다. 하지만 점점 불러오는 그녀의 배를 바라보며 자신도 모르게 한숨이 나왔다. 마음이 흔들릴 때마다 그는 천사의 말이 사실일 거라고 생각을 다잡고 기도하면서 마음을 추슬렀다.

출산과 표적들

요셉이 홀로 앉아 과거를 회상하고 있을 때 얼핏 아내 마리아의 신음이 들렸다. 벌떡 일어나 잰걸음으로 헛간에 들어가서 보니 상태가 심상치 않았다.

"마리아, 왜 그래?"

"아직 기한이 남았다고 생각했는데 산통이 시작된 것 같아요. 주인집 할머니 좀 불러 주세요."

그는 주인집 방문 앞에서 큰 소리로 불렀다.

"죄송합니다만…."

그는 정신이 없었다. 무엇을 어떻게 도와야 할지 아무것도 생각나지 않았다. 밖에서 초조하게 기다리며 서성였다. 안에서 들려오는 마리아의 비명에 마음이 타들어 갔다. 이윽고 갓난아이의 힘찬 울음소리가 들렸다.

"들어오시구려."

안에서 출산을 돕던 할머니가 그를 불렀다.

"사내아이요. 축하해요."

주인집 할머니가 활짝 웃으면서 대야를 들고 나갔다. 기진해 누워 있는 마리아에게 다가가 기색을 살폈다. 그녀가 안쓰러웠다. 손을 꼭 잡고 입술을 그녀 이마에 가져갔다.

"수고했소. 정말 수고했어."

마리아의 입가에 희미한 미소가 걸렸다. 요셉은 엄마 곁에 누워 있는 갓난아이를 뚫어지게 바라보았다. 10달 동안 궁금했던 아이와의 첫 대면, 눈을 감고 있는 아이의 얼굴이 평화로워 보였다. 그 평안함이 그의 내부로 빛처럼 스며들었다. 고사리 같은 아이의 손을 자기 손에 올려놓았다. 그의 눈에 이슬이 맺혔다. 아이의 손에 입술을 대며 축복해 주었다.

사위가 다시 고요한 정적 속에 묻혔다. 꿈결처럼 아스라하게 노랫소리가 들렸다. 남자들이 화음을 넣어 부르고 있었다. 그 소리가 점점 더 가까이 다가왔다. 잠을 깬 마리아가 요셉에게 말했다.

"찬양 소리 같지 않아요?"

"그런 것 같구려. 그런데 이 밤중에 무슨 일이지?"

"사람들이 노래를 부르며 이쪽으로 오고 있는 것 같은데요."

그가 밖으로 나와 보니 보름달이 떴을 때처럼 밖이 환했다. 밤하늘을 올려다보았다. 보름달은 보이지 않고 수많은 별이 지붕 위로 쏟아졌다.

'이렇게 밝은 별빛은 처음이군.'

한 떼의 사람들이 찬송을 부르며 그가 있는 쪽으로 다가오고 있었다. 영롱한 별빛이 그들 앞에 반딧불처럼 아롱거렸다. 그 빛의 인도를 따라 다가오는 사람들의 차림새를 보니 목동들이었다.

"혹 여기에 어린아이가 태어났나요?"

"예, 제 아내가 방금 아이를 낳았는데 왜 그러시지요?"

"천사들의 말이 맞았어."

그들이 환호성을 질렀다.

"우리가 바로 찾아왔어!"

요셉은 어리둥절했다. 그들이 자초지종을 얘기해 주었다. 양 떼를 지키던 언덕에 갑자기 환한 빛이 내리고 천사들이 나타나 그들에게 메시지를 전해 주었다는 것이다.

"가까이에 이스라엘이 그토록 기다리는 한 아이가 태어났느니라. 가서 경배하고 메시지를 전하여라."

"아~!"

천사가 그렇게 당부했다는 말을 듣는 요셉의 입에서 막힌 숨이 터져 나왔다. 가슴 밑바닥에 가라앉아 있던 돌덩이 같은 응어리가 터져 나오는 듯했다. 눈물이 핑 돌았다.

목동들이 희미한 벽 등불 아래 누워 있는 아이에게 엎드려 일제히 경배를 올렸다.

"할렐루야! 존귀하신 분께 영광을!"

왁자지껄한 목동들로 인하여 한동안 소동이 일어났다. 주인집 부부가 일어나 나왔다. 인근 이웃들도 무슨 일이 일어났는가 하여 밖으로 나왔다. 목동들의 이야기를 듣고 반신반의하면서도 사람들은 아이를 축복해 주고 돌아갔다.

모두 물러갔지만 요셉은 도저히 잠을 이룰 수가 없었다. 눈물이 하염없이 두 볼을 타고 흘렀다. 아내를 믿고 꿈속 천사의 말을 들었는데도 마음 한구석에 의심을 지울 수 없던 그였다. 믿음 없는 자신을 위해 주님께서 목동들을 보내 주셨다고 생각했다. 믿으면서도 의심을 떨치지 못한 자신이 부끄러웠다.

마리아 옆에 누워 그녀의 손을 꼭 잡았다. 울먹이며 속마음을 털어놓았다. 마리아가 사랑이 느껴지는 손길로 그의 머리카락을 어루만졌다. 그녀도 함께 눈물을 흘리며 훌쩍였다.

"요셉, 당신을 사랑해요. 저도 오늘 목동들 이야기를 들으며 큰 위로를 받았어요. 주께서 하시는 일을 도무지 헤아릴 수 없네요."

요셉은 여기저기 수소문하여 가까스로 장기 투숙할 집을 구했다. 그는 이제 아이의 할례 문제를 고민해야 했다. '대부는 누구로 할까. 회당장을 찾아가 부탁해 볼까.'

유대인 관습에 따라 아이가 태어나면 할례를 행해야 했다. 그것은 하나님과 이스라엘 백성 사이 언약의 징표였다. 할례를 받아야 아이는 비로소 이름을 가질 수 있었다. 그는 모헬이라 불리는 할례 전문가를 찾았다.

아이가 태어난 지 8일째 되는 날 드디어 할례식을 행했다. 그날 요셉은 이미 꿈에서 천사에게 받은 '예수'라는 이름을 아이에게 지어 주었다. 그는 아내와 아이를 돌보다가 틈틈이 일거리를 찾았고 알음알음 발품을 팔았다.

아이가 태어난 지 40일이 다가왔다. 결례 의식을 행할 때가 되었다. 그것은 출생신고식 같은 것이었다.

"예루살렘 성전에 올라가 아이에게 결례를 행할 때가 되었는데 당신 몸 상태로 함께 갈 수 있겠소?"

"괜찮아요. 많이 회복되었어요."

"그럼 내일모레가 40일째이니 아침 일찍 출발합시다. 저녁 어두 워지기 전에 돌아오려면 서둘러야 할 거요."

요셉은 준비해 둔 비둘기 제물 두 마리를 챙긴 후 아이를 안고 아내와 함께 예루살렘 성전으로 향했다. 그의 발걸음은 무척 가벼 웠고 행복한 포만감이 가득했다.

로마 군사들이 어떤 사람들을 체포해 가는 장면이 눈에 띄었다. 피부로 느껴지는 예루살렘의 긴장감에 그는 조금 위축되었다. 그녀 도 긴장이 되는지 그에게 바짝 붙어 걸으며 말했다.

"예루살렘이 좀 살벌한 것 같지 않아요?"

"무장봉기를 경계할 목적으로 로마 총독이 군사들을 이끌고 주 둔하고 있어서 그럴 거야."

"로마 군사들에게 끌려가는 저 사람들은 어떤 사람들일까요?"

"열심당 셀롯인들 같아 보이는구려."

"하스몬 왕조의 부활을 꿈꾸는 자칭 독립투사들 말인가요?"

알렉산더가 세운 헬라 제국은 그의 갑작스러운 죽음으로 사분되 었고 그중 하나가 셀레우코스 왕조였다. 이스라엘은 그 왕조에 복속 되었다. 초기에는 점령지의 종교 문제를 건드리지 않았으나 점차 왕 조가 쇠퇴하자 상황이 달라졌다. 북쪽의 로마가 강성해지며 셀레우 코스 왕조를 압박하자 전쟁이 불가피해졌다. 그 결과는 셀레우코스 왕조의 패배였고 막대한 전쟁 배상금을 로마에 지불해야만 했다.

재정적인 압박으로 셀레우코스 왕조의 안티오커스 4세는 점령지들에서 무리한 세금을 징수하고 귀중품을 강제로 찬탈해 갔다. 예루살렘 성전의 금과 은으로 된 기물들도 강제 징수되었다. 나아가 제우스신 숭배를 강요하고 성전에서 여호와께 예배하는 것을 금지했다.

잔혹한 폭정과 종교적 탄압에 견디다 못한 유대인들이 무장봉기하여 일어났다. 제사장 가문인 하스몬 일가가 앞장서서 주도했다. 저항운동을 시작한 제사장 마타디아가 죽자 그의 셋째 아들 유다 마카비가 조직적으로 독립군을 이끌었기 때문에 마카비 독립운동이라 불렀다. 게릴라전을 감당하지 못하고 셀레우코스 왕조는 결국 유대 독립을 허용했다.

독립한 유대에 하스몬 왕조가 세워졌고 다윗 왕국이 재건되는 듯했다. 그러나 셀레우코스 왕조를 멸망시키며 남하하는 로마 제국 폼페이우스 장군에게 예루살렘은 함락되었고 이스라엘은 다시 로마의 손에 떨어졌다.

"지금 헤롯 왕은 로마의 꼭두각시라지요?"

"로비 활동을 해서 왕으로 임명받아 로마 비호 아래 유대를 다스리고 있는 거지."

"헤롯 왕은 우리 유대 사람이 아니고 에돔 사람이라고 하던데…."

"그렇지. 에돔은 하스몬 왕조 때까지 유대에 조공을 바치던 나라였지. 그런데 이제는 신세가 뒤바뀌어 버렸어. 로마 제국은 헤롯 가문을 앞세우고, 헤롯 가문은 로마와 한통속이 되어 유대를 통치하면서 으스대고 있는 거야."

요셉이 안타까운 듯 한숨을 쉬며 말했다. 선대 아브라함과 족장 시대로 거슬러 올라가면, 에돔의 조상인 에서와 유대의 조상 야곱은 쌍둥이 형제였는데, 얽힌 역사 속에서 두 족속이 서로 앙숙이 되어 버렸다.

이윽고 요셉 가족이 예루살렘 성전에 도착했다. 그들은 안내를 받으며 가지고 온 제물을 제단에 바치고 절차에 따라 결례의식을 마쳤다. 출생 신고식이 끝났다. 그때 한 백발노인이 다가왔다. 모두에게 존경받는 경건한 사람 시므온이었다. 그는 마리아 품속에 있는 아이를 물끄러미 바라보다가 감격의 눈물을 흘렸다. 그는 성소를 향하여 손을 들고 할렐루야를 외치며 기도했다.

"내 눈이 주의 구원을 보았사오니 나의 주를 찬송합니다. 할렐루야! 감사합니다."

그는 성령의 계시를 받고 죽기 전에 반드시 메시아를 보게 될 것이라고 확신했다. 그가 마리아에게서 아이를 받아 안고 축복했다. 그가 아이의 부모를 바라보며 말했다.

"이 아이는 이방을 비추는 빛으로서 장차 이스라엘의 큰 영광이 될 것이오. 이제 나는 죽어도 여한이 없소. 죽기 전에 메시아를 만나 뵈는 영광을 얻었으니까. 할렐루야!"

요셉과 마리아는 시므온 노인과의 만남을 통해 또 한 번 크게 고무되었다. 하나님께서 이 아이를 통해 뭔가 큰일을 하실 것이라고 확신했다. 다만 그가 마지막에 마리아에게 덧붙인 말, 이 아이로 인해 장차 큰 고통을 겪게 될 것이라는 예언으로 마리아는 마음이 무거웠지만 그것이 어떤 형태로 나타나게 될지 알 수 없어 마음 한편에 접어 두었다. 어찌하든지 주의 뜻이 온전히 이루어지기를 바라며 어떤 경우에도 자신이 흔들리지 않도록 마음속으로 기도했다. 복잡한 생각으로 그들이 성전 뜰을 나오는데 지나가던 백발 할머니 한 분이 그들을 불러 세웠다.

"잠깐만, 나 좀 봅시다."

걸음을 멈추어 서서 의아하게 쳐다보는 요셉과 마리아에게 그녀가 말했다.

"그 어린아이를 잠깐 볼 수 있을까? 보통 아이가 아닌 것 같은데."

그녀는 84세 안나 할머니였다. 결혼 7년 만에 과부가 된 후 주야로 기도하면서 성전에서 섬기는 일을 하며 평생 여선지자로 살고 있는 분이었다. 기도의 사람인 그녀는 아기 예수를 보자마자 그 아이가 평범한 아이가 아님을 단번에 알아보았다.

"온 이스라엘이 기다리는 분이로구나!"

그녀는 무척 기뻐했다.

"내가 살아생전에 그분을 뵙게 되다니!"

흥분한 그녀는 감탄사를 연발했으며, 아이 머리에 손을 얹고 축복해 주었다. 또 한 번 놀란 요셉과 마리아는 성전을 뒤로하고 얼마 동안 말없이 걸었다.

처녀 잉태의 비밀

요셉과 마리아는 예루살렘을 벗어나 베들레헴 집으로 향했다.

침묵을 깨고 그녀가 이슬 맺힌 눈을 들어 그에게 물었다.

"이제는 제가 남자를 알아서가 아니라 성령으로 임신해서 아이를 낳았다는 사실을 확실히 믿나요?"

"물론이지. 주께서 이렇게 여러 사람의 증언을 통해서 확증을 주시니 내가 어찌 의심하겠소?"

"믿어주어서 고마워요. 착한 당신이 혼자서 갈등하고 있다는 사실을 알고 있었으나 제 속을 뒤집어 보일 수도 없고…. 주께 기도하는 수밖에 어쩔 도리가 없었어요."

"그때도 당신을 믿지 못한 것은 아니었소. 천사의 말을 듣고 하나님께서 하시면 그럴 수 있다 싶으면서도 도무지 납득할 수가 없었던 거지. 상식적으로 선뜻 받아들일 수 없는 엄청난 사건이었잖소."

"그래요. 사실은 아이를 잉태하고 낳은 당사자인 나도 이해가 되지 않아요. 어떻게 처녀의 몸으로 아이를 낳을 수 있었는지."

요셉이 고개를 들어 하늘을 쳐다보았다. 그가 차분한 어투로 말했다.

"처음에 나는 어떻게 그럴 수 있는가에 대해서만 생각을 많이 했소. 그런데 그 사실을 인정하고 받아들인 뒤에는 하나님이 왜 이런 방법을 택하셨는지 더 많이 생각하게 되었소."

"전능하신 하나님이 하시는 일을 우리가 어찌 다 알 수 있겠어요?"

"그렇기는 하지. 그런데 사실 내 꿈에서 천사가 설명을 해 주었다오. 어떻게 그럴 수 있느냐만 생각하느라 천사의 그다음 말을 주의 깊게 생각하지 못하고 그냥 흘려 버렸던 것 같소."

"천사가 뭐라고 했는데요?"

"선지자의 예언을 이루기 위해서라고 했소. 그러면서 이사야 선지자의 예언을 언급했지. '처녀가 잉태하여 아들을 낳을 것이요 그의 이름은 임마누엘이라 하리라.'"

"왜 하나님께서는 임마누엘을 보통의 아이들처럼 태어나게 하지 않으셨을까요?"

"그게 요즘 내가 묵상하는 주제라오. 창세기 3장, '여자의 후손' 이야기와 관련이 있는 것 같소.

"'내가 너로 여자와 원수가 되게 하고 네 후손도 여자의 후손과 원수가 되게 하리니 여자의 후손은 네 머리를 상하게 하고, 너는 그의 발꿈치를 상하게 할 것이다'는 말씀 기억하시오?"

"기억나요. 그런데 여자의 자손은 누구고 남자의 자손은 누구인지 잘 모르겠어요. 남자의 자손과 여자의 자손이 따로 있을 수 있나요?"

"나도 명확히 이해하지는 못하지만 '아담'은 '남자'란 뜻이니 남자의 자손은 아담의 자손인 것이고, 원죄의 피가 흐르는 유비적 계보를 말하는 것이 아닌가 하오."

"그럼, 여자의 후손은요?"

"여자의 후손은 원죄의 흐름에 속하지 않는 새로운 계보를 일컫는 말 같은데 나도 잘 모르겠소. 성령을 통한 처녀 잉태를 의미하는 말 같기도 하고…. 아무튼 여자의 후손 이야기는 우리 예수의 탄생과 관련이 있지 않을까 하는 생각이 들었소."

"당신이 이렇게 똑똑하니까 주께서 당신을 택하셨나보네요. 호호호."

"아니지. 오히려 당신이 순수하고 믿음이 좋으니까 특별한 아이의 어미로 선택된 것이지. 하하하."

요셉이 가던 길을 멈추고 아이와 아내를 껴안으며 그윽한 눈길로 그녀를 쳐다보았다. 그녀의 이마에 가벼운 입맞춤을 했다. 홍조로 물든 마리아의 얼굴에 행복한 표정이 번졌다. 그녀는 요셉을 사랑스럽게 바라보며 말했다.

"천사의 말대로라면 우리 예수가 이사야 선지자가 말한 '임마누엘'이라는 말인데 '임마누엘'은 '하나님이 우리와 함께 계시다'라는 뜻이잖아요?"

"그렇지. '예수'라는 아이의 이름까지 직접 지어준 것을 보면 하나님이 이 아이를 통하여 우리 민족에게 구원의 손길을 펼치시려는 것이 아닌가 싶소. 사실 작금의 정세가 로마의 강압 정치뿐만 아니라 헤롯 왕가와 위정자들, 심지어 종교 지도자들까지 부정부패가 극에 달하고 있소. 서민의 삶은 피폐할 대로 피폐해졌소."

"하기는 주변에 억울한 일을 당한 사람이 너무 많아요. 너무 속상하고 그들이 불쌍해요."

요셉 부부가 긴 하루를 보내고 베들레헴 집으로 돌아왔을 때는 이미 해가 저물고 있었다. 아기도 피곤했는지 깊은 잠에 빠졌다. 그들은 간단히 요기를 하고 일찍 잠자리에 들었다.

다음 날 요셉은 서둘러 외출을 했다. 여기저기 사람을 만나며 조사를 하고 다녔다. 그는 이제 때가 되었다고 생각했다. 갈릴리 나사렛에 있는 집을 처분하고 베들레헴에 아주 정착을 할 것인지 아니면 나사렛으로 돌아갈 것인지 결정해야 했다. 나사렛에 있는 집과 작업장을 더 방치할 수는 없었다. 며칠 동안 돌아다니며 알아보았지만 그는 쉽게 결정을 내릴 수가 없었다. 장단점이 반반이라고 생각되었다. 고민만 더 깊어졌다.

"주님, 아기 예수를 위해서 어디에 사는 것이 더 좋겠습니까? 제 부족한 생각으로는 분별할 수가 없네요."

그는 주님께서 환경을 통하여 인도해 주시기를 기도할 수밖에 없었다. 집에 돌아온 그는 저녁 식사를 마치고 아내와 이 문제를 의논했다. 함께 간절히 기도했다. 사방이 짙은 어둠에 잠기고 별들이 고개를 들고 일어났다.

동방에서 온 박사들

늦은 시각, 밖에서 인기척이 나면서 그들을 부르는 소리가 들렸다. 그 밤에 그들은 특별한 손님들의 방문을 받았다. 세 사람의 이방 귀족이었는데 동방 나라풍의 복장을 한 그들은 멀리서부터 긴 여행을 한 것으로 보였다. 화려한 장식 레이스를 단 자주색과 연녹색 겉옷에는 넓은 금박 벨트가 눈에 띄었다. 한 사람은 머리에 정교하게 조각된 왕관을 썼으며, 다른 두 사람 머리에 두른 터번의 이마 장신구가 빛났다. 모두 긴 수염을 지니고 있었다.

"여기에 근래 태어난 아기가 있습니까?"

"예 그렇습니다만 어디서 오신 분들인지요?"

"우리는 페르시아에서 왔습니다. 이분은 한 지역의 왕이시고 저

귀족과 나는 천문을 연구하는 왕궁 학자입니다. 우리는 별점을 보다가 신의 계시를 받았습니다. 온 세상 나라가 경배해야 할 특별한 왕이 태어났으니 가서 경배하라고요. 그래서 동방국의 축하 사절단 자격으로 예루살렘에 도착하여 헤롯 대왕을 만났지요. 그런데 왕궁에는 근래에 새로 태어난 아이가 없다고 하더군요. 잠시 실망하였으나 본국에서부터 인도하던 별을 다시 발견하고 여기까지 따라서 왔는데 별빛이 이 집 위에 멈추어 비추더군요. 아기를 볼 수 있을까요?"

어안이 벙벙한 요셉이 어찌할 줄 몰라 허둥대며 말했다.

"예, 안으로 들어오세요. 그런데 거처가 너무 누추해서….."

"괜찮습니다. 우리는 다만 고귀한 아기를 보려고 먼 길을 왔을 뿐입니다."

방 안으로 들어온 그들은 아기 예수를 보자 이마가 바닥에 닿도록 큰절을 하며 경배했다. 그들은 아이의 초롱초롱한 눈망울에서 현자의 기운을 느낀다고 했다.

"예언된 귀한 아기를 보게 되어 한없이 기쁘고 영광입니다. 저희가 약소한 예물을 준비해 왔습니다. 기꺼이 받아 주시기 바랍니다."

각 사람이 아기 앞에 예물을 내놓았다. 서민이 쉽게 만질 수 없는 황금과 값비싼 유향, 진귀한 몰약을 보면서 요셉 부부는 어리둥절했다.

손님들이 바람처럼 왔다가 돌아갔다. 이것은 또 무슨 징조일까 그들을 배웅하고 들어온 요셉은 곰곰이 생각해 보았다. 그들의 말에 의하면 아기가 우리 유대 민족의 왕일 뿐만 아니라 온 이방 나라의 임금도 될 것이라는 말인데…. 그렇다면 유대의 왕이면서 로마 제국의 왕도 될 것이라는 예언인가? 그는 뒤척이다가 늦게 잠이 들었다.

요셉은 꿈을 꾸었다. 가브리엘 천사가 다시 나타났다. 천사는 그에게 당장 일어나 가족과 함께 베들레헴을 떠나라고 급하게 재촉했다. 장차 왕이 될 아기가 태어났다는 동방 귀인들의 말을 듣고, 헤롯 왕이 첩자들로 하여금 그들을 미행하게 했다는 것이다. 베들레헴까지 따라왔던 그들이 헤롯에게 돌아가 이미 보고했다는 것이다.

"군사들이 곧 여기로 들이닥칠 것이니 속히 피하여라."

유대인이 아닌 이방인으로서 왕이 된 헤롯은 유대인들로부터 지지를 얻지 못하고 있었다. 그는 왕위를 찬탈당할까 두려워 다윗 왕가의 많은 혈족을 살해했다. 그런 그가 장차 유대인의 왕이 될 아이가 태어났다는 동방박사들 말을 듣고는 후대의 화근을 없애고자 했다.

"마리아, 어서 일어나요."

꿈에서 깬 요셉은 아내를 흔들어 깨웠다.

"왜 그래요, 요셉?" 마리아가 놀라며 일어났다. "무슨 일 났나요?"

"꿈에 천사가 다시 나타났소. 당장 여기서 피하라고 하더군."

"예에? 알았어요."

그들은 간단히 짐을 챙겨 서둘러 집을 나섰다. 이미 먼동이 트고 있었다. 아기는 그런 와중에도 곤히 잠들어 있었다.

"예루살렘 쪽에서 군사들이 내려온다면 우리는 반대 방향으로 가야 할 텐데, 일단 남쪽 이집트로 피난을 가야 할 것 같소."

"알았어요. 그렇게 하는 편이 좋겠어요."

"아무래도 마차를 구해야 할 것 같은데…. 다행히 동방에서 온 귀인들이 귀한 예물을 주고 갔으니 경비 걱정은 하지 않아도 될 것 같소."

"참으로 다행이에요. 주께서 이를 위해 준비해 주신 거군요."

그들이 마차로 베들레헴을 완전히 빠져나간 뒤 해가 중천에 떴을 때쯤, 예루살렘에서 무장한 군사들이 베들레헴에 들이닥쳤다. 그들의 험한 기세에 주민들은 불안에 떨었다. 군사들은 집집이 문을 두드리며 소리쳤다. 빨리 문을 열지 않으면 부수고 들어갔다. 군사들은 어린아이를 내놓으라고 윽박지르고는 두 살 아래쯤으로 보이는 아이를 모조리 찔러 죽였다. 온 동네가 피로 물들었고 비명과 고함과 울부짖음과 곡소리가 하늘을 덮었다. 그 소문은 삽시간에 사방으로 퍼져 나갔다.

이집트 망명

요셉 가족은 무사히 이집트에 도착했다. 낯선 사람들과 이국적인 풍광을 보면서 그들은 괜히 주눅이 들었다. 번화하고 화려한 이방 땅에서 어떻게 살아야 할지 걱정이 앞섰다. 하지만 아기 예수의 안전을 위해서라면 못할 것이 없다고 생각했다. 작은 여인숙에 여장을 풀었다. 유대인이 많이 모여 사는 곳을 찾아 살 집을 알아보기로 했다.

며칠 후 그들은 알음알음 물어서 작은 셋집을 얻었다. 한동안 그곳에 머물러야 할 것 같은 예감이 들었다. 요셉이 아내에게 말했다.

"오늘은 쉽게 집을 구한 기념으로 밖에 나가 거리도 돌아보고 요기도 하고 들어옵시다."

그들은 천천히 저잣거리를 걸었다. 작은 식당 하나가 눈에 띄었다. 서로 눈빛을 교환하고 그곳으로 들어갔다. 빈자리를 찾아 앉으며 음식을 주문했다. 다행히 요셉은 당시 세계 공용어인 헬라어로 의사소통이 가능했다. 그들이 음식을 시켜서 먹고 있을 때 뒤쪽에 앉은 손님들의 대화 소리가 들려왔다. 한 사람이 격앙된 목소리로 떠드는 말에 요셉은 쫑긋 귀를 세웠다. 마리아가 눈을 크게 뜨고 물었다.

"왜 그래요? 저들이 무슨 얘기를 하고 있는데요?"

"베들레헴에 난리가 났다는구려. 헤롯이 보낸 군사들이 들이닥쳐 어린아이를 200명가량 죽였다는 거야."

마리아가 들고 있던 음식을 떨어뜨리며 하얗게 질려 몸서리를 쳤다.

"당신 괜찮소?"

"더 이상 음식을 못 먹겠어요. 우리 집으로 돌아가요."

요셉은 서둘러 아내를 부축하여 집으로 돌아왔다. 침상에 걸터앉은 마리아가 눈물을 흘리더니 급기야 엎드려 흐느끼기 시작했다. 그가 그녀의 어깨에 손을 얹자 그녀는 그에게 기대어 엉엉 울었다. 요셉도 격동된 마음에 심사가 어지러웠지만 스스로 진정하며 마리아의 등을 쓸어 주었다.

며칠 후, 금식하며 기도하던 마리아가 안정을 되찾았다. 아기는 바뀐 환경에 아랑곳하지 않고 잘 자며 젖도 잘 먹었다. 그들은 그것만도 너무 감사했다. 아기를 안은 채 어르고 있는 요셉에게 마리아가 입을 열었다.

"얼마 전에 우리가 결례의식을 행하려고 예루살렘 성전에 갔을 때 시므온 할아버지가 이 아이로 인해 내 마음이 칼로 찌름 같은 고통을 경험하게 될 것이라 했는데, 이 상황을 두고 예언하신 것일까요?"

"그럴 수도 있지. 아니면….."

"아니면요?"

"우리 예수가 아직 어리잖아. 어쩌면 이것이 시작일 수도 있겠다는 생각이 드오."

"그럴 수도 있겠네요. 마음을 단단히 먹어야겠어요."

마리아가 예쁜 입술에 힘을 주며 말했다.

"아무튼 헤롯의 손아귀에서 우리 아들은 무사히 지켰지만 베들레헴에 있던 아이들이 너무 안됐어. 그 부모들은 또 얼마나 가슴이 찢어질까."

"우리 예수 때문에 그 많은 아이들이 죽은 것 같아 마음이 무거워요."

"나도 처음에는 그런 생각이 들어 하나님께 어떻게 그 잔인한 짓거리를 보고만 계셨느냐고 따지고 싶은 마음이 일었는데 기도할 때 주께서 깨닫게 해 주시는 것이 있었소."

"어머, 그래요? 뭔데요?"

"인간은 자기중심으로 하나님의 뜻을 예단하는 어리석은 버릇이 있어요. 그것은 죄인 된 인간의 본능이지만… 주님께서는 정의를 빙자한 맹목적인 완전주의를 배격하신다는 것이오."

"맹목적 완전주의요?"

"그래요. '하나님의 전능하심'이라는 맹목적인 전제를 세워 놓고 하나님을 힐문하는 것은 인간이 가진 악함의 표현일 뿐이오. '하나님이 전능하시다면 왜 베들레헴의 아이들을 죽게 내버려 두셨는가? 하나님이 전능하시다면 왜 악한 헤롯의 군사들을 멸하지 아니하셨는가?' 하며 하나님께 화살을 돌리는 것은 잘못된 생각임을 깨달았소."

"전능하신 하나님과 맹목적 완전주의는 어떻게 다른가요?"

"하나님은 완전하시고 전능하시지만 하나님과 인격적인 관계가 없다면 그것은 허황한 관념이요 철학적 사변일 뿐이오. 하나님은 포악한 헤롯을 죽일 수 있지만 그것은 하나님의 방식이 아닌 것 같소. 인격적인 하나님의 심중을 엿볼 수 있다면 우리는 오히려 그 속에서 말할 수 없는 하나님의 사랑과 인내를 깨닫게 된다는 것이지."

"그 말씀은 너무 심오한데요? 더 쉽게 말해 주실래요?"

"쉽게 말해서 오래 참으시는 하나님의 인격성과 구원 계획에 관한 큰 그림을 보아야 한단 말이오. 사랑의 하나님은 죄인들을 멸하기보다 어떻게든지 살리기를 원하신다는 것이지."

"하나님의 인격성과 큰 그림이요?"

"그래요. 우리는 하나님 중심의 관점에서 사건과 상황을 보아야 해요."

"그럼 베들레헴의 사건을 어떻게 이해해야 할까요?"

"베들레헴 사람들이 하나님 앞에 어떤 죄를 지었는지, 왜 하나님의 징계가 그들에게 내려졌는지는 알 수 없는 하나님 주권에 관한 문제지. 누구도 그 문제에 관하여 단정적으로 말할 수 없을 거야."

"그래도 베들레헴에서 많은 아이들이 죽었는데 불쌍하잖아요?"

"불쌍하다고 생각할 수도 있지만 하나님께 선택받고 쓰임 받았다고도 할 수 있어요. 그런 측면에서 본다면 그들은 엄청난 축복을 받은 것이지. 당신과 나처럼."

"축복이요?"

"죄 없는 어린아이들이 억울하게 죽었다고 생각할 수도 있지만, 우리 예수를 통하여 크신 역사를 이뤄나가고 계시는 하나님의 역사에 선택받고 한 역할을 담당하는 축복과 영광을 얻었다고도 볼 수 있다는 것이지. 우리도 마찬가지잖아요. 예수의 부모로 선택받는 엄청난 축복과 영광을 받았기에 어떤 고난과 어려움이 닥쳐온다고 할지라도 다 감당하겠다는 각오가 되어 있잖아. 안 그래요?"

"그러니까 베들레헴 그 아이들은 억울한 죽음의 과정을 통하여 메시아와 함께 장차 하나님의 영광에 참여하게 되었다는 말이군요? 마치 아벨의 죽음처럼."

"그렇지. 그러니 하나님을 원망하기보다는 감사하고 그분께 영광을 돌려야 하오. 긍정적으로 생각하려고 하는 것이 아니라 사실이 그러하거든. 물론 그 가족들의 깊은 슬픔과 상처를 간과하거나 무시해서는 안 되지만."

"그런 측면을 생각하다니 영적인 통찰이 느껴지네요."

생각지도 않게 시작된 요셉과 마리아의 신혼 생활, 이집트에서의 이민 생활은 점차 안정을 찾아 갔다. 출산 전까지 갈릴리에서의 신혼은 부부 관계도 없는 갈등과 번민으로 점철된 기간이었지만 이제 모든 안개가 걷혔다. 아이를 출산하고 많은 신실한 증인들을 통하여 예수가 하늘로부터 왔다는 사실이 확증되었다. 비록 낯선 이방 땅에서 이민 생활이 쉽지는 않았지만, 또 장차 어떤 어려움이 몰아칠지 모르지만, 그들은 자신들의 삶을 주님께 맡기고 현재의 삶을 누리기로 했다.

요셉은 어느 날 외출했다 돌아와 매우 흥분된 음성으로 아내 마리아를 찾았다.

"여보, 여보! 우리 아기를 죽이려 했던 헤롯이 갑자기 죽었다는구려."

"예? 헤롯이 죽어요?"

베들레헴의 유아를 다 살해하라 명령한 헤롯은 얼마 지나지 않아 오히려 그 자신이 갑자기 죽고 말았다. 요셉은 예수가 태어난 것과 헤롯이 죽은 사건의 대조가 결코 우연이 아니라고 생각했다. '그럼 그렇지. 하나님은 자신의 깊으신 경륜을 역사 속에 이뤄 가시지만 헤롯에 대해서도 그대로 내버려 두실 수는 없으셨던 거야.' 그는 하나님께서 천사를 통하여 그들의 삶을 돌보신다고 확신했다. 하나님이 보내 주신 생명, 예수가 그들에게 있기 때문에 더욱 그렇다고 생각했다.

"그럼 이제 우리 고국으로 다시 돌아갈 수 있나요?"

"글쎄, 그건 더 지켜봐야 할 것 같아. 기도해 봅시다."

요셉은 또다시 꿈속에서 가브리엘 천사를 만났다. 헤롯이 죽었으니 유대 땅으로 돌아가도 좋다고 했다. 유대 땅 어디로 돌아가야

하는지는 말해 주지 않았다. '그럼 어디로 방향을 잡아야 하나?' 그는 생각했다. '우리 예수를 위한 최선의 살 곳은 어디일까?'

헤롯 왕 사후 로마 황제 아우구스투스는 헤롯의 세 아들에게 그의 영토를 나누어 주었다. 예루살렘 중심의 유대, 사마리아, 이두메는 헤롯 아켈라오가 다스리게 했고, 갈릴리와 요단 동편 베레아는 헤롯 안티파스, 가이사랴 빌립보를 포함한 갈릴리 북쪽과 북동쪽은 헤롯 빌립이 다스리게 했다. 땅을 분배받은 헤롯의 세 아들을 사람들은 분봉왕이라 불렀다.

예루살렘과 유다 지역을 다스리게 된 헤롯 아켈라오는 그의 아버지 헤롯보다 더 포악하고 잔인한 성격의 소유자라고 알려졌다. 결국 요셉은 가족을 데리고 베들레헴을 멀리 우회하여 갈릴리 나사렛으로 귀향하기로 결심했다. 헤롯을 피해 이집트로 내려갔던 예수는 유대 땅으로 귀환했고, 선지자들을 통한 하나님의 예언은 그렇게 성취되어 가고 있었다.

무능하고 포악한 헤롯 아켈라오가 다스리는 지역에서는 폭동과 소요가 그치지 않았다. 견디다 못한 유대인들이 왕을 바꿔 달라고 로마에 사절단을 보냈다. 황제는 상황을 파악한 뒤 아켈라오를 귀양 보내는 것으로 마무리했다. 그때부터 예루살렘과 유다 지역은 또 다른 왕을 세우는 대신 총독을 파견하여 로마 직할 통치하에 두었다. 아우구스투스 이후 티베리우스 황제는 그곳 총독으로 그 유명한 본디오 빌라도를 파견했다.

나사렛 회당 사건

고원 지대로 이루어진 나사렛의 아침은 화창했다. 안식일이었다. 언덕 위 회당 안에는 평소보다 많은 사람들이 모인 듯했다. 예수가 나사렛으로 돌아온 뒤 동네는 여러 가지 수군거림으로 분위기가 뒤숭숭했다. 8개월 만에 유명해져서 돌아온 그가 무슨 말을 할까 궁금해했고, 지도자들은 이제 그에 대한 입장을 어떻게 정리해야 할지 머리가 복잡한 듯했다. 그가 앞에 나가 성경을 펴고 읽었다. 이사야 선지자의 글이었다.

"주님께서 나에게 기름을 부으시니, 주 하나님의 영이 나에게 임하셨다. 주님께서 나를 보내셔서, 가난한 사람들에게 기쁜 소식을 전하고, 상한 마음을 싸매어 주고, 포로 된 자에게 자유를 선포하고⋯."

이스라엘 문화 속에서 기름을 붓는 의식은 왕이나 제사장과 선지자를 세울 때 행하여졌으며 성령의 임재를 상징했다. 후에 기름 부음은 그리스도 곧 메시아를 지칭했고, 또는 성령의 다른 이름으로 의미가 확대된다.

회당 안이 웅성거리기 시작했다. 그날 대부분의 청중은 그 구절이 메시아를 지칭하는 말씀인 것을 알고 있었다. 한 장로가 벌떡 일어났다.

"그대는 지금 자신이 기름부음을 받은 메시아라고 말하는 것인가?"

여기저기서 예수를 성토하자 그는 밖으로 나갔다. 사람들이 굳

116

은 얼굴로 그를 뒤쫓아 나왔다. 그에게 삿대질을 하며 대드는 사람도 있었고, 그를 붙들고 시비를 거는 사람도 있었다. 소란을 피우면서 일부 사람들이 회당 내려가는 길을 막고 오히려 언덕 쪽으로 그를 몰아붙였다. 뭔가에 홀린 듯 눈동자가 풀린 그 사람들은 제정신이 아니었다. 그 뒤쪽은 낭떠러지였다. 험악한 분위기 속에서 어떤 사람이 소리치며 선동했다.

"동네 망치는 녀석을 낭떠러지로 밀어 버립시다."

그 위기의 순간 갑자기 세찬 바람이 계곡 쪽에서 불어왔다. 찬바람과 뜨거운 공기가 엉켜 소용돌이를 일으키더니 순식간에 안개가 서리면서 연기처럼 퍼져 나갔다. 사람들이 괴현상에 잠깐 어리둥절한 사이에 예수는 거기를 빠져 나왔다.

집에 돌아온 예수가 마리아에게 말했다.

"아무래도 이사를 해야 할 것 같습니다."

마리아는 하염없이 눈물을 흘리며 고개만 끄덕였다. 회당 사건 당시 그녀는 먼발치서 발을 동동 구르며 눈물로 지켜보았다. 기도밖에는 아무것도 할 수 없었다. 예수는 어머니를 위로했다.

"선지자는 자기 고향에서 대접을 받지 못하는 법입니다."

이튿날 예수 가족이 도망치듯 간단히 이삿짐을 싸서 떠나는 모습을 동네 사람들이 지켜보았다. 인간적으로 가까이 지냈던 몇몇 사람들은 매우 안타까워하며 섭섭해했으나 동네 지도자들과 전체 결의가 예수를 받아들이기 원치 않으니 그들도 어쩔 수 없었다. 마리아는 쫓기듯 고향을 떠나는 것이 내내 편치 않은 마음인 듯했다.

"어머니, 너무 상심하지 마세요. 저들에게 우리가 쫓겨 가는 것이 아니라, 우리를 받아들이지 않는 저들에게서 우리가 떠나는 것입니다."

위로하는 예수에게 마리아가 대답했다.

"저들이 몰라서 그러니 원망은 하지 않지만, 주님을 배척하는 마을에 대한 하나님의 손길이 어떻게 임할지 오히려 걱정됩니다. 우리를 문전박대하던 베들레헴 온 동네가 아이들을 잃고 큰 슬픔에 잠긴 사건이 생각나서요."

갈릴리 1차 사역

사역 본부와 제자들

존은 예수가 가족과 함께 가버나움으로 급하게 이사했다는 소리를 바람결에 들었다. 그는 일손을 놓고 달려갔다. 얼마나 울었는지 마리아는 눈가가 붓고 젖어 있었다. 다행히 비어 있는 집이 있어서 쉽게 셋집을 구할 수 있었다고 했다. 그는 마리아를 위로하고 짐 정리와 청소를 거들었다. 집을 대충 정리하자마자 들이닥친 방문객들이 있었다. 예수 가족이 가버나움으로 이사 왔다는 소문이 금방 일대에 퍼진 듯했다.

제일 먼저 달려 온 사람은, 얼마 전 가나에서 만난 헤롯 안티파스 분봉왕의 신하였다. 그가 예수에게 감사를 표했다. 그의 손에 작은 선물 상자가 들려 있었다. 존은 그가 관직에 있는 사람이지만 겸손하며 사리가 분명한 사람이라고 생각했다.

"덕분에 제 아들이 살았습니다. 무어라 감사의 인사를 드려야 할지 모르겠습니다. 당시 집으로 돌아오는 길에 마중 나온 하인에게 물어보았지요. 선생께서 말씀하신 바로 그 시각에 아들의 몸에 열이 내리고 의식을 회복했다는 사실을 알게 되었습니다."

갈릴리 중심 도시인 가버나움에 사역 본부가 세워졌다. 존은 선생님의 표정에서 일이 이렇게 될 줄 이미 알고 있었던 것처럼 느껴졌다. 그가 제자들과 함께 가나 혼인 잔치에 참석한 후 짧게 가버나움에 들렀던 동선을 기억하며 존은 고개를 끄덕였다.

가버나움과 막달라 항구 중간쯤에 있는 타브가 항구 바닷가에 예수가 나타났다. 타브가는 '일곱 개의 샘물'이란 의미가 담겨 있었다. 시몬을 비롯해 많은 어부들이 그 바닷가에서 고기를 잡았다. 시몬과 그의 형제가 그물을 씻고 있는 모습이 보였다. 예수가 그들에게 가까이 다가갔다.

"고기 좀 잡았느냐?"

"선생님 오셨어요? 어제 밤새도록 그물을 던졌는데 허탕만 쳤습니다. 고기들이 꼭꼭 숨어 버린 것 같습니다."

그들이 대화하고 있을 때 사람들이 예수를 알아보았다. 사람들은 그 유명한 분이 뭔가 말해 주기를 간절히 바라며 모여들었다. 예수가 시몬의 배에 오르면서 배를 조금 뭍에서 떼라고 말했다. 그는 그 배에 올라 바닷가에 몰려든 사람들에게 복음을 전파했다.

"때가 찼고 하나님 나라가 가까이 왔으니 회개하고 복음을 믿어라.”

세례요한이 전한 중심 메시지인 '회개'로부터 시작하여 예수는 하나님 나라를 선포했다. 그가 갈릴리 땅에서 본격적으로 사역을 시작한 것이다. 시몬의 머릿속에 복음이 정리되고 있었다.

회개는 죄를 전제한다. 죄에 대한 자각이 없으면 회개할 수 없다. 회개는 하나님을 전제한다. 하나님을 모르면 참된 회개는 불가능하다. 진정한 회개는 스스로 뉘우치는 자기반성이 아니라 하나님께로 돌아서는 것이다. 창조주 하나님의 주권을 고백하며 사는 것이다. 회개는 하나님과 단절된 관계를 회복하기 위해 하나님께서 준비해 놓으신 복음을 받아들이는 것이다. 회개는 하나님의 선물인 복음을 받아들이는 믿음까지를 포함하는 것이다. 하나님 나라는 관념이 아니다. 회개하고 믿음을 가지면 그 실재를 경험하게 된다.

청중은 집중해서 예수의 설교를 들었다. 말씀을 마친 예수가 배에 선 채 시몬을 돌아보며 물었다.

“밤새 빈 그물질만 했다고 했지? 고기를 잡고 싶으면 내가 시키는 대로 해 보겠느냐? 저쪽 깊은 곳으로 나가 보자.”

시몬의 내면에서 두 마음이 잠깐 갈등했다. 어부로 잔뼈가 굵은 그가 밤새 그물을 던졌지만 실패했는데 목수 출신 예수가 고기 잡는 법을 알까 하는 부정적인 마음과, 그동안 그가 보여준 이적들을 떠올리며 긍정적인 기대감이 반반이었다. 그는 순종하는 마음으로 해 보기로 했다.

그들의 배는 더 깊은 곳으로 나아갔다. 물은 비교적 맑았으나 겉에서는 고기들이 잘 보이지 않았다. 예수가 손가락으로 가리키는 곳에 그물을 던졌다. 잠시 후 그물 잡은 손에 묵직함이 느껴졌다. 점점 올라오는 그물을 보고 모두가 놀랐다. 고기가 잔뜩 들어 있었다.

"와, 고기다!"

즐거운 비명을 지르면서 어부들은 정신없이 그물을 당겼다. 또 그물을 던져도 되겠냐는 얼굴로 시몬이 예수를 바라보자 그가 고개를 끄덕였다. 이번에도 그물이 찢어질 정도로 고기가 잡혔다. 눈 깜짝할 사이에 만선이 되어 버렸다. 시몬이 선생님의 발 앞에 덥석 무릎을 꿇었다. 그는 울컥 치밀어 오르는 격한 마음을 억제하지 못하고 울먹이며 말했다.

"선생님, 저는 미련하고 믿음 없는 죄인입니다. 선생님의 제자가 될 자격이 없습니다."

시몬은 어젯밤 밤새도록 빈 그물질을 해대면서 화도 나고, 신세가 처량하기도 하고, 허무하기도 했다. 헛수고만 하는 그물질이 내 인생인가 하는 생각도 했다. 뭔가 붙잡으려고 기를 써 보지만 손에 잡히는 것은 없고 빈 그물만 씻는 인생, 무엇을 위해 사는 것인가? 장래가 암담하다는 생각에 압도당했다. 예수가 보통의 랍비와는 전혀 다른 특별한 하나님의 사람인 것은 확실한 것 같은데, 무엇을 어쩌려고 하는지는 도무지 알 수 없었다.

조금 전까지도 고기를 다시 잡을 수 있을 것이란 확실한 믿음이 없었다. 어젯밤부터 아침까지 자신의 헛된 고민과 믿음 없음을 선생님이 다 알고 있었다는 생각이 들자 몹시 부끄러웠다.

"시몬! 안드레! 이제 다 내려놓고 하나님 나라 사역에만 집중했으면 한다. 나를 따라오면 내가 너희를 사람 낚는 어부로 만들 것이다."

시몬은 장남이었기에 형제가 함께 전임으로 선생님을 따라나서면 집안 생계 문제를 어떻게 하지 하는 염려가 마음 한구석에 없지 않았으나, 그분께 모든 것을 맡기며 순종하기로 하고 고개를 끄덕였다. '그래, 이제부터 선생님을 내 인생에 소망의 닻으로, 내 삶의 방향키로 삼자.' 잠시 그의 얼굴을 물끄러미 쳐다보던 예수는 그의 생각을 읽은 듯했다.

"시몬, 이제부터 네 이름을 '베드로'라고 부르면 좋겠다."

근처에서 고기를 잡고 있던 세베대의 아들 야고보와 존도 시몬의 만선 소식과 두 형제가 예수의 전임사역자로 부름 받았다는 말을 들었다. 예수가 시몬, 안드레와 함께 그들이 있는 쪽으로 가까이 걸어왔다.

"너희도 배와 그물, 모든 것을 내려놓고 나를 따라나서라. 내가 너희도 사람 낚는 어부가 되게 하리라."

그들은 환한 얼굴로 기쁨을 감추지 못했다. 베드로가 된 시몬이 뒤따르는 그들에게 물었다.

"너희들, 배와 그물을 버린다는 게 무슨 의미인 줄 아냐?"

"응, 알아. 직업을 버린다는 뜻이지."

"그런데 조금의 망설임도 없이 결정하고 싱글벙글하는 거야?"

"쉽게 결정한 것 아냐. 우리도 많이 고민했어. 우리 형제가 함께 손을 놓고 연로하신 아버지한테 다 맡겨 버린다는 게 쉽지는 않았어. 이 문제로 엊그제 가족회의를 열고 부모님과 함께 의논했는데 긍정적으로 받아 주셨어. 우리는 선생님이 전임사역 제자로 불러 주신다면 주의 일만 하며 사는 인생이 행복하고 의미 있는 삶일 것이라 결론을 내렸어."

야고보가 대답하자 베드로가 그를 끌어안고 등을 두드려 주며 말했다.

"그래, 나도 동감이야. 우리 어떤 어려움이 있더라도 잘해 보자. 나는 베드로라는 새 이름도 얻었다. 새로운 인생을 시작해 보련다."

공식 사역

안식일이었다. 존과 야고보가 가버나움 회당에 도착했을 때 베드로와 안드레, 나다나엘과 빌립은 이미 도착해서 사람들과 인사를 하고 있었다. 제자들은 서로 반가운 인사를 하며 함께 1층 남성 홀 안으로 들어갔다. 2층은 여성 홀이었다. 정교한 돌기둥들로 제법 웅장한 모습의 가버나움 회당은 갈릴리에서 가장 큰 곳이었다.

예수가 참석하여 말씀을 전한다는 소문이 돌자 많은 사람들이 모였다. 회당 안에는 엄숙한 분위기가 흐르고 있었다. 순서에 따라 예수가 자리에서 일어나 앞으로 나갔고 성경 두루마리를 펴서 〈이사야〉서 끝부분을 읽었다.

"주 하나님의 영이 내게 임하셨으니… 가난한 자에게 기쁜 소식을 전하게 하려 하심이라. 나를 보내셔서 상한 자를 고치며… 여호와 은혜의 해를 전파하라…."

존이 놀라며 긴장했다. 나사렛에서 문제가 된 같은 〈이사야〉서 본문이었기 때문이었다. 그는 예수가 고향을 떠날 수밖에 없었던

124

나사렛 회당 사건을 마리아에게 이미 들어서 알고 있었다. 예수는 메시아를 지칭하는 그 말씀이 임했다 선포했고, 그 일로 사람들이 그를 낭떠러지로 밀어 죽이려 했다고 했다.

존의 염려와는 달리 가버나움 회당 청중은 예수의 권위 있는 가르침과 성경 해석에 놀라워하며 감동했다. 옆에 있던 안드레가 작은 소리로 그에게 물었다.

"왜 선생님이 그다음 구절, '보복의 날' 선언 구절은 빼고 '은혜의 해'만 말씀하실까?"

"용서와 생명과 자유의 복음을 선포하기 위해서 오셨다고 한 선생님의 정체성과 관련이 있는 것 같아. 최후 심판의 때와 선언은 또다른 이야기인 모양이야."

"그러고 보니 니고데모와의 대화에 나타난 주제의 흐름과 상통하는군."

그때 회당 입구에서 어떤 사람이 소리소리 지르며 소란을 피웠다. 귀신 들린 사람이었다.

"나사렛 예수, 우리를 멸망시키려고? 크크… 누군지 알아. 당신, 하나님이 보낸 분."

그의 말은 엉켰지만 예수가 누군지 분명히 아는 듯했다.

"잠잠하고 그 사람에게서 나가라."

예수가 그를 꾸짖었다. 그러자 귀신 들린 사람이 소름 끼치는 음색으로 큰 소리를 질렀고 경련을 일으키며 넘어졌다. 악한 귀신이 떠나갔다. 잠시 후 다시 일어난 그는 왜 자기가 그 자리에 주저앉아 있는지 몰라 어리둥절한 표정이었다. 주위 사람들이 귀신도 복종시키는 예수를 보고 놀라 쑤군거렸다. 존과 제자들도 선생님의 영적 권위를 절감했다.

그들이 회당에서 나왔을 때 베드로가 선생님 곁으로 다가갔다.

"선생님, 우리 집으로 와 주시겠습니까? 장모님이 지금 열병이 심해서 앓아누워 있습니다."

베드로가 조심스럽게 예수에게 부탁했다. 예수와 일행은 베드로의 집으로 향했다. 베드로의 아내가 반갑게 그들을 맞으며 어머니가 누워 있는 방으로 안내했다. 혼수상태에서 신음하는 환자의 이마 위에 물수건이 놓여 있었고 옆에는 물 대야가 놓여 있었다. 예수가 환자의 이마에 손을 얹었다. 환자의 몸에서 펄펄 끓는 열기가 주위 사람들에게까지 느껴졌다. 그가 손을 거두자 환자가 눈을 떴다. 그녀는 주위를 둘러보며 꾀병을 앓던 사람처럼 벌떡 일어났다. 정황을 알게 된 그녀는 사위 베드로와 예수를 번갈아 바라보았다. 얼굴이 환해졌다. 몸뿐만 아니라 근심까지 다 사라진 모양이었다.

집안일을 제쳐 두고 걸핏하면 예수에게 가는 사위 베드로가 장모의 눈에 곱지 않았다. 그런데 아예 그의 전임사역자가 되었다는 말을 듣고 속이 상해서 자기 가슴을 쳤다. 딸이 안쓰러워 무엇을 먹어도 소화를 못 시키며 한숨만 쉬던 그녀는 급기야 자리에 누웠고 고열로 사경을 헤매게 되었다.

몸가짐이 달라진 베드로의 장모가 손님으로 온 예수 일행을 접대하려고 딸과 함께 부엌으로 들어가면서 눈짓으로 베드로를 불러냈다.

"이보게, 사위! 미안하네."

"예? 왜요, 장모님?"

"이제 보니까 예수 선생님은 훌륭한 랍비 이상인 것 같네. 정말 하나님이 보내신 사람이라면 우리 사위가 큰 행운을 잡은 것 아닌가?"

가까이서 그 모습을 지켜보던 안드레는 형과 눈이 마주치자 찡긋하며 웃었다.

사람들이 귀신 들린 자들과 온갖 병든 자들을 데리고 그 집으로 몰려들었다. 낮의 회당 사건이 주위에 알려진 모양이었다. 예수와 제자들은 몰려드는 사람들로 인하여 밤을 지새웠다. 제자들은 복음과 함께 선생님의 기적적인 환자 치료를 보며 놀랐다. 그들은 피곤함에 지쳤지만 치료를 기다리는 환자들은 끝이 없었다.

새벽 여명이 밝아오자 예수가 자리에서 일어나 밖으로 나갔다. 한참을 기다려도 선생님이 들어오지 않자 베드로가 그를 찾아 밖으로 나갔고 존이 뒤따랐다. 한적한 곳에서 예수가 기도하고 있었다. 존은 선생님을 일깨워 드려야 하지 않겠느냐는 눈으로 베드로를 바라보았다. 잠시 망설이던 베드로가 안에 대기하고 있는 사람들을 생각하며 선생님을 불렀다.

"선생님, 낮에는 환자들이 더 몰려올 것 같은데요."

"이제는 다른 지역으로 가자. 순회전도여행을 떠나야겠다. 온 갈릴리 지역을 돌아보자."

존은 예수가 환자들의 병을 고쳐 주고 귀신도 내쫓는 사역을 할 때 말투와 표정에 측은지심이 가득한 것을 보았다. 그러나 신유와 축사가 사역의 핵심은 아니구나 하고 생각했다. 베드로는 선생님의 뜻을 알겠다고 고개를 끄덕이며 물러났다. 존은 혼자 생각했다.

'선생님은 병자들을 고쳐 주어도 의사로서 이 땅에 오신 것은 아닌 거야. 축사를 해도 그것을 위해 이 땅에 오지 않았음을 분명히 드러내신 거야. 몸의 병은 고쳐 주어도 또 병들고 결국엔 죽게 되니까.'

예수가 질병을 고쳐 주는 표적으로 사람들에게 뭔가 메시지를 주고 싶어 한다고 존은 생각했다. 귀신을 내어 쫓는 축사 사역은 그가 모든 영적 세계에 대한 권세를 가진 자로서 자신을 나타내는 듯했다.

예수와 제자들은 간단히 여행 준비를 하고 갈릴리 가버나움 바닷가에 모였다.

갈릴리 바다는 이름만 바다일 뿐 해수면보다 210미터나 낮은 민물호수였다. 건너편에 산이 보이지 않고 바다처럼 수평선만 보이는 커다란 호수이기 때문이기도 하지만, 히브리 사람들은 호수와 바다를 굳이 구별하여 생각하지 않았다. 바다도 본질은 큰 호수일 따름이니까. 천지를 창조하신 하나님이 물을 한군데 모아 바다라 칭하시고 뭍을 땅이라 칭하셨다. 그렇기에 히브리인들에게 모여 있는 물은 바다인 것이다.

가버나움 본부를 벗어나 일행은 동쪽 건너편으로 방향을 잡았다. 여러 마을을 돌며 예수는 가는 곳마다 회당에서 하나님 나라에 대하여 가르치고 귀신도 내어 쫓는 사역을 하며 그가 누구인지 행동으로 보여 주었다.

소문

예루살렘 성안 에세네 광장은 비교적 넓었다. 큰 무화과나무 밑에 앉을 수 있는 나뭇등걸이 있었다. 한 사나이는 거기에 앉아 있고, 챙 없는 모자 키파를 쓴 또 한 사나이는 서성이고 있었다. 가끔 사방을 두리번거리는 것을 보아 누군가를 기다리고 있는 듯했다. 왼쪽으로는 대제사장 가야바의 집이 보이고, 오른쪽 경사면 끝에는 분문, 곧 에세네 문이 보였다. 바리새파 공동체 내부에서 안팎의 정보를 수집하고 분석하여 수뇌부에 전달하는 책임을 맡은 아몬과 그의 친구 여고냐였다.

"올 때가 되었는데…."

아몬이 예루살렘 성전 쪽을 바라보며 말했다. 그때 그들의 눈에 극장 아래쪽을 돌아 두 사나이가 걸어오는 모습이 보였다. 복장으로 보아 한 사나이는 젊은 제사장이었다. 날씨가 더운데도 그가 입은 흰옷은 손목과 발목까지 덮고 있었다. 또 한 사나이는 키파를 쓰고 고급스러운 복장에 멋을 부린 학자풍의 복장을 한 것으로 보아 사두개인인 듯했다. 아몬이 일어서며 두 사람을 맞았다.

"어서들 오게. 엘리살, 자독."

아몬이 친구 여고냐에게 제사장 그룹의 행정 실무자 자독과 사두개파 그룹의 연락 책임자인 엘리살을 소개했고 그들에게 친구 여고냐를 소개했다. 네 사람이 나뭇등걸에 앉거나 섰다. 자독이 입을 열었다.

"요즘 돌아가는 정세에 대하여 조사한 것들을 함께 공유했으면

하네."

"세례요한은 체포되었고 예수는 급하게 예루살렘을 떠난 것 같네." 아몬이 말했다.

"그럼 모든 것이 일단락된 것 아닌가?" 엘리살이 아몬과 여고냐를 보며 물었다. "민심의 동향은 어떠한가?"

아몬이 옆에 앉은 여고냐를 돌아보자 그가 대답했다.

"메시아에 관한 일곱 가지 표적 이야기가 많이 회자되고 있는데 의견이 분분한 것 같소. 그 첫 번째 예언은 메시아가 올 때 굉장한 성전 건축이 있을 것이라 했는데 헤롯을 통해 이미 성취되고 있는 것 아니냐는 의견도 있고, 예수라는 자가 3일 안에 기상천외한 성전 건축으로 뭔가 표적을 보여줄 것이라 기대하는 사람들도 있다더군."

아몬이 이어서 말했다.

"두 번째 예언은 엘리야 선지자가 불수레를 타고 다시 온다는 것이네. 세례요한을 엘리야라 믿었던 사람들은 그가 헤롯에게 체포되자 이제 곧 불수레를 탄 그의 승천 모습을 보게 되리라 기대하는 사람들이 있는가 하면, 일부는 세례요한은 이미 실패로 끝났다며 관심을 돌려 또 다른 선지자나 메시아를 찾아 떠돌고 있다더군."

"그럼 민중은 누가 선지자고 누가 메시아라고 생각하는 건가?" 이번에는 자독이 물었다.

"처음에 사람들은 세례요한을 선지자로 생각했는데 점차 그가 메시아라는 소문이 퍼지자 원근각지에서 사람들이 세례요한의 집회 장소에 구름 떼같이 몰렸다는군. 그런데 그가 자신을 메시아가 아니라고 밝히자 또 다른 선지자로 불리는 예수에게 관심이 쏠렸다고 하네. 예루살렘 성전에서 지도부에 반기를 들고 일어난 그가 메시아일지 모른다고 생각한 모양이야. 이 때문에 세례요한의 집회 장소를 맴돌던 사람들이 예수에게 몰렸다는 거야." 아몬이 대답했다.

"그럼 지금의 분위기는 어떤가?" 자독이 다시 물었다.

"세례요한이 투옥되고 예수가 예루살렘에서 종적을 감춰 버리자 군중은 길을 잃고 공황 상태에 빠진 것 같아. 세례요한 추종자들은 자기 선생이 투옥되었는데도 아무런 행동을 취하지 않는 예수에게 실망하는 분위기이고⋯." 여고냐가 대답했다.

"이제 크게 신경 쓰지 않아도 되는 건가?" 엘리살이 말했다. "그러면 메시아에 관한 일곱 표적 예언 소문은 도대체 어디서 나온 거야?"

"성전 재건축 과정에서 〈말라기후서〉가 발견되었는데 누군가 은밀히 빼돌렸다는 이야기가 있고, 또 다른 설은 사해 근처 석굴에서 에센파 사람들이 항아리에 담긴 예언서를 발견했는데, 그게 이제야 세상에 나왔다는 거야. 소문의 출처는 확실치 않지만, 일곱 표적 소문이 끈질기게 사람들 가운데 회자되고 있어." 아몬이 대답했다.

그들은 일련의 소문을 더 자세히 조사해 보기로 하고 다른 주제들에 관한 논의를 조금 더 한 후 헤어졌다.

죄를 사하는 권세

예수 일행은 한 달 정도 전도여행을 마치고 가버나움으로 돌아왔다. 배에서 내리자마자 그들을 기다리고 있던 어떤 사람이 다가

와 집으로 초청했다. 사람들이 모여 있으니 강론을 부탁한다는 것
이었다. 존은 매우 피곤해서 짜증이 나려고 했다. 존은 선생님이 많
이 피곤하지만 그 청을 거절하지 못하실 줄 알았다. 그 사람이 앞서
일행을 인도하여 집에 들어서니 많은 사람들이 모여 있었다. 병자
들 사이에 서기관들과 바리새파 사람들과 율법 교사들이 섞여 있는
듯했다. 선생님 뒤에 따라 들어오던 야고보가 말했다.

"저 사람들은 이 지역 사람들이 아닌 듯한데."

"보아하니 예루살렘에서 파견 나온 사람들인 게로군." 베드로가
작은 소리로 말했다. "또 무슨 흠을 잡아 고발하려고 여기까지 왕
림하셨나."

존은 그들이 멀리까지 온 목적을 알 것 같았다. 예루살렘 본부에
서 이 먼 곳까지 파견 나와 자신들을 기다리는 저들의 열성도 대단
하다고 생각했다. '이제는 요주의 인물이 세례요한 선생님이 아니
라 예수 선생님이라 이거지.'

예수는 피곤한 기색을 드러내지 않고 둘러앉은 사람들에게 성경
을 가르쳤다. 병자들을 고쳐 주기도 했다. 갑자기 지붕 한쪽이 들춰
지는 소리가 났다. 뚫린 천장으로 침상 하나가 서서히 내려왔다. 환
자를 침상에 누인 채 예수 앞에 달아 내린 이들 중에서 한 사람이
공손하게 양해를 구했다. 문 앞을 에워싼 사람이 너무 많아서 어쩔
수 없었노라고 했다. 일해서 가족을 돌봐야 하는 친구가 중풍병에
걸린 것을 보고 너무도 안타까워 몇몇 친구가 용기를 냈다고 했다.

존은 그들의 간절한 의지를 보았다. 치료받을 것을 확신하고 있
는 그들의 믿음이 엿보였다. 예수가 환자의 친구들을 주목했다. 환

자의 눈을 바라보며 분명하게 선포하듯 말했다.

"저들의 믿음 때문에 네 죄가 용서받았느니라."

사람들 사이에 잠시 침묵이 흘렀다. 예수가 일반적으로 병자를 고쳐줄 때와 달리 환자의 죄를 용서한다고 선포하는 것이 대체 무슨 말인지 모두가 의아해했다.

"너는 죄책감에 짓눌려 있구나. 병과 고통이 마땅한 벌이라고 자책하면서…."

그의 말을 듣던 율법학자들과 바리새인들의 표정이 달라졌다.

"하나님을 모독하는 말을 하다니, 하나님 한 분 외에 누가 죄를 용서할 수 있단 말이오?"

한 바리새인의 따지듯 묻는 말에 예수가 되물었다.

"죄를 용서한다는 말과 병을 고쳐 주는 일 중에 어느 것이 더 쉽겠는가?"

그와 그의 동료들은 불쾌한 표정만 지을 뿐 대답하지 않았다. 사람들도 예수가 누구이기에 죄를 사하는 권세를 가진 자처럼 말하는가 하는 얼굴들이었다. 예수가 환자를 보고 말했다.

"이제 일어나 네 침상을 치우고 집으로 돌아가라."

그가 천천히 일어나 앉았다. 무릎을 세우고 일어나는 그의 다리가 후들거렸다. 잠시 동작을 멈췄다. 고개를 들어 예수의 얼굴을 올려다보더니 벌떡 일어섰다. 희열의 눈물이 번지며 환한 얼굴로 그는 하나님을 찬양했다. 감사하다고 연신 고개를 숙이며 돌아갔다.

"예루살렘 본부에서 파견 나온 저들이 돌아가 보고하면 또 한바탕 난리가 나겠군."

안드레가 염려스럽다는 표정으로 말했다.

"선생님이 신성모독을 했다고 난리를 피우겠지." 존도 걱정스럽다는 투로 말했다.

"그런데 친구들의 믿음으로 죄를 용서받고 구원받을 수도 있는 걸까?"

존은 고개를 갸웃하며 옆에 있는 나다나엘을 바라보았다.

"살아 있는 믿음은 누룩처럼 전파하는 영향력이 크겠지. 그가 친구들의 믿음으로 구원받은 것이 아니라 친구들의 믿음이 그를 구원에 이르게 했다는 표현이 더 정확할 거야. 가족 중에 한 사람만이라도 진정한 믿음을 가지면 온 가정이 구원에 이르게 되는 것처럼 말이야."

나다나엘의 대답은 늘 그들의 궁금증을 풀어 주었다. 존은 나다나엘이 기도의 사람인지라 역시 뭔가 다르다고 생각했다.

가버나움 중심가 중앙 네거리에 눈에 띄는 건물이 있었다. 바로 갈릴리 세관 건물이었다. 늘 붐비던 세관 안이 그날은 한산했다.

"오늘은 왜 이렇게 한산하지?"

한 늙수그레한 관원이 땅딸막한 체구의 젊은 관원에게 말했다.

"외지에 나갔다가 돌아온 예수 일행이 오늘 집회를 하고 있는데, 다들 거기 몰려간 것 같습니다."

"마태, 자네도 거기 가고 싶지? 자네가 그 예수 선생한테 관심이 많다는 것을 내가 알지."

"간절한 마음이야 이루 말할 수 없지만 세리인 내 주제에 근처에

나 갈 수 있겠어요?"

당시 유대인 사회에서 세리와 창기는 죄인의 상징이 되었다. 헤롯 안티파스 가문은 로마로부터 세금징수 도급 권한을 따냈고, 세리들은 로마에 상납할 세금 외에 자신들의 몫을 붙여 과도한 세금을 부과했다. 그래서 세리는 동족의 피를 빠는 자들, 함께 상종할 수 없는 사람들로 취급받았다.

"자네도 베드로를 비롯한 그 어부들처럼 제자 삼아 달라고 예수 선생한테 매달려 보지 그래?"

"그분이 받아만 주신다면 새 인생을 한번 살아보고 싶어요. 바랄 수 없는 꿈이겠지만."

마태라고 불린 사나이가 긴 한숨을 쉬며 말했다.

"자네 정말 예수가 받아준다고 하면 당장이라도 여기 직장은 사표를 낼 기세군, 그래?"

"솔직히 세관원 자리에 미련 없습니다. 세리는 정말 구원받을 길이 없을까요? 사실 어젯밤에 하나님께 기도했어요. 내 인생이 불쌍해서 자꾸 눈물이 났거든요."

그들이 대화하고 있을 때 출입문이 열렸다. 두 사람의 시선이 문쪽으로 쏠렸다. 그들은 깜짝 놀랐다. 마태가 자리에서 벌떡 일어섰으나 아무 말도 하지 못하고 멍청하게 서 있었다.

"어떻게 오셨습니까?" 나이 든 세관원이 말했다.

"레위 마태를 보러 왔소이다." 베드로가 나서며 대답했다.

그 말에 서 있던 마태의 눈이 커졌다. 예수가 다가와 그에게 시선을 주며 말했다.

"내가 제자로 삼고 싶은데 따라나서겠느냐?"

마태는 놀라서 한동안 아무 말도 못 하고 있다가 주르륵 눈물을 흘렸다. 그는 앞으로 달려 나와 예수의 발 앞에 무릎을 꿇었다.

"감사합니다! 선생님. 감사합니다!"

예수가 세리 마태를 제자 삼으러 간다고 했을 때 제자들은 놀랐다.

"아니, 세리를 제자로?"

그렇지만 선생님의 결정이니 이의를 제기할 수 없었다. 그때 안드레가 웃으며 다른 제자들에게 말했다.

"셈에 약한 내가 우리 공동체 재정을 맡아 은근히 부담이었는데, 마태는 수리에 밝은 전문가니까 잘됐네."

마태는 예수와 제자들을 자기 집으로 초청하고 큰 잔치를 베풀었다. 세관에서 함께 일한 동료들도 모두 초청했다. 세리를 그만두는 송별식인지 예수 제자 그룹에 드는 신고식인지 분간할 수 없었지만 그 잔치에 함께 참여하기를 원하는 사람은 누구든지 환영했다. 소문을 듣고 바리새파 사람들과 서기관들이 몰려와 예수의 제자들을 향하여 소리를 높였다.

"어찌하여 당신들은 세리들과 죄인들과 어울려서 함께 먹고 마실 수 있단 말이오?"

제자들이 그들의 말을 듣고 일제히 선생님을 쳐다보았다.

"건강한 사람에게는 의사가 필요치 않으나 병든 사람에게는 꼭 필요하다. 나는 의인을 부르러 온 것이 아니라 죄인을 불러 회개시키러 왔느니라."

그는 자신을 죄인의 친구라고 강조했다. 죄인 때문에 세상에 왔다고 했다. 세리를 제자로 삼으며 그는 또다시 자신의 정체성을 분명히 드러내고 있었다.

세례요한의 질문

어두컴컴한 반지하 뇌옥은 사방 2미터의 좁은 방이었다. 하나 있는 창문은 천장과 맞닿은 곳에 한 뼘 높이에 옆으로 1미터쯤 뻗어 있어 창문이랄 수도 없었다. 창문의 굵은 창살 사이로 희미한 빛이 새어들었다. 앞쪽에는 쇠창살이 촘촘한 작은 출입문이 있었고, 그 아래쪽에 배식구가 달려 있었다. 쇠고랑을 찬 죄수가 안에서 창문의 희미한 빛을 향하여 무릎을 꿇고 기도하고 있었다.

밖에서 몇 사람의 발소리가 들리는 듯하더니, 간수가 방망이로 문을 두드리며 출입문 앞에 섰다. 두 사람의 면회객을 데리고 온 간수가 문밖에서 소리쳤다.

"면회다."

"선생님, 저희 왔습니다."

세례요한의 최측근 제자 볼로와 또 한 제자가 면회를 왔다. 그는 벌떡 일어나 발에 채운 쇠사슬을 끌며 문가로 다가왔다. 그의 몰골을 본 두 제자는 눈시울을 적시며 목이 메는 듯했다.

"오, 반갑다! 그래, 내가 알아보라고 한 것은 알아보았느냐?"

"예. 선생님, 지내시는 것은 어떻습니까? 몸은 괜찮습니까?"

"음, 견딜 만하다. 그분은 어떻게 지내고 계시더냐? 뭐라고 답변을 주시더냐?"

"선생님은 그분 이야기가 그렇게 궁금하세요?"

채 인사말도 건네기 전에 예수의 근황부터 묻는 세례요한 선생님이 섭섭하다는 생각이 묻어 있는 제자 볼로의 목소리였다.

세례요한의 제자들은 민중에게 각광을 받았으나 예수가 등장한 이후로는 찾는 발걸음이 현격히 줄었다. 세례요한이 투옥되자 추종자들은 흩어졌으며, 일부는 예수의 제자가 되었다. 핵심 측근 제자들만 세례요한을 떠나지 않고 섬기며, 예수의 행보를 지켜보았다.

"내 남은 생애 유일한 소망은 그분이 하시는 일을 지켜보는 것이다."

볼로는 속에서부터 튀어나오려는 말을 꾹 참았다.

'선생님을 따르던 제자들은 뿔뿔이 흩어졌고 더러는 예수의 추종자가 되어 그를 따라갔습니다. 당신 제자들에 대해서는 걱정도 안 하십니까. 그가 서운하지도 않습니까. 예수에 대한 선생님의 마음은 짝사랑일 뿐입니다. 그는 당신이 투옥되었다는 사실을 알면서도 구명운동이나 어떤 행동도 시도하지 않고 있으며 일언반구도 없습니다. 오히려 예루살렘을 떠나 먼 북쪽 갈릴리로 도망치듯 가버렸습니다.'

볼로는 세례요한 선생님만 불쌍하다는 생각이 들어 소리쳐 주고 싶은 말을 삼키고 눈물을 글썽이며 간단히 대답했다.

"예수 그분은 유월절 어간에 예루살렘과 주변 지역에서 사역했지만, 지금은 갈릴리에서 사역하고 있답니다."

"나의 질문에 대해서는 뭐라고 답변하시더냐?"

볼로와 몇몇 제자들이 지난번에 면회 왔을 때 세례요한은 그들에게 심부름을 보냈다. 예수를 찾아가서 질문을 전달하고 대답을 받아오라는 것이었다.

"선생님이 오실 그분입니까? 그렇지 않으면, 우리가 다른 분을 기다려야 합니까?"

이것이 세례요한의 질문이었다. 그는 감옥에 있으면서 예수가 메시아로서 사역을 시작하면 무엇이 어떻게 달라질까 몹시 기대하며 기다렸다. 그런데 획기적인 일은 일어나지 않았고 아무것도 달라지지 않았다. 정치, 종교 기득권자들은 여전히 제자리에서 악을 행하고 있고, 로마는 꼬떡도 하지 않는데, 예수는 병든 자들을 고쳐주며 하나님 나라만 전파하고 있었다. '그가 그분이 확실한데….'

세례요한은 요단강에서 예수가 나아와 자기에게 세례받던 장면을 떠올렸다. 사람들에게 세례를 베풀고 있을 때 갑자기 온몸에 낯선 기운을 느꼈다. 한 사나이가 세례를 받기 위하여 그에게로 나오는데 이상한 현상이 나타났다. 그의 머리 위에 비둘기 형상의 빛이 내려앉았다. 그 모습을 보고 있을 때 그의 직관이 말했다.

'바로 그분이시다!'

그는 모든 동작을 멈추었다. 가슴이 쿵쾅거리며 흥분되었다. 그 사나이가 천천히 그의 앞에 다가왔다. 그의 깊은 눈에서 형언할 수 없는 광채가 흘러나왔다.

"어찌 제게 세례를 받으려 하십니까, 제가 오히려 세례를 받아야지요."

"이것이 하나님의 의를 이루는 합당한 방식이니라."

세례요한은 그 뜻을 잘 이해할 수 없었지만 순종해야 한다는 생각이 들어 그에게 세례를 베풀었다. 그를 물속에서 다시 일으켜 세우는데 큰 우렛소리와도 같은 하나님의 음성이 들렸다.

"이는 내 사랑하는 아들이요 내 기뻐하는 자라."

그 음성은 그의 안에서 들리는 소리인지 밖에서 들리는 소리인지 잘 구분되지 않았지만 그는 혼비백산했다. '내 사랑하는 아들'이라는 큰 음성은 선지자들이 예언한 '인자'를 일컬음이 아닌가. 그의 직관적인 생각이었다.

예수가 세례를 받고 뒤돌아서 떠나가는 모습이 그의 눈에 들어왔다. 첨벙첨벙 그가 물을 밟고 걸어 나가자 강물이 좌우로 물러나며 비켜서는 것처럼 보였다. 그의 머리 위에 내려앉았던 빛이 하늘로 치솟아 구름을 가르며 하늘길이 열리고 있었다. 1200년 전 여호수아와 이스라엘 백성들이 이 요단강을 건너던 장면이 그의 등에 겹쳐졌다.

'그는 분명 우리가 기다리는 메시아로구나. 바로 이 장소에서 그가 여호수아처럼 고단한 인생들을 이끌고 하늘을 열어 피안의 세계로 건너가려는 거야. 그래서 주께서 나를 바로 이곳으로 불러내셨고.'

세례요한은 자신도 모르게 몇 걸음 그의 뒤를 따라 나가다가 그 자리에 무릎을 꿇었다.

"오, 이스라엘의 전능자시여, 감사합니다. 오랫동안 기다리며 사모하던 분을 오늘 이렇게 볼 수 있게 되었군요. 저의 사명이 그분의 시대가 열리도록 그에게 세례를 베푸는 것이었습니까? 할렐루야,

영광입니다."

"선생님!" 두 제자가 회상에 잠긴 세례요한을 일깨웠다.

"예수 그분은 우리가 보고 들은 것을 선생님에게 전하라고 하면서 성경 한 구절을 인용하였습니다. 눈먼 사람이 다시 보며, 다리 저는 사람이 걷고, 나병 환자가 깨끗해지며 가난한 사람이 복음을 듣는다는 이사야의 글이었습니다."

볼로는 선생님의 반응을 기다렸다. 세례요한은 지그시 눈을 감고 예수가 말했다는 대답의 진의를 생각하고 있었다. 그가 인용한 이사야의 글은 분명 메시아가 와서 하실 일에 대한 것이었다.

이윽고 그가 독백처럼 말했다. '그분의 대답은 그가 메시아임이 분명하다는 말씀이신데… 일하시는 방식은 나의 기대와는 다르구나. 그러나 그가 그분인 것만은 확실한 거야.'

"선생님, 어떻습니까? 궁금증이 풀리셨습니까?"

"메시아로서 그분이 하시는 일을 다 헤아릴 수는 없으나 그가 그분인 것만은 확실한 것 같으니 난 언제 죽어도 여한이 없다. 나는 받은바 사명을 다했으니까 행복하게 죽을 수 있을 것 같다."

"왜 자꾸 죽는단 말씀을 하세요. 기도하고 나와 저희를 이끌어 주셔야지요."

"들어온 지 6개월이 넘었는데, 아무래도 이곳을 나가기가 쉽지 않을 것 같구나."

"선생님, 지금 메시아에 대한 이상한 소문이 떠돌고 있습니다."

"메시아에 대한 소문?"

"예. 성전 양문 밖 베데스다 연못에 천사들이 강림하여 메시아의 오심을 선포할 것이라는 예언이 떠돌고 있답니다. 그래서 많은 사람들이 그곳으로 몰려들고 있답니다."

"길 잃은 영혼들이 의지할 곳을 찾아 방황하는구나."

존은 안드레와 함께 언덕 위에 앉아 있었다. 해가 서산을 넘고 저녁노을이 은은하게 물들어 갔다. 낮에 세례요한의 제자들이 예수를 만나러 왔다. 그와 안드레는 예수의 제자가 되기 전 세례요한의 제자로 그들과 함께했다. 그는 심사가 우울했다. 세례요한 선생님이 감옥에서 고생을 많이 하고 계신다는 안타까운 소식 때문이었다. 둘은 서산에 눈을 둔 채 한동안 말이 없었다. 안드레도 같은 마음인 듯했다. 그가 존에게 말했다.

"우리가 세례요한 선생님을 떠나 예수 선생님의 제자가 된 것이 잘 결정한 일일까?"

"그건 세례요한 선생님이 원하신 일이었잖아. 나는 예수 선생님의 제자가 된 것을 후회하지 않아. 그는 더 큰 그림을 그리고 있는 것 같아."

"나도 후회는 안 해. 다만 한때 우리 선생님이셨고, 늘 따뜻하게 지도해 주셨던 세례요한 선생님의 옥중생활 소식을 듣고 우울해져서 그래. 더군다나 볼로와 다른 제자들 눈길에 우리가 세례요한 선생님의 배신자로 비치는 듯했어."

"그래 나도 느꼈어. 세례요한 선생님이 우리에게 예수 선생님을 따라가라고 했던 사실을 그들은 모르고 있으니까." 존이 말했다.

"그래도 오늘 찾아온 볼로 일행은 예수 선생님 말씀으로 조금은 위로를 받은 듯했어."

　존은 선생님이 세례요한을 '하나님 나라에서 가장 큰 자'라고 칭찬하던 말을 떠올렸다. 안드레가 생각난 듯이 존에게 물었다.

　"낮에 세례요한의 제자들이 떠난 뒤 선생님께서 말씀하신 비유는 무슨 뜻이지? 왜 비유로 말씀하신 거야?"

　"이 세대에 대한 비유를 말하는 거야? '우리가 너희에게 피리를 불어도 너희가 춤추지 않았고, 우리가 애곡을 하여도 너희는 울지 않았다'라는?" 존이 확인 질문을 했다.

　"응, 그래 맞아."

　"그때 그 말씀을 듣고 있던 청중 속에 예루살렘에서 온 감시의 눈들이 섞여 있었잖아. 그래서 비유로 말씀하신 것 아닐까?"

　"그럼, 그 비유는 바리새인들과 정치, 종교 지도자들을 두고 하신 걸까?"

　"정확히는 모르겠지만 나는 그렇게 생각했어. 그들은 세례요한 선생님에 대하여는 메뚜기와 석청만 먹는 금욕주의자라고 비방하고, 예수 선생님에 대해서는 세리, 창기, 죄인들과 어울리는 자, 장로의 유전을 무시하고 금식도 잘 하지 않는 쾌락주의자라 비방하고 있다는 거지. 장례식 놀이와 결혼식 놀이를 하고 있는 아이들 놀이판에서 그들이 전혀 어울리지 못하는 벽창호 같다는 비유인 것 같기도 하고." 존이 대답했다.

　"듣고 보니 그런 것 같다." 안드레가 고개를 끄덕이면서 질문했다. "세례요한 선생님도 예수 선생님이 광야에서 40일 동안 고난과 시험을 받으신 것처럼 고초를 겪고 다시 나오시겠지?"

존과 안드레는 예수가 유대 광야에서 40일 동안 마귀에게 시험받은 사건을 알고 있었다.

광야 시험

유대 광야, 검붉은 빛을 띤 대지에는 커다란 바위 언덕들과 크고 작은 돌들이 가득했고 우기 때 잠깐 자라다가 말라 죽은 누런 풀포기들, 낮게 깔린 엉겅퀴 종류의 덤불뿐이었다. 문명이 비켜 지나간 듯 태고의 정적이 머물고 있는 곳, 오직 바람이 대지 위에 그림을 그리다가 지우고 또다시 그리기를 반복했다. 뜨거운 태양 아래 끝없이 이어진 돌산들은 망망대해 한복판에 떠밀리는 파도를 닮았다.

그때 멀리 지평선에서 구름 같은 회색 덩어리가 일어났다. 그것은 천천히 황량한 벌판 중앙으로 다가왔다. 그 회색 먼지바람 속에서 사람의 형체가 드러났다. 근처 구릉 위에 언제 나타났는지 몇 개의 눈들이 그것을 지켜보았다.

손에 나무 지팡이를 들고 비틀거리며 쓰러질 듯 걷고 있는 사나이의 누런 통 원피스 옷 겉에는 낡은 자주색 스카프가 둘러 있었고, 머리와 어깨와 목에는 흙먼지가 잔뜩 내려앉아 있었다. 형언할 수 없는 깊은 두 눈만 번뜩였다. 그가 무너지듯 주저앉았다. 그를 에워싸던 흙먼지 바람이 잦아들고 드러난 그의 얼굴은 구레나룻 때문인지 언뜻 보기에 50대 중년으로 보였으나 어떻게 보면 그보다 훨씬 젊어 보이기도 했다.

멀지 않은 언덕 위에 그를 지켜보는 눈들에는 안타까움이 가득했다. 수행 천사가 대장 미카엘 천사를 올려다보며 말했다.

"우리가 물이라도 갖다 줘야 하지 않겠어요?"

"안 돼! 매우 안타깝지만 보좌님의 명령이야. 다만 지켜보라고 하셨어."

"하루 이틀도 아니고 거의 40일을 저렇게 아무것도 안 먹고 광야를 헤매고 있으니 너무 걱정됩니다. 저렇게 움직이는 것 자체가 인간이 할 수 있는 극한의 인내심의 발로인데, 그마저 한계치를 넘어가고 있는 것 같아서요."

"그래 보이는군. 그래도 우리가 할 수 있는 일은 그냥 지켜보는 것뿐이야, 아직은."

"그런데 왜 하늘로부터 온 사람이 저런 고생을 사서 하고 있는 건가요?"

"나도 자세히는 몰라. 다만 에덴동산의 첫 사람과 관계있는 일이라고만 알고 있어."

"첫 사람이라면 에덴에서 잘 살다가 어느 날 갑자기 보좌에게 쫓겨난 아담 말인가요?"

그들이 대화하고 있을 때 갑자기 태양 빛이 사라지고 마른하늘에 천둥번개가 요란하게 일어났다. 기진맥진한 그 사나이 앞으로 검은 회오리바람이 몰려오는가 싶더니 아수라 형상으로 변했다.

"그대가 진정 이스라엘이 기다리는 자인가?" 그 형상 속에서 날카로운 소리가 사방을 흔들었다. "위로부터 온 존재라면서 지금 그

꼴이 뭔가?"

그 사나이는 갑작스럽게 등장한 정체 모를 존재에 잔뜩 긴장하는 듯했다. 정신을 똑바로 차리려고 애를 쓰고 있었으며 아무 대꾸도 하지 않았다.

"그대가 보좌의 아들이라면 여기 흩어져 있는 돌들로 빵을 만들어 먹어 보지 그래?"

빵 소리를 듣자 그 사나이는 앞에 굴러다니는 돌들이 정말 빵처럼 보였는지 쳐다보며 침을 삼켰다. 그러다가 스스로 깜짝 놀라며 눈을 감았다. 그런 그의 모습을 지켜보던 회색 형상은 미소를 띠며 위장된 연민을 담아 한껏 부드럽게 속삭였다. 조금만 더 흔들면 곧 넘어올 것을 확신하는 듯 유혹했다. 언덕 위에서 숨죽여 지켜보던 미카엘이 혼잣말처럼 중얼거렸다.

"어디서 들었던 목소리인데? 음성이 낯이 익어."

고개를 갸우뚱하던 그는 갑자기 생각이 났는지 고개를 끄덕이며 말했다.

"에덴동산에서 아담의 여자 하와를 유혹하던 바로 그 목소리로군. 어쩐지 접근하는 화법이 과거 어떤 장면과 유사하다고 느꼈는데…."

미카엘이 그때 일을 회상했다. 그때 저 녀석은 여자의 마음속에 먼저 의심을 불러일으켰다. 정말로 보좌님이 동산 모든 나무의 열매를 먹지 말라고 말씀하셨느냐고 반문했다. '먹지도 말고 만지지도 말라.' 했다고 여자가 대답했다. 그는 계속 끈질기게 유혹했다.

"보좌님이 너희를 얼마나 사랑하시는데 열매 하나 따 먹었다고

146

죽게 놔두겠어? 조금 야단맞을지는 몰라도 결코 죽지는 않을 거야. 오히려 그 열매를 먹으면 눈이 밝아지고 보좌님처럼 지혜롭게 될 걸. 그러니까 그 귀한 열매를 보좌님이 특별히 아껴서 너희에게 못 먹게 하시는 거라고."

그 말을 듣고 하와는 마치 최면에 걸린 듯 입맛을 다시며 그 열매를 손으로 쓰다듬었다. 그녀는 더 이상 참지 못하고 열매 하나를 툭 따 버렸다. 스스로 깜짝 놀라며 당황해하는 그녀에게 저 녀석은 한술 더 떠서 간사한 핑계를 가르쳐 줬다.

"걱정할 것 없어. 하나 더 따서 네 남자에게 주어 함께 먹고, 보좌님에게는 몰랐다고 해. 아담에게 얼핏 듣기는 했지만 너는 자세한 내용은 몰랐노라고 딱 잡아떼는 거야. 그럼 아무 일도 없을 거야."

"아담이 나한테 화를 내면서 이 열매를 안 먹는다고 하면 어떡해요?"

하와가 불안해하며 그에게 물었다.

"그렇지 않을 거야. 아담이 너를 얼마나 좋아하는지 알잖아. 그리고 기왕 딴 열매인데 아까워서라도 함께 먹을걸. 참 맛있어 보이잖아."

그때 미카엘은 보좌님을 모시고 있으면서 그 광경을 지켜보고 있었다.

"내려가서 죄를 범하지 않도록 막아야 하지 않을까요?"

미카엘이 보좌님께 묻자 그분은 몹시 안타까운 표정으로 말씀하셨다.

"더 지켜보자. 난 이미 아담에게 충분히 설명했고 선악과나무로 상호계약도 맺었거든."

아담은 사랑하는 그의 여자가 양손에 과일 하나씩을 들고 나타나자 반색했다.

"어디 갔다 오는 거야?"

여자가 빙그레 미소 지으며 말없이 과일 하나를 남자에게 내밀었다.

"야, 참 먹음직스럽게 생겼네. 어디서 따 왔어?" 아담이 과일을 받아들며 말했다.

"동산 중앙에 있는 선악과나무." 하와가 빠르게 말했다.

"뭐?" 아담은 깜짝 놀라 받아든 과일을 땅에 떨어뜨릴 뻔했다. 그가 소리를 질렀다. "그 나무 열매는 보좌님께서 절대 따 먹지 말라고 하셨잖아."

하와가 겁먹은 표정을 지었다. "내가 잘못한 거야?" 기어들어가는 목소리로 그에게 말했다. "검은 큰 천사가 그러는데 괜찮을 거래. 맛도 좋고 보좌님처럼 지혜롭게 되는 열매래. 보좌님께서 당신을 사랑하시니까 용서해 주실 거야."

아담은 두려운 마음 때문에 크게 화를 냈다. 사랑하는 자기 여인의 주눅 든 모습이 안쓰러워 더 이상 몰아세우지 못하고 긴 한숨을 쉬었다. 그의 마음 한구석에 어쩌면 그 말이 맞을지도 모른다는 생각이 살짝 고개를 들었다.

"그의 말이 맞을지도 모르지. 정말 탐스럽고 먹음직스럽게 생겼군."

아담은 그 선악과가 창조주인 보좌님의 절대주권을 상징하는 법임을 알고 있었다. 에덴에서 누리는 풍성함과 모든 피조물을 통치하는 특권은 그 법 아래 제한된다는 사실도 분명히 알고 있었다. 그러나 때때로 그의 내면 깊은 곳에 반항심이 일어났다. 보좌님이 에덴동산의 모든 것을 이미 자신에게 위임했으니 마음대로 해도 되는 것 아닌가 하고 생각했다. 어쩌면 하와가 자기 생각을 읽고 행동했는지도 모른다.

아담은 지극한 보좌님의 총애와 그분이 주신 여자를 핑계로 은근슬쩍 넘지 말아야 할 선을 넘고 말았다. 결국 부부는 에덴동산에서 쫓겨났다. 그로부터 죽음과 고통과 모든 불행이 온 세상에 물감처럼 번지고 말았다.

미카엘은 에덴동산에서 쫓겨나면서 하와가 울며 소리치던 말을 기억했다. 욕심으로 인한 자신의 불순종은 생각지 않고 오히려 보좌님을 탓하며 원망했다.

"왜, 보좌님께서는 선악과를 만들어 놓고 우리를 죄에 빠지게 하신 거야. 아예 만드시지 않았으면 우리가 죄도 짓지 않았을 것 아냐."

수행 천사가 미카엘에게 물었다.

"에덴동산의 그 선악과나무 열매는 어떤 특별한 효험이 있는 나무였나요?"

"아니, 그냥 보통 나무였어. 평범한 열매였고."

"네? 그냥 평범했다고요?"

"그렇지. 나무와 그 열매 자체는 평범했으나 보좌님께서 아담에게 말씀하셨기에 그것은 특별한 의미가 있는 나무가 된 거야."

"무슨 말씀인지 모르겠어요."

"선악과가 특별한 것이 아니라 그것을 두고 보좌님이 말씀하신 것이 중요했다는 거야. 그분께서 아담을 모든 피조물과 세상의 왕으로 임명하고, 모든 통치 권한을 위임하면서 말씀하셨거든. '네가 나의 세상 창조 의도와 원리를 깨우쳤으니 내 뜻을 지침 삼아 잘 다스려야 한다. 다만 한 가지 네가 세상의 왕이지만 진짜 주인은 나 창조주라는 사실만큼은 잊어서는 안 된다. 꼭 명심해야 해. 알겠지?' 하고 말이야."

"그렇다면 선악과 문제는 일회성 사건이라기보다는 보좌님 주권에 대한 인정과 아담 자신의 위임받은 통치권의 한계를 인식하는 것이었군요?"

"그렇지. 보좌님은 이것을 아담에게 자세히 설명하고 여러 번 다짐을 받으셨지. 하와에게도 잘 가르쳐 주라고 말이야. 그때 아담은 창조주 보좌님께서 세상의 주인이요 진짜 왕인 것을 절대 잊지 않겠노라고 약속했어. 그러자 그분은 아담과 하와가 그 사실을 잘 기억할 수 있도록 가시적인 표식으로 안전장치를 만들어 주셨지."

"아담아. 저 동산 중앙에 선악과나무 보이지? 저 나무 열매는 먹지 말고 그대로 놔두어라. 네가 나를 주인으로 인정하고 있다는 사실을 그 열매를 보며 내가 알 수 있도록 말이야. 네가 나를 창조주로 인정하여 순종으로 나의 다스림 안에 있을 때만 너는 행복을 누릴 수 있는 거야. 불순종으로 나와 관계가 끊어지면 너는 누리던 것을 잃게 되는 거야. 어려운 주문은 아니지?"

"아하! 선악과나무에 그런 뜻이 있었군요. 그 나무는 함정이 아니라 인간들을 위한 보좌님의 자상한 교육적 배려였군요."

수행 천사가 알겠다는 듯 고개를 끄덕였다.

"그렇지. 선악과는 보좌님과 아담 사이에 맺어진 공식적인 시청각 계약서인 셈이었어. 아담에게 안전장치로 주신 선물 같은 거야."

회색 형상 앞에서 다 죽어가던 사나이가 갑자기 소리를 지르는 바람에 미카엘과 수행 천사는 대화를 멈추고 그 사나이와 회색 형상의 유혹자 쪽으로 시선을 돌렸다.

"사람은 빵만으로 사는 것이 아니야!"

"40일을 굶고도 아직 버틸 만한가 보네? 만일 네가 보좌님의 아들이라면 돌로 빵을 만들어 입증해 보라고."

미카엘의 눈에 오래전 에덴동산에 있던 아담과 지금 눈앞의 사나이가 자꾸만 오버랩되고 있었다. 어렴풋하게 느꼈던 보좌님의 의도가 분명하게 이해되는 듯 고개를 끄덕였다.

"위로부터 난 존재가 저토록 고통과 악조건 속에서 시험당하고 있는 이유를 알 것 같다."

"보좌님의 의도를 아시겠어요?"

옆에서 그 모습을 지켜보던 수행 천사가 그에게 물었다.

"저분을 통해 아담의 실패를 회복하게 하시려는 거야. 그가 이 시험에서 승리한다면 아담의 저주는 그 흐름이 제방에 막히듯 멈출 것이고 새로운 흐름이 시작되겠지."

"그런데 회색 유혹자가 돌로 빵을 만들라고 유혹하는 의도는 뭘까요?"

"먹는 문제는 죽고 사는 생명이 걸린 중요한 일이지. 그래서 녀석은 앞뒤에 함정을 파 놓고 저분을 진퇴양난에 빠지게 하려는 거지. 양수겸장의 묘수이기도 하고."

"예? 무슨 말씀인지?"

"돌로 빵을 만들지 못하면 사람들이 그가 메시아가 아니라고 할 것이고, 돌로 빵을 만들면 자신의 정체성을 보좌님의 인정만으로 부족하다는 것을 드러내는 결과를 낳기 때문에 그분께 실망을 안겨 드려 메시아로서 자격을 상실하게 되는 거지. 양쪽 다 그의 메시아 됨을 무너뜨리려는 의도가 숨겨져 있는 거야."

"뭔가 알 것 같기도 한데 잘 모르겠어요."

수행 천사가 고개를 갸우뚱거리며 말했다.

"보좌님이 하시는 일은 사람의 증거를 받을 필요가 없는데, 그것을 깨닫지 못하면 그분의 절대주권에 대한 고백의 진정성이 사라지는 거야."

"그럼, 저 사나이가 지금 어떻게 해야 시험을 이길 수 있을까요?"

"글쎄, 쉽지 않아. 더구나 지금은 너무 기진맥진한 상태라 생각이나 제대로 할 수 있을지 염려가 되는군."

"아, 그가 뭐라고 하는 것 같은데요?"

사나이는 눈을 감고 암송하듯이 대답하고 있었다.

"성경은 '사람이 빵으로만 사는 것이 아니라 그분의 입에서 나오는 말씀으로 살리라'라고 했다."

"그가 구약 성경의 〈신명기〉 말씀을 인용하는 것 같은데요?"

수행 천사가 대장을 바라보며 말했다.

"하하하! 정말 묘수로구나. 정말 현명한 대답이야. 돌로 빵을 만들든지 안 만들든지 그것이 중요하지 않고, 보좌님의 뜻이 어디에 있는지가 중요하다는 말씀이로군."

유혹자는 허를 찔렸다고 느꼈는지 잔뜩 화가 나서 바람으로 주변 돌들을 공중에 띄워 그것들을 사방에 확 뿌리고는 사라졌다.

"시험이 끝난 건가요, 대장님?"

"유혹자는 그렇게 쉽게 포기할 녀석이 아니지. 반드시 다시 나타날 거야."

얼마 후 땅이 흔들리며 하늘이 말려 올라가는 듯했다. 지형이 바뀌면서 땅에서 커다란 건물이 솟아났다. 바로 예루살렘 성전이었다. 유혹자가 바람처럼 날아오더니 기진하여 엎드려 있는 사나이의 손을 잡고 성전 꼭대기로 끌고 올라갔다. 미카엘과 수행 천사도 성전 꼭대기가 잘 보이는 곳으로 자리를 옮겼다. 사나이는 전혀 반항하지 않고 유혹자가 이끄는 대로 따라갔다.

"그대가 보좌님의 아들이라면 여기에서 뛰어내려 보아라."

유혹자의 요구에 사나이는 잠자코 주위를 둘러보았다. 낯익은 성전 건물을 보며 조금은 마음에 평안을 느끼는 듯했다. 그가 하늘을 응시했다. 솟아오르는 태양의 입김으로 하늘이 붉게 물들고 있었다. 다시 유혹자의 음성이 이어졌다.

"네가 '그'라면 뛰어내려도 천사들이 너를 떠받쳐서 네 몸이 전혀 상하지 않을 거야."

사나이가 아래를 내려다보았다. 아스라한 높이에 현기증이 나는지 멈칫했다. 성전 밖 길에 삼삼오오 사람들이 서성이며 희생제 시간을 알리는 뿔나팔 소리를 기다리는 듯했다. 미카엘은 성전 꼭대기에서 벌어지고 있는 장면을 보면서 혼자 생각했다. 그가 한순간에 자기의 정체성을 드러낼 좋은 기회일지도 모른다. 미카엘과 수행 천사의 대화가 이어졌다.

"저 녀석은 인간들이 신기한 표적을 무척 좋아한다는 사실을 간파하고 있는 거야. 그래서 메시아에게 쉬운 길을 택하라며 유혹하고 있는 거로군."

"그가 신비한 능력으로 기적을 행하면 문제가 되나요?"

"위로부터 난 거룩한 존재에게 신비한 표적은 당연히 따르는 것이지. 다만 그것은 그가 친히 필요에 따라 나타내는 것이지, 사람들의 요구를 만족시키는 차원은 아닌 거야. 인간들은 표적 자체를 신앙으로 삼으려 하지. 때를 가리지 아니하고 신비한 능력을 추구하며 그것만이 보좌님의 인정하심이라고 착각하곤 해. 그러면서 그들은 점점 더 강한 표적을 구하며 스스로 영적 아편에 중독되는 거야."

"그러면 보좌님이 인간들에게 원하시는 것은 뭐지요?"

"그분이 어떠한 분인지 알고 그분과 친밀함을 가지는 것, 인격적인 교제 그 자체만으로 만족하며 기뻐하는 신앙을 원하시는 거야."

그때 사나이가 외치는 소리가 들렸다.

"주, 너의 하나님을 시험치 말라!"

그는 다시 성경 구절로 사탄을 대적하고 있었다. 기진한 상태이지만 시간이 지남에 따라 점점 자신의 정체성에 대한 확신으로 정신적 안정을 찾아가고 있음이 분명했다. 수행 천사가 대장에게 다시 물었다.

"하나님을 시험한다는 말이 뜻하는 바는 무엇입니까?"

"간단히 말하면 인간적 호기심 충족이나 자기자랑, 자기만족을 위해 요행을 추구하고, 자기 자신을 위해 하나님을 이용하는 행위라고 할 수 있지."

천사들이 이야기를 나누는 동안 번개가 치고 하늘이 어두워지며 땅이 다시 움직이기 시작했다. 요동치던 땅들이 한곳에 쌓이더니 높은 산을 만들어냈다. 저 멀리서 사탄이 그를 끌고 다시 산으로 올라가는 모습이 눈에 들어왔다. 그들도 움직여 꼭대기가 잘 보이는 산의 팔부 능선쯤에 있는 큰 바위 뒤로 몸을 감췄다.

"그런데, 대장님, 저분은 왜 매번 사탄에게 질질 끌려 다니나요?"

"이 시험을 보좌님이 유혹자에게 허락한 것을 알기 때문에 온 힘과 정신을 모아서 시험에 응하고 있는 거야."

"아, 그럼 그가 불가항력적으로 유혹자의 포로가 된 것은 아니로군요."

"그렇지. 그는 유혹자의 주도에 이끌리는 것이 보좌님께 순종하는 것임을 알고 그것을 받아들여 완전한 순종을 보이고 있는 거야."

음침한 기운이 서린 커다란 웃음소리가 메아리를 만들면서 유혹자의 음성이 들렸다.

"하하하, 아래를 내려다보아라. 세상 만국의 영화가 한눈에 보이지 않느냐?"

미카엘이 얼른 고개를 돌려 산 아래를 내려다보았다. 자욱한 구름을 뚫고 영롱한 빛줄기가 찬란하게 쏟아져 내리고 있었다. 그 밑에는 화려한 궁전과 높다란 바벨탑 같은 건물들이 보였다. 도로들이 쭉쭉 뻗어 있었고 도시의 화려한 색채와 오색찬란한 빛들이 번쩍였다. 로마의 웅장함과 헬라의 고풍스러움, 이집트의 화려함이 더해져 부와 명예와 존귀와 쾌락, 모든 누림을 포함하고 있는 세상 영광의 결정체였다. 그 모든 누림을 한 손에 쥘 수 있다면 영혼이라도 팔 수 있을 만큼 매혹적이었다.

"나에게 엎드려 절하면 이 모든 것을 네게 주겠다."

산 위의 광경을 지켜보던 수행 천사가 미카엘을 돌아보며 아는 체를 했다.

"저건 창조주 보좌님의 소유권에 대한 침해요, 월권적 발언 아닌가요?"

"왜 아니겠어. 너도 이제 안목이 생겼구나. 이번 시험은 앞의 두 번의 시험과는 차원이 다른 것 같구나. 육체적인 문제나 정신적인 문제를 넘어 받은바 사명 완수에 대한 전략적 차원의 문제거든."

"그럼, 이번만큼은 저분도 꽤 고민이 크겠는데요?"

"아마 그럴 것 같다. 인간들은 죄와 탐욕과 악함으로 불행한 삶의 무게와 허무한 실존으로 허덕이고 있다. 그들을 구원으로 인도하기 위해서라면, 가지고 있는 힘과 통치 권력을 적극 활용하는 것이 보다 효율적이지 않겠느냐는 유혹이니까 흔들릴 만도 하지. 저분의 가장 큰 약점은 인간들에 대한 연민으로 그들을 위해서라면 그 어떤 고난도 감수하려 한다는 것이지."

산꼭대기에서 사나이가 사력을 다해 외치는 소리가 들렸다.

"사탄아, 물러가라. '주 너의 하나님께 경배하고 그분만을 섬기라' 하였느니라."

그는 이번에도 오직 성경 구절로 시험에 맞서고 있었다. 미카엘이 눈물을 글썽이며 혼잣말을 했다. 아담은 쉽게 무너지고 말았는데 저분은 악조건 속에서도 해냈구나. 보좌님이 얼마나 기뻐하실까. 이제 불쌍한 인간들에게 회복의 기회가 열리게 되겠구나!"

사탄이 떠나가자 주변의 모든 경관이 본래의 모습인 광야로 돌아왔다.

"대장님, 이제 사탄의 시험이 다 끝난 것일까요?"

"광야 시험은 이제 끝난 것 같다. 그러나 사탄은 잠시 물러갈 뿐 언제 다시 불청객으로 나타날지 모른다. 아직 사탄이 멸망할 때가 아니거든."

미카엘이 쓰러져 있는 그를 향해 달려가자 수행 천사가 뒤를 따랐다.

두 번째 유월절

베데스다 연못 사건

예수가 공생에 첫 번째 유월절에 예루살렘 성전 청결 사건으로 대중 앞에 자신을 드러낸 후 갈릴리에서 본격적인 사역을 시작했다. 그리고 두 번째 유월절을 맞았다. 예수와 제자들은 예루살렘을 향하여 출발했다. 베드로가 야고보와 마태를 보며 말했다.

"첫 번째 유월절에 선생님이 예루살렘에서 톱뉴스의 주인공으로 뜨셨는데 그때 그대들은 거기 없었지? 그 사건 이후 예루살렘에서 몇 개월 지낼 때 세례요한이 투옥되자 사마리아를 거쳐 갈릴리로 내려와 지낸 지 벌써 4개월이 되었어."

제자들은 지난 유월절에 예루살렘으로 가던 때와 마음가짐이 사뭇 달랐다. 그때는 선생님이 세상에 알려지기 전이었고 자신들도 전임사역 제자는 아니었다. 뒤따르던 안드레가 빌립에게 말했다.

"빌립, 난 벌써 긴장이 된다. 넌 안 그래?"

"나도 그래. 이번에는 또 어떤 일이 우리를 기다리고 있을지. 예루살렘 본부에서 파견 나온 종교 지도자들과 갈등도 만만치 않았는데 본부 지도자들은 더하겠지."

"분명, 그냥 지나가지 않을 거야."

옆에서 이들의 말을 듣고 있던 야고보가 끼어들었다.

"그냥 지나가지 않으면 어쩔 건데? 죽기밖에 더 하겠어? 죽으면 죽는 거지 뭐."

그때 야고보는 자기 죽음을 예견했을까? 훗날 그는 열두 제자 중 첫 순교자가 된다. 베드로가 그들을 돌아보며 목소리를 잔뜩 낮추고 말했다.

"어쩌면 이번이 기회일 수도 있어. 지난번에는 선생님이 예루살렘 성전을 뒤엎었지만 이번에는 로마 제국을 뒤엎을지도 모르잖아."

제자들의 눈이 휘둥그레졌다.

"와. 그럴 수도 있겠다. 내가 친구한테 들었는데 무슨 일이 터지면 열심당원들이 우리와 합세하려고 암암리에 준비하고 있다고 하더라고." 존이 말했다. "분명한 이유는 알 수 없지만 어느 유월절보다도 많은 사람들이 예루살렘 근처에 모여들고 있다는 거야."

갈릴리를 떠난 예수 일행은 어느덧 여리고에 도착했다. 해는 이미 기울었다. 그들은 거기서 묵고 다음 날 일찍 예루살렘을 향해 떠나기로 했다.

여명이 밝아오자 그들은 다시 길을 떠났다. 올리브 산을 끼고 돌자 멀리 예루살렘이 시야에 들어왔다. 성의 북동쪽 기드론 골짜기를 지날 때 베데스다 근처에 수많은 사람들이 모여 있는 것이 보였다. 이유를 알 수 없는 긴장감으로 존은 자기 심장 뛰는 소리가 들리는 듯했다.

"저기는 베데스다 못이 있는 곳인데 오늘따라 유난히 사람이 많은데요? 안식일이라서 그런가?"

안드레의 말을 들은 나다나엘이 설명을 덧붙였다.

"베데스다 못은 원래 두 개의 작은 쌍둥이 연못이 있었던 곳이지. 그중 하나는 성전 희생 제물로 드릴 양을 깨끗이 씻는 곳이었는데, 약 200년 전 시몬 대제사장 때 성전에 물을 공급하기 위한 목적으로 정비했다고 하더군."

"역시 나다나엘은 유식해."

베드로가 그를 보고 엄지손가락을 세우면서 말했다.

베데스다는 길이가 약 100미터, 넓이가 약 70미터, 깊이가 9미터쯤 되는 큰 저수지였다. 두 저수지 사이에는 폭 6미터의 분리 벽이 있고 가장자리와 중앙에 다섯 개의 행각이 있었다. 못의 물은 병을 치료하는 효과가 있다고 해서 환자들이 늘 모여드는 장소이기도 했다. 천사가 가끔 못에 내려와 물을 움직이게 하는데 그때 먼저 들어가는 자는 어떤 병에 걸렸든지 낫게 된다는 전설 때문에 수많은 병자들이 행각 주위에 누워 대기했다. 이번에는 천사들과 메시아 강림 소문까지 더해져 일대가 발 디딜 틈도 없었다.

예수 일행이 베데스다 못 가까이 이르렀을 때 주위의 사람들이 그들을 알아보고 몰려들기 시작했다. 사람들 때문에 더 이상 지나

160

쳐 갈 수 없게 되자 예수는 성전으로 가는 발걸음을 잠시 멈추고 거기서 하나님 나라를 선포했다.

뼈만 앙상한 한 중년 남자가 행각에 누워 신음했다. 벗은 상체는 뼈만 앙상했고 움푹 들어간 눈까지 내려온 헝클어진 머리카락과 깎지 않은 수염이 얼굴을 덮었다. 그 애처로운 모습을 보고 예수가 가까이 다가갔다. 남자는 죽음의 그림자가 짙게 드리운 눈꺼풀을 가늘게 뜨고 앞에 서 있는 예수를 올려다보았다.

"네가 낫고자 하느냐?"

"천사님이시여, 저를 불쌍히 여겨 주십시오."

해를 등지고 서 있는 예수가 그의 눈에 천사처럼 보인 듯했다.

"곧 연못물이 움직인다는 소문을 들었는데 저를 못에 넣어 줄 사람이 없어 혼자 애만 태우고 있습니다."

엠마오 근교 산골에 살던 그는 병 때문에 38년 동안이나 제대로 움직일 수 없는 몸이었다. 가족들도 손을 들었고 그를 버리다시피 했다. 그를 불쌍히 여긴 주위 사람들이 유월절 예루살렘에 올라오면서 그를 베데스다 못가에 두고 갔다. 그는 가능성 없는 소망을 붙들고 하늘만 바라보았다. 자신의 힘으로 단 한 발자국도 움직일 수 없는 병자, 희망 없이 무기력한 38년 인생이었다.

측은지심으로 예수의 눈에 눈물이 맺혔다. 그가 병자에게 선포했다.

"일어나라! 네 자리를 들고 걸어가라."

남자가 흐릿한 눈으로 예수를 바라보더니 천천히 일어나 앉았다. 그는 스스로 놀라면서 엎드려 두 팔을 땅에 짚었다. 다리에 힘이 주어지는지 확인하고 무릎을 세워 비틀거리며 일어섰다. 창백했던 얼굴에 화색이 돌았다. 헝클어진 머리 사이로 초점을 잃고 텅 비었던 눈동자가 희열로 물들기 시작했다. 두세 발자국 걸어 보고 제자리에서 한 바퀴 빙글 돌았다. 도무지 믿기지 않는다는 표정으로 어찌할 줄 몰라 하더니 예수의 발 앞에 무릎을 꿇었다.

"할렐루야! 천사님, 감사합니다!"

그는 일어날 줄 몰랐다. 두 어깨가 흔들리며 오열했다. 이를 지켜보던 사람들이 손뼉을 치며 함성을 질렀다. 남자는 자기 자리를 들고 일어나 양의 문 쪽으로 천천히 걸어서 떠나갔다. 그의 뒷모습이 보이지 않을 때까지 박수 소리가 그치지 않았다.

남자가 양의 문을 지날 때 마침 성안에서 양문으로 나오던 바리새와 유대인 몇 사람을 만났다. 그때 그들 중 한 바리새인이 남자를 불러 세웠다.

"오늘은 안식일인데 자리를 들고 가다니, 그것이 안식일을 범하는 일인 줄 모르는가?"

"오랫동안 걷지도 못한 나를 고쳐준 이가 자리를 들고 집으로 가라고 했습니다."

"그 사람이 누구인가?"

"나도 잘 모릅니다. 베데스다 행각에 누워 다 죽어가는 나에게 그분이 새 인생을 준 것은 확실하지요."

그들은 남자가 말하는 사람이 누구인지 짐작했다.

살의

　돌담에 둘러싸인 헤롯 궁전이 예루살렘 성벽 안 서쪽에 넓게 자리를 차지하며 성처럼 위용을 자랑했다. 거기서 멀지 않은 남쪽에 웅장한 저택 둘이 눈에 띄었다. 헤롯 궁과 비슷한 분위기를 자아내고 있는 전직 대제사장 안나스의 집과 그의 사위인 현직 대제사장 가야바의 집이 마주했다. 안나스는 대제사장직을 사위인 가야바에게 물려주었지만 실질적인 권한은 아직 그의 손에 있었다.

　가야바의 저택 응접실에 제사장들과 서기관들, 바리새파 율법학자들이 연석회의를 하고 있었다. 대제사장 가야바가 상석에 앉은 전직 대제사장이며 장인인 안나스에게 가볍게 목례를 하고 좌중을 둘러보며 말했다.

　"대중을 선동하던 세례요한은 투옥되어 문제가 일단락되었는데 이제는 예수라는 자가 나타나 우리 종교 지도자들을 비난하고 다닌다지요?"

　안나스의 의중을 읽고 신임 대제사장 가야바를 적극 지지하고 있는 한 원로 제사장이 안나스를 바라보며 말했다. 그는 안나스의 신임을 얻으려 애쓰고 있는 사람이었다.

　"그렇습니다. 메시아에 관한 일곱 표적 예언으로 현혹하며 민중을 선동합니다."

　안나스가 호기심을 드러냈다.

　"일곱 표적 예언?"

　"메시아가 올 때 일곱 가지 표적이 함께 나타난다는 예언입니다.

전무후무한 거대한 성전이 건축되고, 엘리야 선지자가 불수레를 타고 강림하며, 천사들이 베데스다에 내려와 연못 물을 말린다는 것이죠. 나머지 네 가지 예언은 아직 알려지지 않고 있습니다."

"그럼 민중은 그 세 가지 표적이 일어났다고 보는 거요?"

"그게 좀 애매합니다. 전무후무한 성전 건축 이야기는 지금 헤롯의 후원으로 진행 중인 성전 재건축으로 보는 견해와 전혀 차원이 다른 성전 건축이라는 견해가 엇갈리고 있습니다. 다시 오리라 예언된 엘리야 선지자에 대해서는 세례요한을 통해 이미 성취되었다고 믿는 사람들과 힘없이 붙잡혀 투옥된 세례요한은 아닐 것이라고 보는 견해가 엇갈립니다. 세례요한의 추종자들 중에는 때가 되면 그가 불수레를 타고 승천할 것이라 한답니다."

"헤롯 안티파스를 부추겨서 세례요한 체포에는 성공했는데 아무래도 더 밀어붙여야 하지 않을까요?"

원로 제사장 한 사람이 안나스의 눈치를 살피며 말했다. 그러자 가야바가 이전 회의에서 차도살인지계의 묘책을 내놓았던 서기관을 바라보며 또 무슨 묘책이 없는지 물었다.

"헤롯 안티파스가 세례요한을 투옥한 후 해를 입을까 매우 두려워한다고 들었습니다. 그를 더 압박하기는 어려울 것 같으니 이번에는 헤로디아를 흔드는 편이 좋을 듯합니다. 상처받은 여자의 자존심이 큰 힘을 발휘할 수 있으니까요."

"그럴 듯한 이야기이니 구체적인 방안을 마련해 더욱 밀어붙여 보도록 합시다."

가야바가 다음 안건을 꺼내려고 하자 안나스가 궁금하다는 듯 물었다.

"일곱 표적 이야기를 계속해 보시오. 베데스다에 천사들이 강림 했소?"

"그 예언 표적도 불확실하다고 합니다. 아직도 베데스다 연못가에는 병자들과 천사들을 보려는 사람들이 장사진을 이루고 있습니다. 그런데 문제의 예수라는 자와 추종자들이 얼마 전 그곳에 나타나 38년 된 병자를 고쳤다는데, 그 사건을 예언의 성취라고 떠드는 사람들이 있다고 합니다."

그때 한 서기관이 나서며 말했다.

"그가 베데스다에서 병자를 고친 것은 사실 같습니다. 바리새 친구들이 그에게 치료받았다는 사람을 직접 만나 대화를 나눴다고 했습니다. 그렇지요?"

서기관이 시선을 돌려 동석하고 있는 바리새파 사람들 쪽을 바라보았다. 그러자 한 바리새인이 나서며 말했다.

"그렇습니다. 우리 바리새파 사람들이 그 사람을 양문 앞에서 만났다고 합니다. 안식일에 병자를 고치며 율법을 범한 것이 분명합니다. 의도적으로 안식일에 병자를 고치면서 우리 종교 지도자들에게 정면 도전하고 나선 것이라 생각됩니다."

서기관과 율법학자의 말을 듣고 여기저기서 성토하는 목소리가 이어졌다.

"예수는 안식일 율법을 파괴하고 있소. 그뿐만 아니라 우리 측 사람들이 그를 만났을 때 참람한 말을 했다고 합니다."

"참람한 말이라니요?"

"그렇소이다. 랍비들의 교육 장소인 스토아 회랑 근처에서 그를 만났는데 반성은커녕 너무도 당당하게, '내 아버지께서 이제까지 일하고 계시니, 나도 일한다'라고 했다는 것이오."

"뭐? 하나님을 자기 아버지라 칭했단 말인가?"

"예. 자신이 하나님과 동등한 위치라고 주장한다는군요."

"또 한 사건을 저도 들었는데, 그의 제자들이 안식일에 밀밭 사이로 지나가며 지름길을 만든답시고 이삭을 베어 넘어뜨렸고 손으로 비벼서 먹기까지 했답니다. 이것은 분명한 추수 행위이며 안식일을 범한 것입니다. 안식일법 위반을 지적하는 우리 측 사람들에게 그는 자기가 안식일의 주인이라고 하며 말도 안 되는 주장을 했답니다."

"그뿐만이 아닙니다. 갈릴리에 파견 나가 조사한 사람들에 의하면 그가 죄를 사하는 권세를 가졌다고도 했답니다. 얼마나 참람한 일인지 모르겠습니다."

"예수와 그의 추종자들을 더 두고 볼 수 없을 것 같소이다."

"그렇습니다. 그는 신성모독 죄인입니다. 제거해야 합니다."

"그러면 어떻게 처리하는 것이 좋겠소?"

대제사장이 사람들에게 대책을 물었다.

"조용히 처리하기에는 그의 지지기반이 너무 커진 것 같아 쉽지 않을 것 같습니다."

"먼저 민중을 그에게서 떼어 내야 하지 않겠소이까?"

"율법과 로마법에 저촉되는 부분을 낱낱이 밝혀서 그를 공개적으로 처단하는 것이 어떻겠습니까?"

166

이 일의 준비를 은밀하게 도모하기 위해 그들은 각 파 대표들로 팀을 구성하기로 결의했다. 구체적인 진행은 바리새파 사무장 아몬과 사두개의 엘리살, 제사장 자독이 협의하여 추진하도록 위임했다.

아몬은 예수의 언행을 이해할 수 없었다. 회의가 진행되는 동안 혼자 생각에 골몰했다. 그가 존경하는 니고데모 어르신은 예수에 대하여 이야기할 때 현명하고 영성이 깊은 훌륭한 랍비라고 했다. 그런데 예상 외로 그의 언행이 많은 문제를 불러일으켰다.

그는 지난 유월절 예루살렘 성전에 나타나 성전 청결 사건을 터트리며 자신이 성전의 주인이라고 주장했다. 이번 유월절에는 일부러 안식일에 병자를 고치며 자기가 안식일의 주인이라고 주장했다. 아몬은 종교 지도자들이 참기 어려운 문제를 예수가 계속 터트리는 이유가 무엇일까 생각했다. 그는 하나님을 아버지라고 칭하고 자신이 죄를 사하는 권세를 가지고 있다는 등 신성모독적인 발언을 서슴지 않음으로 쓸데없는 어려움을 자초하고 있다. 그 결과를 예측하지 못할 정도로 생각이 모자라는 사람일까 아니면 정말 메시아라도 된다는 말인가.

가야바의 저택을 나서며 아몬은 자독, 엘리살과 더불어 향후 계획을 논의했다. 일단 정확한 정보 수집을 위해 예수에게 사람을 붙이기로 했다. 현재는 그가 예루살렘에 머물고 있는 것으로 알고 있는데 언제 어디로 갈지 그 행적을 파악하고 공회에 넘길 자료를 낱낱이 조사키로 했다.

"각 파 대표단들의 명단이 확정되면 팀을 나누어서 임무를 맡도록 하는 것이 어떻겠나?"

세례요한 처리 문제는 헤로디아에게 쉽게 접근 가능한 인물의 명단을 먼저 파악해 보기로 하고, 예수 처리 문제는 그를 지근거리에서 따라붙는 팀과 예상 동선을 미리 파악하여 미리 대책을 세우고 기다리는 팀으로 나누자는 엘리살 서기관의 말에 모두 동의했다. 이어서 아몬이 말했다.

"예수 일당이 예루살렘 밖에서는 갈릴리 가버나움을 중심으로 움직인다지? 거기 바리새 사람 시몬을 내가 잘 알고 있는데 그를 만나 현장에 맞는 전략을 함께 세워 보도록 하는 것도 좋을 것 같군. 가버나움 시몬의 집에는 내가 사람들을 보내겠네."

자독 제사장이 엘리살을 보며 말했다.

"요즘 독립운동 한다고 날뛰는 열심당의 동태는 어떠한가? 혹 예수 추종자들과 연계를 시도하지는 않는가?"

"비밀 결사대를 자처하는 그 바라바 무리 말인가? 예수 일당과 달리 그들은 행동을 매우 조심하고 은밀하게 움직인다고 하더군. 그래서 행적을 추적하기가 쉽지 않은 것 같아. 그래도 그들이 뒤에서 군중을 선동하고 있는 것은 분명한 것 같네."

자독의 말을 듣고 아몬도 고개를 끄덕이며 말했다.

"그들은 무기를 소지하고 다닌다니 행적을 염탐하는 사람들에게 각별히 조심하라고 당부하게. 자독의 말처럼 예수 일당과 그들의 연계 가능성을 조사하는 것도 중요한 일일 것 같군."

안식일의 주인

　예수와 제자들은 예루살렘 성안 마태의 친척 집에 머물고 있었다. 앞마당 구석 무화과나무 아래 몇 명의 제자들이 한가롭게 대화하고 있었다. 안드레가 갑자기 생각난 듯 빌립을 쳐다보며 말했다.

　"빌립, 지난번 밀밭 사건 때 우리 선생님 정말 멋지지 않았어? 얼마나 속이 시원하던지. 안식일을 범했다며 바리새인들이 우리를 죄인 취급할 때 좀 황당했거든. 밀밭을 지나며 이삭 몇 개 끊어 손으로 비벼 먹은 것을 추수라고 할 수 있냐? 그 일로 안식일을 범했다고 하니 당최 말이 안 되잖아. 그들은 시시콜콜 우리를 법으로 얽어매려고 안달한다니까."

　빌립이 맞장구를 치며 대화를 이어갔다.

　"장로유전 법에 그런 말도 안 되는 법이 있다니…, 서기관들과 율법사들이 정말 한심한 법을 만들었어, 그렇잖아? 전에 회당에서 손이 오그라든 자를 고쳐 주실 때도 바리새인들이 안식일을 범했다고 따지자 선생님이 뭐라 하셨는지 기억나? 사람이 안식일을 위하여 있는 것이 아니라 안식일이 사람을 위하여 있는 것이라고 딱 잘라 말했잖아. 얼마나 속이 후련하던지."

　"맞아. 그러면서 선생님은 구덩이에 빠진 양 이야기를 하셨지. 양이 구덩이에 빠졌는데 안식일이라고 죽게 그대로 두어야 하느냐고 물으니 그들이 꿀 먹은 벙어리가 됐잖아."

　"지난번 베데스다 연못가에서도 38년 된 병자를 안식일에 고쳐 줬다고 바리새인들과 종교 지도자들 사이에서 난리가 났다고 하더라고."

"특히 선생님이 '인자가 안식일의 주인이니라'라고 덧붙인 말씀과 '내 아버지께서 일하고 계시니, 나도 일한다'라는 말씀 때문에 신성모독죄로 선생님을 산헤드린 공회에 넘겨 죽일 모의를 했다고 하더군."

"하긴 '안식일의 주인'이란 말이 그들에게는 폭탄선언이랄 수 있겠지. 안식일을 제정하신 분은 창조주 하나님이시니까, 그 말은 선생님이 친히 창조주 하나님이라는 뜻이잖아."

존이 대화를 들으며 먼발치의 선생님을 살펴보았다. '이분이 정말 창조주일까?' 그는 유월절 청결 사건 당시 예수 선생님이 외치던 말이 떠올랐다. 그는 성전을 '내 아버지의 집'이라며 '성전의 주인'으로 자신의 정체성을 드러냈다.

"'아버지께서 일하시니 나도 일한다'는 말은 무슨 뜻일까? 무슨 일을 한다는 거야?"

존이 동료들을 돌아보며 질문을 던지자 나다나엘이 말했다.

"창조주 하나님은 생명을 지으셨고 우리 선생님은 하나님의 아들로서 생명을 살리는 일을 하고 계신다는 뜻 아냐?"

"아하! 선생님이 '영생'에 대한 설교를 자주 하시는 것도 그런 맥락이구나. 하나님과 자신이 동등한 위치라고 설명하고 싶으신 건가?"

침투

해가 서산을 넘고 어둠이 소리 없이 내려앉고 있었다. 예루살렘 외곽 외딴곳에 모옥 한 채가 있었다. 어둠이 점점 짙어지자 몇 개의 검은 그림자들이 주위를 살피며 조심스럽게 그곳으로 스며들었다. 검은 무복의 사나이들이 희미한 불빛 아래 빙 둘러앉았다. 건장한 구레나룻의 장한이 입을 열었다.

"오시느라 모두 수고가 많았소. 뒤를 밟힌 사람은 없겠지요? 로마 군부뿐만 아니라 종교 지도부에서조차 우리의 뒤를 쫓고 있다는 정보를 입수했소. 행동에 각별히 주의해 주기 바라오."

고개를 끄덕이는 사람들을 보며 사내가 말을 이었다.

"오늘 각 지역을 대표하는 여러분을 이 자리에 모이게 한 것은 우리 열심당의 전략 구상에 중요한 사안을 결정하고자 함이오. 오늘의 주요 쟁점을 논하기 전에 먼저 민심의 동향에 대하여 의견을 나눴으면 하오. 뭔가 새롭게 수집된 정보가 있는 분은 공유해 주시오."

30대 초반의 날렵하게 보이는 사내가 먼저 입을 열었다.

"바라바 대장, 제가 먼저 말씀을 드리겠습니다. 민간에 회자되고 있는 메시아에 관한 일곱 표적 예언에 대하여 다들 아실 것입니다. 처음 세 가지는 이미 아실 테고, 그동안 신비에 가려졌던 네 번째와 다섯 번째 표적 예언이 최근에 알려지며 민중이 술렁이고 있다고 합니다."

"그래요? 그것이 뭐라고 하오?"

바라바가 묻자 다른 사람들도 궁금한 듯 귀를 기울였다.

"네 번째는 우리 조상들이 광야 생활 중에 먹었던 만나와 메추라기가 하늘에서 내리는 것을 많은 사람들이 보게 된다는 것입니다."

"출애굽 때도 아닌데 만나와 메추라기를 먹게 될 거란 말이오?"

"그렇습니다."

"요즘같이 계속되는 흉년에 기다리는 메시아가 와서 만나와 메추라기로 민중을 배부르게 할 수 있다면 얼마나 좋겠소? 그러면 다섯 번째 표적은 무엇이오?"

"바다를 걸어 다니는 천사가 나타나 폭풍을 부린다는 것입니다. 또한 누구든지 그 천사를 보면 바다를 육지처럼 걸을 수 있게 된다고 했습니다."

"그건 너무 황당하지 않소? 그런 소문의 근거지가 어디라고 하오?"

"출처는 확실하지 않으나 상당수의 민중이 그것을 믿고 기대한다고 합니다. 혹자는 예수 일당이 퍼뜨린 소문이 아닌가 하고 의심하는 것 같습니다. 왜냐 하면 표적이 일어난다는 곳마다 그와 추종자들이 나타난다는 겁니다. 예언의 내용과는 거리가 있지만 그들이 유사한 일들을 일으키는 것만은 사실인 듯합니다."

"예수 일당에 대한 이야기가 나왔는데 오늘 논의의 주제도 그와 관련이 있다오. 여러분도 알겠지만 요즘 그들의 세력이 방대해지고 있소. 세례요한이 투옥되어 그의 세력이 예수 추종자들에게 대거 합세한 것 같소. 우리의 목적을 달성하기 위해서는 민중의 힘이 꼭 필요하오. 그러나 그들의 행동 전략을 알 수 없고, 은밀하게 움직이는 우리로서는 그들과 쉽사리 제휴할 수가 없소. 이 문제를 어떻게 하면 좋을지 의견들을 개진해 주기 바라오."

"은밀하게 사자를 보내어 반응을 떠보면 어떨까요?"

"제 생각으로는 우리와 노선이 다르다 할지라도 그들의 힘이 필요하다면 적극적으로 끌어들여야 한다고 생각합니다."

"저도 이 친구의 말에 동의합니다. 그들에게는 군중을 모으는 힘이 있고 우리는 비록 적지만 무력과 조직이 있습니다. 예수가 메시아냐 아니냐 하는 문제는 중요하지 않다고 생각합니다. 이스라엘 독립을 위해서는 연합해야 합니다. 그가 메시아라면 우리가 적극 그를 도와야 하고 메시아가 아니라면 우리가 그들을 적극 활용해야 하겠지요."

"좋소. 그럼 현 단계에서 어떻게 해야 할지 더 구체적인 전략을 말해 보시오."

바라바가 모두를 둘러보며 말하자 키가 작고 나이 들어 보이는 자가 신중하게 말했다.

"이렇게 하면 어떻겠습니까? 우리 중에 한 사람을 선발하여 그의 제자로 집어넣는 것입니다. 그러면 그쪽의 움직임을 쉽게 파악할 수 있고, 우리도 신속하게 대처하여 최상의 연합을 이룰 수 있지 않을까요?"

"그것참 좋은 생각입니다."

사람들이 이구동성으로 말했다.

"좋소. 그럼 누구를 파견하면 좋겠소? 혹 자원자가 있습니까?"

"제가 한번 해 볼까요?"

사람들의 대화를 듣고만 있던 한 사나이가 앞으로 나서며 말했다. 사람들이 일제히 그에게 시선을 모으며 바라보았다.

"오, 시몬. 그대가 해 보겠다고?"

"저도 지원하고 싶습니다."

"유다, 자네도?"

바라바가 만면에 웃음을 띠며 말했다.

"두 사람이 이렇게 적극적으로 나서 주니 고맙군. 그럼 누구로 결정해야 하나?"

"시몬은 치밀하고 규모가 있으며 유다는 학식이 깊고 세상 물정에 밝으니 두 사람을 다 보내는 것도 좋겠습니다."

이 말에 대부분 고개를 끄덕였다. 바라바가 사람들을 둘러보며 말했다.

"좋소. 자원자도 있고, 대부분 찬동하니 그렇게 결정합시다. 두 사람은 예수를 따라다니며 어떻게 그의 제자로 선택될 수 있을지 방책을 연구하기 바라오."

"예. 알겠습니다."

"우리는 모두 조국의 독립에 목숨을 걸었소. 어떤 소임이든 투사답게 최선을 다해 주시오. 이제 맹약 의식에 따라 모두의 충성을 재확인하고 시몬과 유다를 예수의 제자로 파송합시다."

세례요한의 죽음

존과 안드레가 씩씩거리며 일행이 머무는 숙소로 들어왔다. 그들의 얼굴에는 분노와 슬픔이 역력했다. 그들이 숙소로 들어서며 베드로를 보자 흥분하여 떨리는 목소리로 말했다. 얼마나 울었는지 핏발 선 눈은 부어 있었다.

"형, 어떻게 이런 일이 일어날 수 있는 거야?"

베드로가 그들의 모습을 보며 놀라서 묻는다.

"왜? 무슨 일인데?"

그들은 세례요한 선생님이 결국 처형되었다는 소식을 듣고 달려온 것이다. 헤롯 안티파스는 이복동생 헤롯 빌립의 아내 헤로디아에게 푹 빠져 버렸다. 그녀가 먼저 유혹했다는 말도 있었다. 안티파스는 술수를 써서 그녀를 취했고 그녀와 결혼하기 위해 조강지처를 버렸다. 세례요한은 이 일을 간음으로 치부하여 회개를 촉구했다. 앙심을 품은 헤로디아는 간교한 계략으로 헤롯 왕이 세례요한의 목을 베지 않으면 안 되는 상황으로 몰고 갔다.

존과 안드레는 일이 갑자기 이렇게 될 줄 몰랐다. 처형은 갑작스럽게 일어난 일이라고 했다. 그들은 조만간 함께 세례요한 선생님을 면회하러 가기로 했었다며 자책했다. 그들의 이야기를 들은 일행은 모두 숙연한 마음이 되어 잠자코 있었다.

"태양이 중천이니 달이 사라지는 것은 당연한 일, 그는 사명을 완수했기에 떠난 것이지 억울하게 간 것이 아니니라. 그는 자기 구간을 성실하게 달렸으니 하늘에서 상이 클 것이다. 너무 슬퍼하지 마라."

예수가 안드레와 존을 위로해 주었다.

그들은 간단한 짐을 꾸리고 출발 준비를 했다.

"이제 가시려고요?"

마태의 친척인 안주인이 나오면서 일행에게 인사말을 건넸다.

"예, 갈릴리로 내려가려고요. 그동안 신세 많이 졌습니다. 대단히 감사합니다. 아주머니."

베드로가 나서서 일행을 대표해 감사 인사를 했다.

"귀한 선생님들을 조금이라도 섬길 수 있어서 우리가 영광이지요. 그런데 선생님들 조심하셔야겠어요. 며칠 전부터 밖에 수상한 사람들이 어슬렁거리고 있어요."

"감시의 눈들이 따라다니고 있군요. 어디서 온 사람들인지 대충 짐작이 갑니다."

일행은 집 대문을 나와 큰길 쪽으로 방향을 잡았다. 골목길 모퉁이에서 서성이던 몇 사람이 멀찍이 떨어져 그들의 뒤를 따랐다. 제자들이 한마디씩 했다.

"수상한 감시자들이 뒤를 따르니 으스스해지는데."

"정말 성가시네. 언제까지 따라다니려고 하는 거야."

"내버려 둬. 지치면 그만두겠지."

"그만둘 것 같지 않아. 땅끝까지라도 쫓아올 기세인데?"

그들은 예루살렘을 벗어나 시골길을 걸으며 갈릴리로 향했다.

예루살렘을 떠난 예수 일행이 디베랴 바다 근처에 나타났다. 디베랴 주변 갈릴리 바다를 사람들은 그렇게 불렀다. 디베랴는 분봉왕 헤롯 안티파스가 로마 황제 티베리우스에게 잘 보이기 위해 갈릴리 해변에 도시를 건설하고 황제의 이름을 붙여 바친 데서 유래

했다.

그들은 해안 길을 따라 계속 북상했다. 달마누다 지방에 있는 막달라 항구가 보였다. 마을 여기저기에 여러 가지 색깔의 천들이 널려 있었다. 바닷바람을 타고 화학약품 냄새가 코를 자극했다.

"막달라 마을 냄새가 나는군."

안드레가 코를 찡그리며 말했다.

"막달라 마을 냄새라니, 그런 냄새도 있나?"

존이 말꼬리를 잡았다.

"이 친구, 둔하기는. 염색업과 직물업이 발달한 막달라 마을 특유의 냄새를 말하는 거야."

거리에 장사꾼들이 눈에 띄었다. 막달라는 어업과 상업이 함께 발달하여 외지인이 많이 드나들고 많은 현금이 유통되는 지역이기도 했다.

마을 입구에 들어섰을 때 한 중년 남자가 젊은 여인을 끌고 가려 애쓰는 모습이 보였다. 그 여인은 따라가지 않으려고 버티면서 몸싸움을 했다. 지나가던 사람들이 걸음을 멈추고 지켜보았다. 차려입은 행색으로 보아 그 중년은 부유한 사람인 듯했다. 여인의 몰골은 말이 아니었다. 머리는 산발하여 얼굴이 잘 보이지 않았고, 옷도 제멋대로 걸치고 있어 여기저기 속살이 드러나 보였다. 신발은 어디에 벗어 던졌는지 흙먼지가 묻은 맨발은 상처투성이였다. 중년 남자는 달래기도 하고 호통을 치기도 했다. 그의 말로 미루어 보아 부녀지간인 듯했다.

그 광경을 지켜보던 한 여인이 혀를 차며 말했다.

"저 영감도, 딸 마리아도 참 안됐어. 지독하게 고생해서 이제 제법 돈도 모으고 부자 소리도 듣는데 곱상한 딸이 미쳐 버렸으니, 저걸 어떡해."

그 옆에 있던 다른 여인이 말을 받았다.

"글쎄 말이야. 그냥 미친 게 아니라 일곱 귀신에 씌었다고 하더라고. 미치기 전에는 얼굴값 하느라고 외지에서 온 사내들과 놀아났다는 소문도 허다했어."

그곳에 예수 일행이 나타나자 사람들이 주목했다.

"저기 예수 선생 아냐?"

어떤 사람이 예수를 알아보고 소리쳤다. 사람들의 이목을 끌던 중년이 그 소리에 고개를 돌려 예수를 바라보았다. 그는 붙잡은 딸의 손을 놓고 예수에게 다가왔다.

"예수 선생님, 제발 제 딸을 고쳐 주십시오."

그가 깊게 고개를 숙이며 간청했다. 귀신 들린 여인은 갑자기 등장한 예수를 쳐다보더니 부들부들 떨었다. 예수는 여인의 눈을 똑바로 바라보며 호통을 쳤다. 그러자 여인이 털썩 주저앉으며 입에 거품을 물고 쓰러졌다. 아버지가 혼절한 딸을 두 팔로 안았다. 귀신이 떠나가고 잠시 후 제정신이 돌아온 여인이 어리둥절하며 두리번거렸다. 구경하던 사람들이 환호했다.

예수는 타브가 항구 쪽으로 향했다. 수많은 사람들이 그 뒤를 따랐다. 베드로와 어부 출신 제자들이 자주 내려와 고기를 잡던 타브가 항구 근처에 이르러 그는 갈릴리 바다를 등지고 게네사렛 평원 쪽으로 향했다. 남쪽으로 멀리 다볼산 꼭대기가 아스라이 보였다.

어느덧 해가 기울고 있었다.

예수는 제자들에게 기도하라 이르고, 혼자 산으로 올라갔다. 어둠이 내려앉고 있었지만 그는 내려오지 않았다. 존은 선생님이 기도하면서 2차 갈릴리 사역을 구상하시는 것이 아닌가 짐작했다. 몰려든 사람들의 일부는 돌아갔지만 노숙하는 사람도 많았다. 그들은 예수가 뭔가 굉장한 일을 터트릴 것이라 기대하며 기다렸다.

산상수훈

아침 해가 새벽을 깨우며 이슬 젖은 산기슭을 타고 올라갈 때, 잠을 깬 산지에는 생동감이 넘쳤다. 기도하고 산에서 내려온 예수의 얼굴에 영적 기운이 충만해 보였다. 여기저기 삼삼오오 흩어져 있던 사람들이 모여들었다. 예수가 여섯 제자를 따로 불러 세웠다. 사람들 사이에서 미리 이야기가 된 듯 다른 여섯 명의 사나이가 예수 앞에 나왔다.

예수는 열두 제자를 확정하고 임명식을 하고자 했다. 사람들의 시선이 집중된 가운데 그는 그들을 전임사역 제자로 선포했다. 군중 가운데 임명식을 지켜보던 한 사람이 손뼉을 치자 모두 따라서 힘차게 박수하며 축하했다.

예수가 제자들과 함께 산 아래쪽에 자리를 잡았다. 제자들은 그의 바로 앞자리에 다가앉았고, 사람들은 그들을 중심으로 산 위쪽과 아래쪽에 자리를 잡고 앉아 귀를 세웠다. 예수가 성경을 가르치기 시작했다. 그 유명한 산상수훈이 베풀어지고 있었다. 이는 예수가 열두 제자를 확정하고 난 직후 첫 가르침으로 선택된 제자들에게 주는 '비전 선언문'이기도 했다.

예수는 구약의 십계명과 여러 계명들을 하나하나 재해석했다. 구약의 모든 '법'을 꿰뚫어 그 정신이 무엇인지 풀어내 주었다.

그가 청중의 얼굴을 한 사람씩 바라보았다. 그들의 영혼을 들여다보는 듯했다. 그들 중 상당수가 세례요한의 집회에 참석한 사람들이었다. 그들은 이미 마음 밭이 일구어져 있었다. 인생을 살다가 상처받아 마음이 찢긴 사람들, 세상에서 파산한 사람들, 미움과 원망, 좌절과 절망으로 인생 밑바닥 허무함 가운데 있는 사람들, 그들의 마음 밭에 생명의 복음이 떨어졌다.

존은 흐트러짐 없는 수많은 청중의 분위기에서 충만한 영적 전율을 느꼈다. 가난한 마음이 준비된 자들에게만 있을 수 있는 일이었다. 세상 모든 근심 걱정이 눈 녹듯 사라져 그는 행복해서 울었다.

'허기진 심령에 하나님의 은혜가 채워지기 전까지는 그 누구도 참된 안식과 행복을 알 수 없다. 천국의 비밀도 알 수 없는 거야.'

예수는 산상수훈을 통하여 하나님 나라 백성으로서 어떻게 살아야 하는가를 가르쳤다. 존은 햇살을 받아 빛나는 그의 얼굴을 보면서 모세가 1500년 전 시내산에서 출애굽 한 이스라엘 백성들에게 십계명과 율법을 주던 장면이 이와 흡사했을 것으로 생각했다.

모세는 이스라엘 백성이 가나안 땅에 들어가서 그 땅 사람들과 구별되는 새로운 삶을 어떻게 살아야 할지 그 지표를 제시해 주었다. 예수는 이 세상에서 하나님 나라 백성들이 어떻게 구별된 삶을 살아야 하는지 그 길을 가르쳐 주었다.

"모세의 법에 살인하지 말라 하였으나 나는 너희에게 이르노니 형제에게 화를 내고 미워하는 것이 살인하는 것이며, 또 간음하지 말라 하였으나 누구든지 음욕을 품으면 이미 간음한 것이나 다를 바 없느니라. 눈은 눈으로, 이는 이로 갚으라는 말을 너희가 알고 있으나 나는 너희에게 이르노니 누가 네 오른쪽 뺨을 치거든 왼쪽 뺨마저 돌려 대어라. 누가 너더러 억지로 5리를 가자고 하거든 10리를 같이 가 주어라."

산상수훈을 듣는 사람들은 모두 놀랐다. 어떻게 그렇게 살 수 있는가, 불가능한 가르침이 아닌가 하며 의구심을 갖는 청중의 심중을 헤아린 듯 예수는 계속 말을 이어갔다.

"나는 행위의 법을 말하고 있는 것이 아니라 은혜의 법을 말하고 있느니라. 사람으로서는 할 수 없으나 하나님의 영으로 난 자는 할 수 있느니라."

구약을 완성하는 위대한 장면이었다. 하나님의 백성으로 새 출발한 사람들에게 필요한 삶의 원리는 십계명에 나타난 법의 정신이었다. 예수는 그것을 위로 하나님을 사랑하고, 옆으로 이웃을 사랑하는 것이라고 요약했으며, 십계명을 새로운 시각으로 풀어 주었다. 그의 가르침에 제자들과 청중 모두 놀라 온통 강론에 빠져들었다.

갈릴리 2차 사역

바리새파 시몬

예수 일행이 가버나움 시내 입구에 나타났다. 갈릴리 서쪽 지방을 두루 다니며 전도여행을 하면서 가버나움으로 돌아온 것이다. 그들의 영은 은혜로 충만했으나 몸은 매우 피곤하고 지쳐 있었다. 기다리고 있었다는 듯 어떤 사람이 다가왔다. 바리새파 사람 시몬이었다. 그는 정중하게 예수 일행에게 식사 초대를 예약하고 돌아갔다. 제자들은 어리둥절했다.

"웬일이야, 바리새인이 우리에게 식사 초청을 다 하고."

"선생님, 가실 거예요?"

베드로가 예수를 바라보고 고개를 갸웃하며 물었다.

"가서는 안 될 이유라도 있느냐?"

그는 그들이 식사에 초대한 저의를 알면서도 말없이 응하는 것 같았다. 야고보가 베드로를 힐끗 쳐다보고 말했다.

"꼬투리 잡으려면 그러라고 하지 뭐. 그들도 은혜가 필요한 사람들인데 이번 기회에 복음으로 깨진다면 얼마나 좋을까."

초대한 날에 맞추어 예수와 제자들은 바리새파 사람 시몬의 집으로 갔다. 그들은 이미 와 있던 다른 손님들과 동석했다. 바리새인들과 서기관들이 함께 초대받은 식사 자리였다. 외지에서 온 사람들 같았다.

존은 손님들을 초대한 주인이 바리새인이니 동류의 사람들이 함께 초대받은 것이 크게 이상할 것 없다고 생각하면서도 그 차가운 눈초리들 때문에 몹시 불편했다. 다른 제자들도 썩 기분 좋은 얼굴은 아닌 듯했다. 특히 마태가 그들의 차가운 눈초리를 몹시 불편해했다.

식사 도중에 한 젊은 여인이 들어왔다. 그녀는 비스듬하게 앉아 있는 예수 발치에 다소곳이 앉았다. 그녀가 예수의 발을 붙들고 흐느끼기 시작했다. 사람들은 갑작스러운 여인의 행동에 어리둥절했다. 시몬과 주위 사람들은 그녀가 하는 모습을 바라보면서 예수의 제자들을 돌아보았다. 어찌된 영문인지 혹 알고 있느냐는 무언의 확인이었다.

"얼마 전에 막달라에서 본 여인 같은데, 맞지?"

베드로가 다른 제자들을 둘러보며 말하자 야고보가 대답했다.

"맞는 것 같은데? 차림새가 너무 달라져서 몰라볼 뻔했네."

그 여인은 일곱 귀신이 들려 죽음보다 비참한 삶을 이어가며 살던 막달라 마리아였다. 여인은 완전히 딴사람이 되어 나타났다. 단정한 차림새를 한 그녀는 누구보다도 곱고 현숙해 보였다. 예수는 그녀가 하는 대로 가만히 지켜보았다. 펑펑 쏟아지는 그녀의 눈물이 예수의 발등을 타고 흘렀다. 막달라 마리아는 들고 온 옥합 뚜껑을 열었다. 나드향이 진동했다. 그녀는 향유를 예수의 발에 붓고 자기 머리털로 발을 닦았다. 그러고는 발에 입을 맞추었다.

예수의 일행인가 싶어 어리둥절해서 지켜보던 바리새파 사람 시몬은 예수와 제자들의 얼굴 표정을 살피더니 여인을 엄하게 꾸중하며 나섰다.

"이 자리가 어떤 자리라고 감히 네가 이런 해괴한 짓을 하는 것이냐? 여기 선생님은 너 따위 죄인이 상종할 수 있는 분이 아니니라."

존은 바리새파 시몬이 여인의 정체를 알고 있구나 하고 생각했다.

예수가 시몬의 심중을 헤아리고 그에게 질문했다.

"주인장, 내 한 가지 묻겠소."

그는 500데나리온 빚진 사람과 50데나리온 빚진 자 비유를 들었다.

"두 사람이 동시에 빚 탕감을 받았다면 누가 더 감사하며 고마워하겠는가?"

더 많은 빚을 탕감받은 사람일 것이라고 시몬이 대답하자 예수는 자신의 발에 향유를 부은 막달라 마리아를 돌아보면서 시몬에게 말했다.

"이 집에 들어왔을 때 내게 발 씻을 물도 주지 않은 당신과 지금

184

이 여인의 행동이 그렇게 대비되는구려. 이 여인은 500데나리온 빚졌다가 탕감받은 사람 같소이다."

존의 시야에 세리였던 마태가 뭉클한 감동으로 쏟아지려는 눈물을 억지로 참고 있는 모습이 들어왔다. 존은 전에 예수 선생님이 대중설교 중에 바리새인과 세리의 기도를 대비하여 들려준 예화가 생생하게 떠올랐다.

바리새인은 '하나님이여, 나는 다른 사람들 곧 토색, 불의, 간음하는 자들과 같지 아니하고 이 세리와도 같지 아니함을 감사합니다. 나는 이레에 두 번씩 금식하고 또 소득의 십일조를 바칩니다'라고 기도했고, 세리는 감히 눈을 들어 하늘을 쳐다보지도 못하고 다만 가슴을 치며 '하나님이여 불쌍히 여기소서. 이 죄인에게 자비를 베풀어 주소서'라고 기도했다면 누가 의롭다 하심을 받겠느냐고 예수가 제자들에게 물었다. 스스로 의롭다 생각하는 바리새인들과 죄인으로 낙인찍힌 세리나 창기들을 대조한 예화였다.

존은 이 세상에는 자기가 죄인임을 깊이 자각하는 죄인과 자기의 죄인 됨을 알지 못하는 죄인이 있을 뿐이라고 생각했다. 세리였던 마태는 그때 깊은 내면의 응어리가 녹아내리는 것 같아 얼마나 울었는지 모른다고 간증했었다.

예수가 여인에게 선포하듯 말했다.

"네 모든 죄를 용서받았다. 네 믿음이 너를 구원하였으니 평안히 가거라."

그러자 상에 앉아 있던 사람들이 수군거렸다. 이 사람이 누구이기에 죄를 용서하여 준다고 말하는가. 자기가 정말 하나님이라고 생각하고 있는 것인가.

"선생께서 이스라엘이 기다리는 자라면 입증할 만한 확실한 표적을 보여 주시겠습니까?"

한 서기관이 좌중을 대표하는 듯한 태도로 예수에게 메시아적 표적을 보여 달라고 요구했다.

"내가 보여 줄 표적은 요나의 표적이니라. 요나가 사흘 동안 큰 물고기 뱃속에 있었던 같이 인자도 밤낮 사흘 동안 땅속에 있으리라."

존은 예수의 대답을 듣는 사람들이 얼굴에 회의의 빛을 띠고 고개를 갸웃하는 모습을 보았다. 메시아에 관한 일곱 표적 예언에 없는 내용이며 표적이라고도 할 수 없는 말이었기 때문이었다.

예수는 자신의 죽음과 부활을 표적으로 대답했다. 그는 공생애 첫 유월절 당시 성전에서 표적을 구하는 제사장들을 향해, '성전을 헐어라. 사흘 만에 짓겠다'라고 답한 적이 있다. 그러고 예수는 일관성 있게 자신의 죽음과 부활을 예언했다. '두고 보면 그 일이 일어날 것이다. 그것은 내가 그리스도임을 알리는 표적이 될 것이다.' 이것이 그의 심중에 있는 말이었다.

존은 동석하고 있는 바리새인들과 서기관들의 얼굴에 강한 적의가 일어나는 것을 보았다. 며칠 전 산상수훈을 듣던 사람들과는 너무도 다른 반응이었다. '마음이 가난한 자, 애통하는 자는 복 있는 사람이다.' 그는 예수의 산상수훈 첫머리가 왜 그 말씀이었는지 알 듯했다.

존은 예수 일행에 대한 바리새인 시몬의 식사 초대가 진정성이 없다고 느꼈다. 숨은 의도를 가진 가식적인 초대였음이 주인과 동류들의 태도에서 드러났다. 그들은 열린 마음으로 예수를 보려고 하지 않았다. 존은 선생님이 이를 다 알면서도 식사 초대에 응한 까닭이 이해되지 않았다.

사실 며칠 전 가버나움 시몬 바리새인 집에 몇 사람의 손님이 찾아왔다. 중앙 예루살렘에서 파견 나온 바리새인들이었다. 그들은 예수에 대한 예루살렘 지도자들의 염려와 의도를 가버나움 지역 바리새인들에게 전달하고 그 대책을 논의하고자 했다.

"우리가 예수의 언행을 조사하고 있는데 소문만 무성할 뿐 정확한 증거를 수집하지 못했소. 단편적인 말과 사건들만으로는 그를 고소할 확실한 증거를 잡는 데 한계가 있는 것 같소."

"그럼 어떻게 하면 좋겠습니까?"

"한 가지 방법이 있기는 한데…."

"그게 뭡니까?"

"그들이 예루살렘을 벗어났다고 하니 곧 여기 가버나움으로 돌아올 것이라 예상하고 있소."

"맞습니다. 그들이 가버나움을 갈릴리 권역의 본부로 생각하고 있는 듯합니다. 그의 가족들도 나사렛에서 여기 가버나움으로 이사했습니다."

"예수와 추종자들이 돌아오면 이 집에서 식사 자리를 마련해 초대하면 어떻겠소?"

"예? 그와 제자들을 초대하라고요?"

"그렇소. 그러면 우리 바리새인들과 서기관들이 자연스럽게 지근거리에서 그의 언행을 조사할 수 있을 것 아니오?"

"그거 좋은 생각 같습니다. 그럼 조만간 그들을 식사에 초대하겠습니다."

주인 시몬이 대답했다. 이렇게 식사 초대의 숨은 사연이 있었다.

예수는 막달라 마리아가 등장할 것을 알고 있었던 것 같다. 그 사건은 제자들에게 신선한 충격과 감동을 주었다. 그 이후 막달라 마리아는 예수의 신실한 제자가 되었으며 일행의 전도 활동을 따라다니며 물심양면으로 돕는 든든한 조력자가 되었다. 그녀는 다시 얻은 인생을 전적으로 헌신했고 부끄러운 과거가 오히려 축복의 인생으로 전화위복되었다.

2차 순회전도 여행

예수는 가버나움을 떠나 다시 갈릴리 순회전도 여행길에 나섰다. 공생애 두 번째 유월절 직전에 1차 순회전도 여행을 떠난 뒤 다시 전도 여행길에 오른 것이다. 그는 말씀을 선포하며 병자를 고치고 귀신을 쫓아내었다. 저녁이면 혼자 산에 올라 기도하며 강행군을 이어갔다.

아들의 병을 고침 받은 분봉왕 헤롯 안티파스 신하인 구사의 아내 요안나를 비롯해서 병을 고침 받은 여인들과 귀신에 붙들렸다 풀려난 여인들은 자기들의 소유를 내어 전도 팀의 후원자가 되었다.

전도 여행 중에 예수는 많은 비유를 들어 하나님 나라에 대하여 가르쳤다. 씨 뿌리는 비유로 시작해서 알곡과 가라지 비유, 겨자씨와 누룩 비유, 밭에 감추인 보화 비유, 좋은 진주를 구하는 상인 비유 등이었다.

"근래에 선생님은 말씀 전하실 때 비유를 많이 사용하시네. 왜 그러실까? 핵심을 이해하기 쉬워 좋기도 하면서 어떤 때는 어렵기도 해서 말이야."

베드로가 나다나엘을 보며 말하자 나다나엘이 의견을 피력했다.

"어디를 가든지 따라붙고 있는 감시의 눈이 사람들 속에 섞여 있기 때문 아닐까? 비유로 하는 말씀은 언뜻 이해하기 어려운 듯해도 곰곰이 생각하면 오히려 각인되는 것 같아."

비유는 어떤 사람들에게는 진리를 밝히 알게 하였고, 심령이 완악한 사람들에게는 오히려 진리를 가려서 더 강퍅하게 했다. 바리새인들과 서기관들은 예수의 가르침에 넘어갈 것 같은 자신을 억지로 붙들고 안간힘을 쓰며 버티는 듯했다. 비유로 전달되는 말씀은 그들에게 난해할 수밖에 없었다.

예수가 가르치는 하나님 나라는 죽어서 가는 미래적 사건으로 '천당'이라는 좁은 의미가 아니었다. 하나님의 주권과 통치가 미치는 영역 안에서 영적인 상호작용과 원리를 포함하고 있었다. 하나님의 나라는 이 땅에서, 믿는 자들의 마음과 삶에서, 이미 시작된 현재적 사건이었다. 시간과 공간을 초월하여 하나님 나라는 현재와 미래가 분리되지 않고 하나로 이어졌다.

영적 권세

전도 팀은 배를 타고 갈릴리 바다를 건너 요단 동편 데가볼리 지역으로 향했다. 제자들은 갑판 위에서 모처럼 여유로운 시간을 누리고 있었다. 바닷바람이 시원했다. 안드레는 갑판 난간에 기대어 서 있었고, 빌립은 바닥에 털퍼덕 주저앉아 있었으며, 베드로는 바닥에 아예 누워 버렸다. 야고보가 반대편 쪽에서 바다를 보고 있다가 제자들이 함께 모여 있는 곳으로 왔다.

"선생님이 눈에 안 띄네?"

"아래에서 잠시 눈을 붙이고 계시겠지요."

뱃머리에 비스듬하게 앉은 빌립이 말했다.

"피곤하기도 하실 거야. 우리보다 몇 배로 강행군을 하시잖아. 따라만 다니는 우리도 힘들어서 쓰러질 것 같은데 선생님은 오죽하시겠어?"

야고보가 말하면서 베드로 옆 바닥에 누웠다. 한동안 시원하던 바람이 서서히 구름을 몰고 왔다. 급기야 빗방울이 떨어지기 시작했다. 소낙비를 동반하는 스콜인가 싶어 제자들은 대수롭지 않게 생각했다. 그런데 바람이 점점 거세졌다. 성난 파도가 무섭게 포효했다.

"모두 자리를 잡고 뱃사람들을 도와라!"

베드로가 소리쳤다. 제자들은 정신이 번쩍 들어 뱃사람들과 함께 배를 안정시키려고 애를 썼다. 그러나 바람의 기세가 심상치 않았다. 급기야 바람은 광풍으로 바뀌었다. 고삐 풀려 날뛰는 소처럼 걷잡을 수 없이 요동쳤다.

"어떡하지?" 나다나엘이 뱃사람이었던 베드로를 보며 물었다.

"갈릴리 바다에서 어부로 잔뼈가 굵었지만 이런 광풍은 처음이야."

베드로도 많이 긴장한 듯했다. 배 위에 있던 물건들이 이리저리 굴러다니고 사람들도 갈팡질팡했다. 안드레가 소리쳤다.

"베드로 형, 큰일 났어. 배가 말을 듣지 않아. 이러다 배가 부서지겠어!"

"안 되겠다. 누가 선생님 좀 깨워."

야고보가 소리쳤다. 존이 두 손으로 뱃전을 붙들고 비틀거리며 조금씩 움직여 안으로 들어갔다. 그는 선생님이 얼마나 피곤했으면 이렇게 요동치는 배 안에서 주무실까 생각했다. 존과 함께 밖으로 나온 예수는 진한 먹구름이 낀 하늘을 올려다보았다. 그가 큰 소리로 하늘을 꾸짖었다. 마치 공중권세 잡은 자가 먹구름 속에 숨어 바람을 쏟아붓고 있기라도 하는 것처럼.

"바람을 멈춰라. 잠잠하여라!"

예수의 명령이 떨어지자 요란한 천둥소리와 함께 번개가 하늘을 갈랐다. 순식간에 바람이 그치고 고요해졌다. 마치 으르렁거리다가 임자 만나 꼬리를 말고 도망치는 개처럼 하늘은 금방 얼굴을 바꾸었다. 얼굴이 파랗게 질려서 사색이 되었던 제자들과 뱃사람들은 어처구니가 없는 듯 그 자리에 멍청하게 서 있었다. 예수가 그들을 돌아보았다.

"왜들 그렇게 두려워하느냐? 아직도 그렇게 믿음이 없느냐?"

그는 다시 안으로 들어갔다. 제자들은 놀란 표정으로 서로 바라만 보았다. 그들은 할 말을 잃었다. 존은 그들의 표정을 보고 저마다 생각에 빠져 있음을 보았다. 누군가 혼잣말처럼 흘렸다.

"바람과 바다까지도 선생님에게 복종하는 것을 어떻게 이해해야 하지?"

일행은 드디어 데가볼리 지역 갈릴리 바다 동남단에 도착했다. 로마 통치 아래 있던 당시 이스라엘 행정구역은 사사 시대 12지파가 땅을 나누었을 때와는 상당히 차이가 있었다. 팔레스타인은 북쪽으로 갈릴리, 중간에 사마리아, 아래에 유대, 이렇게 3등분으로 나뉘었다.

행정구역상 '유대' 지역은, 남쪽 예루살렘을 중심으로 여호수아가 가나안을 정복하고 12지파가 땅을 나누었을 때 유다 지파, 베냐민 지파, 시므온 지파의 영역이었다. 그 북쪽 지역은 '사마리아' 지역으로 에브라임 지파, 단 지파, 므낫세 반 지파의 영역이며, 북왕국 이스라엘 중심 영역이기도 했다.

사마리아 위쪽은 갈릴리 지역이었다. 갈릴리 호수 서쪽 땅으로 스불론 지파, 잇사갈 지파의 영역을 포함하고 있었으며, 예수가 주로 사역했던 가버나움과 그의 고향 나사렛도 포함되었다. 분봉왕 헤롯 안티파스의 통치 영역이기도 했다.

요단강 동편에 갓 지파가 차지했던 넓은 땅은 '데가볼리' 지역으로 불렸고, 그 남쪽 사해 근처 데가볼리 일부 지역과 르우벤 지파가 차지했던 땅은 '베레아'였다. 데가볼리 위쪽은 므낫세 반 지파가 차지했던 땅으로 '이두래'와 '드라고닛', '아빌레네' 지역이었다. 분봉왕 빌립이 다스리던 지역이 대부분 여기에 포함되었다. 아셀 지파의 영역이었던 갈릴리 북쪽 지중해 쪽은 수리아 베니게 지역으로 유명한 무역항구 두로와 시돈이 있었다.

예수 일행이 전도 활동을 하고 있는 데가볼리 지역은 행정구역상 이방 땅이었지만 많은 유대인들이 그곳에 섞여 살고 있었다. 그들은 동네마다 돌아다니며 복음을 전했다. 갈릴리 서쪽보다 시골스러운 분위기가 짙게 느껴졌다. 가다라 지방 내륙 깊숙한 곳까지 들어갔다. 동네가 내려다보이는 언덕을 넘으니 경사진 언덕길 좌우로 공동묘지가 보였다.

무덤 사이를 지날 때 갑자기 두 괴인이 튀어나왔다. 처음엔 강도들인가 생각했는데 그들은 귀신 들려 제정신이 아닌 자들이었다. 존은 주위를 맴도는 한 괴인과 눈이 마주쳤다. 눈에 초점이 없는데도 강한 귀기가 느껴져 온몸에 소름이 돋았다. 사나운 기세의 두 광인이 갑자기 그 자리에 털썩 주저앉았다. 예수를 알아본 모양이었다.

"우리는 당신 알아, 다윗 자손, 예언된 메시아, 우리의 구원과는 상관없는 것도 알아."

목이 쉰 듯한 그들의 말은 발음이 분명치 않았다.

"아직 때가 되기 전인데, 음부의 심판… 킬킬킬, 왜 우리를 벌써… 안 돼, 안 돼."

그들은 두려운 듯 온몸을 벌벌 떨었다.

"아직은 숙주가 필요해. 제발 저 돼지들 속으로라도… 보내줘, 보내줘."

"가라!"

예수의 명령이 떨어지자 귀신들은 그 두 사람에게서 나와 돼지들 속으로 들어갔다. 깜짝 놀란 돼지들은 강 쪽으로 쏜살같이 달려 비탈을 내려가더니 물속에 뛰어들었다. 잠시 허우적거리던 돼지들이 동작을 멈추고 잠잠해지더니 죽은 듯 떠내려갔다. 돼지를 치던 사람들이 이 모든 광경을 지켜보았다. 놀란 그들은 동내로 들어가 목격한 사실을 동네 사람들에게 전했다. 사람들이 급히 예수 일행이 있는 곳으로 몰려왔다.

"제발 우리 지역을 떠나 주셨으면 좋겠습니다."

그들은 예수가 누구인지 소문을 들어 알고 있었으나 자기들의 가축 떼에 문제가 생겨 재정적 손해를 보게 되지 않을까 염려했다. 그래서 자기들 동네에서 나가 달라고 부탁했다. 예수 일행은 말없이 터덜터덜 걸어 그 마을을 벗어났다. 빌립이 불만스러운 듯 투덜거렸다.

"동네에 들어가면 간단한 요기라도 할 수 있을 것이라 기대했는데 또 건너뛰게 생겼네."

그때 골똘히 생각에 빠져 있는 나다나엘을 보며 야고보가 물었다.

"또 뭔가 우리 나다나엘 학사님 촉에 걸리는 것이 있나 보네?"

"음, 아까 광인들이 한 말을 생각하고 있었어."

"무슨 소리?"

"한 광인이 '때가 이르기 전에'라고 말했잖아. 그렇다면 자기들이 파멸할 때가 있다는 것을 알고 있다는 말 아닌가?"

"그러게. 귀신들이 놀라서 자기네 비밀을 누설하고 만 걸까?"

"아무튼 귀신들의 활동 역시 하나님이 허락한 범위 안에 있음이 분명한 거야."

"그럼, 귀신들이 선생님께 간청한 장면은 어떻게 해석해야 할까?"

"예수 선생님이 영적 세계의 주관자인 사실을 그들이 알아본 것 아닐까?"

존은 그들의 말을 들으며 생각했다. 선생님이 가지신 영적 권세는 어디까지일까.

누가 나의 가족이냐

산골 동네에 한 중년 부인이 두 젊은 청년과 함께 나타났다. 그들 중 형으로 보이는 젊은이가 지나가는 동네 사람을 붙들고 물었다.

"여기 전도하고 돌아다니는 사람들이 어디에 있는지 혹 알고 계십니까?"

"저기 보이는 돌담집 골목 어귀쯤에 사람들이 모여 있는 것 같던데."

"어느 돌담집 말인가요?"

그가 가리키는 곳에 돌담집들이 여럿 있어 그가 다시 물었다.

"저기 큰 무화과나무가 있는 담 모퉁이 오른쪽 골목 있잖소."

"아, 알겠습니다. 감사합니다."

동생인 듯한 젊은이가 어머니로 보이는 중년 여인에게 투덜거리며 말했다.

"예수 형은 장남이면서 왜 집안일은 내팽개치고 허구한 날 밖으로 돌기만 하는 거야."

"그런 소리 하지 마. 형은 형이 해야 할 일을 하고 있는 거야. 따지려고 네 형을 찾아온 것이 아니라 객지에서 고생하니까 격려차 찾아온 거야."

잠시 밖에 나왔던 마태는 예수의 어머니와 동생들이 집으로 들어서는 것을 보고 놀랐다.

"마리아님께서 동생들과 이 산골 마을까지 웬일입니까?"

마리아는 오랫동안 못 본 아들 얼굴을 보려고 격려차 찾아왔다고 했다.

"선생님은 지금 안에서 말씀을 전하며 병자를 고치고 있으니 잠시 기다려 주십시오."

마태가 방 안으로 들어갔다. 선생님께 다가가 밖에 어머니와 동생들이 와서 기다린다고 조용히 전했다.

"누가 내 어머니이며 내 동생들이냐?"

예수가 정색을 하며 그에게 말했다. 앞에 앉아 있는 사람들을 가리키며 말을 이었다.

"내 가족들은 여기 있다. 누구든지 하늘에 계신 내 아버지의 뜻을 따라 사는 사람이 곧 내 형제요 자매요 어머니다."

제자들과 사람들은 예수의 반응에 놀랐다. 존은 선생님이 인간 마리아의 아들로서가 아니라 하나님의 사람으로서 자기 정체성을 분명하게 밝히려 한다고 생각했다. 혈연의 틀에 갇혀 있는 사람들이 하나님 나라와 그 백성으로서 큰 그림을 볼 수 있도록 간절히 원하는 선생님의 심중이 이해될 듯했다.

마리아와 동생들을 만나고 그들이 떠난 뒤 예수는 한적한 곳을 찾아 홀로 오래 기도했다. 제자들도 개인기도 시간을 가지기 위해 흩어졌다. 기도를 마치고 돌아온 그가 제자들을 불러 모았다.

"곳곳에 밭은 희어져 추수할 때인데 추수할 일꾼이 부족하구나. 그동안 나를 따라 다니며 보고 경험하면서 배우기만 했는데, 이제는 너희가 주체가 되어 보거라. 둘씩 짝을 지어 다니며 천국 복음을 전파하라. 내가 너희에게 권능을 줄 것이니 귀신을 제어하라. 병든 자에게는 기름을 부어 고쳐 주어라. 기름 부을 때 나의 영이 함께하리라."

기름부음은 왕, 제사장, 선지자를 세우는 의식에 행했을 뿐 아니라 환자 치료에도 사용했다. 성령의 임재를 상징하기도 했다.

예수는 제자들에게 전도할 때 필요한 행동지침을 세세히 가르쳐 주었다.

"전도여행 중에 돈은 일절 지니지 않는다. 거저 받았으니 거저 주어라. 호의로 숙식을 제공하면 받아도 좋다. 너희를 대적하는 세력이 많을 것이다. 뱀처럼 지혜롭고 비둘기처럼 순결해라."

그는 제자들을 파송하면서 양을 이리 가운데 보내는 심정이라고 했다. 제자들이 하루빨리 스스로 설 수 있어야 한다고도 했다. 존은 선생님이 왠지 서두르고 있다는 느낌을 받았다. 제자들을 둘씩 짝지어 보내고 자신은 혼자 전도하며 다녔다.

전도를 나갔던 제자들이 돌아왔다. 상기된 그들의 얼굴에 생기가 돌았고 빛이 났다. 모두들 신이 나서 결과를 보고했다.

"병자들에게 기름 붓고 기도했더니 병이 실제로 낫는 것을 보았어요."

예수는 흐뭇한 눈길로 제자들을 바라보며 대견스러워했다. 그는 제자들이 전도의 본질보다 나타나는 표적에 더 관심을 집중하는 것 같아 한마디 총평처럼 덧붙였다.

"능력을 행함보다 너희 이름이 하늘나라 생명책에 기록된 것을 더 기뻐하고 귀하게 여겨야 한다. 아무튼 수고들 많았다. 이제 잠깐 쉬도록 해라."

사람들이 몰려들어 그들은 쉬거나 음식 먹을 겨를도 없었다. 예수는 한적한 곳을 찾아 제자들과 함께 배를 타고 떠났다. 그러나 쉬려고 찾은 황량한 들판에서 그의 공생애 최대의 위기가 기다리고 있었다.

오병이어 사건

베드로가 태어난 고향이기도 한 조용한 벳새다 마을에 갑자기 사람들이 북적대기 시작했다. 유월절 축제가 시작된 만큼 모두 예루살렘으로 올라갔어야 할 때여서, 갈릴리 북쪽 촌 동네가 인산인해를 이루는 것은 드문 일이었다. 외지에서 온 몇 명의 건장한 사나이가 마을 길가 집 앞에 앉아 있는 노인에게 물었다.

"말 좀 물읍시다. 여기 벳새다 마을에 선착장이 어디에 있습니까?"

그들이 벳새다 선착장에 왔을 때 많은 사람들이 몰려 있었다. 예수 일행이 탄 배가 이쪽으로 오고 있다는 정보를 입수했기 때문이었다. 그러나 그들은 눈에 띄지 않았다.

"이쪽으로 올 거라고 시몬과 유다가 분명히 기별을 했는데 어떻게 된 거야."

그때 어디선가 새로운 정보가 날아와 퍼졌다. 예수와 제자들이 마을에서 남동쪽으로 3킬로미터쯤 떨어진 벳새다 평원 남단으로 향했다는 것이다. 소식을 들은 사람들이 동네에서 썰물처럼 빠져나갔다.

수많은 사람들이 오후의 뜨거운 태양을 아랑곳하지 않고, 인가가 전혀 보이지 않는 벳새다 빈 들에서 예수 일행의 배를 기다리고 있었다. 동쪽으로 벳새다 평원이 넓게 펼쳐졌다. 평원 안쪽으로는 목초지가 있고 나지막한 산들이 솟아 있었다. 서쪽으로 갈릴리 바다 전경이 한눈에 보였다. 좌우로 해안선이 무척이나 아름다웠다.

드디어 멀리서 작은 배 한 척이 그곳으로 다가왔다. 어떤 사람이 배가 온다고 소리치자, 앉아 있던 사람들이 일어섰다. 군중의 이목이 일제히 그 배에 쏠렸다. 수평선에 한 점으로 나타난 배가 점차 그 모습을 드러내더니 이윽고 바닷가에 도달했다. 배에서 내린 제자들은 난감한 표정이었다.

"한가한 곳을 찾아 이곳으로 왔는데 사람들이 어떻게 알고 이렇게 많이 모여 있지?"

여기서도 쉴 수 없겠다고 생각한 안드레가 말하면서 한숨을 쉬었다.

목자 없는 양같이 마음이 허기지고 지친 수많은 사람들, 측은지심으로 그들을 바라보는 예수의 눈에 이슬이 맺혔다. 그는 천천히 평원으로 발걸음을 옮겨 중앙에서 멈춰 섰다. 반월형으로 솟아오른 세 개의 작은 산에서 그가 잘 내려다보였다. 언덕 위와 주위에 흩어져 있던 사람들이 강론을 듣기 좋은 자리를 찾아 앉았다.

갈릴리 바다 쪽에서 서북풍이 시원하게 불어왔다. 바람은 풀들을 쓰다듬으며 평원을 가로질러 산을 타고 올랐다. 낮지만 가파른 산봉우리 위로 타고 올라온 바람이 뜨거운 바람을 만나 산 위에 구름을 만들어 뜨거운 햇볕을 어느 정도 가려 주었다.

예수 앞에 있는 언덕에 수백 명이 앉았고 그 뒤로 솟아오른 작은 산 위에는 더 많은 사람이 마치 작은 나무들처럼 온 산을 덮었다. 예수는 수천 그루의 인간 나무 앞에 선 채로 말씀을 전했다. 신기하게도 예수가 소리를 지르지 않는데도 앞에 앉은 사람들뿐만 아니라 그 뒤 산들에 앉은 사람들한테까지 분명하게 들렸다. 바람의 방향과 공명 현상이 절묘하게 조화를 이루고 있었다.

반년 전쯤 갈릴리 서남쪽 게네사렛 평원에서 산상수훈을 베풀던 때와 유사한 분위기가 조성되고 있었다. 무리 중에는 그때 산상수훈을 들은 사람도 상당수 있었다.

"내가 너희에게 이르노니 목숨을 위하여 무엇을 먹을까 몸을 위하여 무엇을 입을까 염려하지 말라. 공중의 새를 보아라. 심지도 않고 거두지도 아니하되 너희 하늘 아버지께서 그것들을 먹이시느니라. 너희는 새보다 귀하지 아니하냐? 내일 일을 위하여 염려하지 말라. 너희는 먼저 하나님 나라와 그의 의를 구하라. 하늘 아버지께서 너희 필요를 아시고 모든 것을 더하여 주시리라."

예수의 말씀 선포는 입술의 언어가 아니라 자비로 충만한 울림이었다. 가슴으로 말씀을 듣는 청중은 생동감 넘치는 예수의 말씀에 감동의 눈물을 흘리며 더위도, 시간도 잊었다. 강론을 마친 뒤 예수는 병자들을 고쳐 주었다.

어느덧 해가 기울고 있었다. 사람들이 그를 붙들고 늘어져서 집회는 끝날 기미가 보이지 않았다. 제자들이 얼굴을 맞대고 의논했다.

"곧 어두워질 텐데, 누가 가서 선생님에게 말씀드려야 하지 않을까?"

"난감하게 되었네. 근처엔 인가가 없으니 사람들이 마을로 내려가서 식사를 해결하도록 해야 하지 않을까?"

빌립이 말하면서 일어서자 다른 제자들도 그를 따라 선생님께 나아갔다.

"선생님, 뭐라도 사 먹고 오도록 사람들을 마을로 내려보내야 하지 않을까요? 여기는 빈 들이고 날도 저물어가니…."

"너희가 그들에게 먹을 것을 주어라."

예수가 빌립을 보며 담담히 말했다.

"이 많은 사람들 다 먹이려면 200데나리온도 모자랄 텐데요."

모두 난감한 표정을 지었다. 그때 안드레의 눈이 한 소년과 마주쳤다. 그 소년이 작은 도시락 광주리를 말없이 안드레에게 내밀었다. 소년은 옆에서 제자들이 먹을 것을 걱정하는 얘기를 듣고, 예수에게 뭐라도 드리고 싶었던 모양이었다. 수줍어서 직접 그에게 가지 못하고, 눈이 마주친 안드레에게 내밀었던 것이다. 안드레가 그것을 선생님께 보였다.

예수는 제자들로 하여금 사람들을 50명씩, 평지에 있는 사람들은 100명씩 무리를 지어 앉게 하라고 지시했다. 들판에 있던 사람들이 삽시간에 여러 모둠으로 나누어졌다. 예수는 소년이 내놓은 도시락, 물고기 두 마리와 빵 다섯 개를 들어 축사한 뒤 사람들에게 나누어 주게 했다.

음식 나르는 제자들을 유심히 바라보던 어떤 사람이 같은 모둠의 사람에게 말했다.

"저거 보게. 제자들이 들고 있는 바구니는 요술 바구니인가? 저 작은 바구니에서 음식이 계속 나오잖아. 수십 명에게 나눠 주고도 되돌아가 음식을 다시 가져오는 모습을 볼 수가 없으니."

그 말을 듣고 제자들의 거동을 자세히 지켜보던 다른 사람이 신기한 장면을 본 듯 말했다.

"빵과 생선을 나눠 주는 제자들이 신명 나게 뛰어다니고 있잖아. 뭔가 기적이 일어나고 있는 거야."

"분명 그런 것 같아. 작은 음식 바구니 하나 가지고 이 많은 사람들을 다 먹이다니. 여기 모인 사람은 어른만 해도 5000명은 넘어 보이는데, 그렇지 않나?"

"그럼, 남자만도 그 정도는 되겠어."

빵과 생선을 나누던 제자들이 소리쳤다.

"음식이 더 필요한 분들은 손을 들어 주십시오. 남은 음식은 버리지 말고 다 모아 주시기 바랍니다."

여기저기 웅성웅성하던 소리가 나더니 한쪽 모둠에서 힘찬 박수 소리가 났고, 누군가 큰 소리로 외쳤다.

"예수 선생님께서 기적을 베푸셨습니다. 우리가 배불리 먹은 것은 기적입니다."

사람들이 그 말의 의미를 알아챈 듯했다. 박수 소리와 함성이 마치 천둥이 굴러가듯 삽시간에 온 들녘을 메웠다. 어떤 사람들은 두 손을 번쩍 들고 만세를 불렀다. 감동의 물결이었다. 여인들은 흐느꼈고 어떤 사람들은 펑펑 울었다. 모두 눈시울이 뜨거워지고 목이 메는 듯했다. 누군가 말했다.

"예수 선생님만 우리 곁에 있으면 굶어 죽지는 않겠어."

"백성들이 헐벗고 굶주리지 않게 해 주는 분이 있다면 당연히 우리의 왕이 되어야 하지 않겠어? 안 그런가?"

"암, 그렇고말고. 저분을 왕으로 추대합시다."

기적을 체험한 군중이 앞다투어 예수에게 몰려들었다. 그에게 기도를 받고자 했다. 이제 집회가 끝났다고 생각해 떠날 준비를 하려 했던 제자들은 어찌할 바를 몰랐다. 그들은 체념하고 다시 자리에 앉았다. 그때 몇 사람이 제자들에게 다가왔다.

"잠시 얘기를 나눌 수 있을까요?"

그들이 제자들 옆에 앉았다. 영문을 몰라 하는 제자들의 표정을 보며 그들 중 각진 얼굴에 당당한 체구의 사람이 입을 열었다.

"단도직입적으로 말씀드리겠습니다. 이제 때가 되었다고 생각합니다."

베드로가 제자들의 선임으로서 물었다.

"때라니요? 무슨…?"

"예수 선생님은 하나님께서 보내신 선지자가 분명합니다. 많은 사람들이 그것을 확신하고 있습니다. 우리가 직접 목격한 대로 그분은 충분한 능력도 갖추었고요."

"그래서요?"

"이제 제자인 여러분이 나서야 할 차례 아니겠어요? 어떻게 선생님이 먼저 말씀을 꺼낼 수 있겠어요?"

존은 이 사람들이 무엇을 말하려고 이렇게 뜸을 들이는가 생각했다. 단도직입적으로 말한다면서도 쉽게 본론을 말하지 않았다. 성미 급한 베드로가 정색하며 조금 높은 톤으로 말했다.

"우리가 나서서 무얼 해야 한다는 말씀입니까?"

"이제 혁명 정부를 세우고 조직을 갖춰야 하지 않겠습니까? 아무래도 열두 제자 분들께서 각 부서의 수장을 맡으시고, 우리는 분야별로 사람들과 활동을 시작해야 하지 않겠느냐는 말씀입니다. 우리는 첩보망과 조직을 가지고 있습니다."

제자들은 언젠가 그렇게 될지 모른다고 막연하게 생각만 했는데, 그것을 입 밖으로 표현한 말을 듣자 그들의 얼굴에 은근한 기대가 섞인 긴장과 떨림이 드러났다.

"외람되지만 이미 말이 나왔으니 우리가 의논한 것을 제안해도 되겠습니까?"

앞에서 말한 사람 옆에 서 있던 마른 체구의 예리한 눈빛을 가진 자가 말했다.

"일단 여러분의 말씀을 들어 보겠습니다."

베드로가 대답했다.

"대표 제자로서 베드로님이 준비위원장을 맡으시고 가룟 유다님이 사무총장을 맡으시면 좋겠다고 생각합니다. 제자분 대부분이 지방 출신이시고 오직 유다님만 수도 예루살렘 출신이시라 도시의 상황을 잘 아시리라는 생각에서 말씀드리는 것입니다."

그때 예수가 제자들이 있는 곳을 향해 걸어오는 모습이 보였다. 그를 보고 제자들에게 왔던 사람들이 황급히 일어섰다.

황혼이 산등성이에 빛을 뿌리고 나서 어둠이 온 들녘에 서서히 내려앉고 있었다. 예수가 제자들에게 급히 떠날 채비를 하라고 지시했다. 사람들이 그의 주위로 다시 몰려왔다. 그가 따라온 주위 사람들에게 무엇인가 말했다. 그러고는 혼자서 천천히 산 위로 올라갔다. 누군가 큰 소리로 그가 기도하러 산에 올라간다고 광고했다.

"날이 저물었으니 우리도 내려갔다가 다시 오세나."

사람들이 삼삼오오 흩어졌다. 제자들은 서둘러 타고 온 배에 올랐다. 배가 천천히 움직이며 떠나갔다.

죽은 이를 살린 표적

어둠의 옷을 입은 바다 위에 배 한 척이 뱃머리를 서북쪽 가버나움 방향으로 두고 천천히 갈릴리 밤바다를 갈랐다. 갑판에 앉아 밤바다를 바라보는 두 사람이 있었다. 야고보가 베드로에게 물었다.

"선생님은 왜 우리더러 먼저 떠나라고 하신 거야?"

"사람들을 해산시키고 기도하다가 오신다고 했어."

"선생님 얼굴에 긴장하는 빛이 역력하던데?"

"사람들이 혁명 정부 어쩌고저쩌고하는 걸 다 아시는 것 같았어. 선생님은 그 사람들 표정과 분위기를 단번에 읽으신 것 같아."

"그래? 아무튼 오늘 벳새다 평원에서 우리 선생님 대단하지 않았냐?"

"그러게 말이야. 생선 두 마리와 빵 다섯 개로 5000명 이상을 먹이고 남은 음식이 열두 바구니라니."

"내가 들고 있는 바구니 안에 생선 두 마리와 빵 조각 몇 개가 있을 뿐이었는데 사람들에게 계속 나눠 주어도 처음 그대로 남아 있지 뭐야. 얼마나 놀랐는지 몰라. 우리가 꿈을 꾼 건 아니지? 집단 최면에 걸린 것도 아니고?"

야고보가 아직 흥분의 열기가 가시지 않은 말투로 말하자 베드로가 떨어진 곳에서 동료들과 이야기하고 있던 안드레를 불렀다.

"안드레, 가지고 온 먹다 남은 바구니 한 개만 가져와 볼래? 배는 고프지 않지만 신기하니까 조금만 더 먹어 보자."

베드로가 동생 안드레에게 빵과 생선 바구니를 가져오게 했다. 가져온 바구니에는 빵과 생선이 수북했다. 다른 제자들을 불러 함께 조금씩 떼어 먹으면서 한마디씩 했다.

"이렇게 남은 걸 가져오지 않았으면 우리가 환상을 봤다고 생각할 수도 있겠어."

"선생님이 남은 음식을 버리지 말라 하시며 사람들로 하여금 싸서 가져가게 하신 것도 어쩌면 우리처럼 생각하는 사람들이 있을 것 같아서 그랬는지도 모르겠군."

"난 오늘 가난하고 배고픈 사람들에게 먹을 것을 실컷 나누어 줄 수 있다는 게 얼마나 신나고 행복한 일인지 새삼 느꼈어. 맛있게 먹는 그들을 보니까 먹지 않아도 배가 부르더라고."

"우리 미래의 그림 같지 않아요? 선생님이 주신 것들을 열심히 나누는 것이 제자인 우리의 사명이잖아요."

"오늘의 기적은 배부르게 먹은 떡보다도 그 속에 담긴 메시지가 더 중요한 것 같아."

"'무엇을 먹을까 염려하지 말라'는 말씀 말이죠?"

"우리 조상들이 광야에서 이슬처럼 내리는 만나를 먹었는데, 성경의 메시지는 그때부터 지금까지 계속되고 있는 것 같아."

"먹고 입는 것에만 신경 쓰며 산 것이 참 부끄럽게 느껴졌어요."

"그 메시지는 우리 삶의 자세를 돌아보게 했어. 범사가 결국은 믿음의 문제인 것 같다는 생각이 들더군."

"'공중 나는 새를 보라'는 선생님의 메시지를 듣고 있으니까 모든 염려가 사라지고 세상이 작아 보이더라고."

"그 말씀대로 땅에 뿌리박고 양분을 얻는 들의 백합화처럼 사는 법을 배워야 할 것 같아요. 우리가 하나님 나라에 뿌리박고 살면 아름다운 꽃을 피우는 인생이 되지 않겠어요?"

"우리 선생님은 하나님이 보내신 분, 메시아가 분명할까?"

"민간에 회자되고 있는 메시아에 대한 일곱 표적 예언이 맞나봐. 네 번째 표적이 하늘에서 만나가 내리는 것을 보게 될 거라 했는데 오늘 벳새다 사건이 그거 아니겠어? 틀림없어."

"그다음 표적 예언은 뭐였지?"

"다섯 번째 표적은 도처에서 죽은 자들이 다시 살아난다는 거였지, 아마?"

"죽은 자들이 살아나는 거라면 이미 성취됐잖아. 죽은 나인성 과부의 아들도 살았고 죽은 회당장 야이로의 딸도 살아났잖아."

"그렇구나. 난 공동묘지에서 시체들이 일어나는 것만 생각했네."

"나인성 과부를 살리는 장면은 정말 극적이었어."

제자들은 나인성 사건을 화제에 올리며 회상에 잠겼다.

세례요한이 목베임을 당할 즈음 예수와 제자들은 예루살렘을 빠져나왔다. 예수는 게네사렛 평원 근처 산에서 열두 제자를 확정하고 산상수훈을 베푼 뒤 갈릴리 서쪽 지방을 두루 돌며 발길 닿는 대로 전도하며 내려갔다. 그들이 다볼산을 넘어 사마리아 땅이 보이는 작은 시골마을 나인성 성문에 이르렀을 때 한 떼의 사람들이 성문으로 나오는 것을 보았다. 장례식 행렬이었다.

행렬 가운데 검은색 코트 차림의 랍비가 눈에 띄었다. 그의 기다란 흰 수염이 검은색 모자와 대조를 이루었다. 역시 검은 옷을 입은 장정들이 갈대로 엮은 들것 위에 염습한 시신을 뉘어서 떠메고 있었다. 일부 부유한 사람들은 나무로 만든 관을 사용하지만 가난한 사람들은 갈대로 만든 들것을 사용했다. 그것은 빨리 썩게 하여 흙으로 돌아가게 한다는 의미도 담겨 있었다.

들것을 멘 사람들 뒤로 너무 큰 슬픔에 울다가 기진한 애처로운 여인의 모습이 모두의 마음을 안타깝게 했다. 그 뒤에는 두 명의 피리 부는 자와 한 명의 호곡꾼이 따랐다. 구경꾼 속에서 누군가 말했다.

"청상과부의 독자가 갑자기 죽었다나 봐. 아들 하나 보고 살았다는데. 참 안됐어."

예수는 앞으로 나가 장례 행렬을 멈춰 세웠다. 그들 중에 예수를 알아보는 사람도 있었다. 슬피 울고 있는 죽은 자의 어미를 옆에서 부축하며 따라가던 사람이 말했다.

"저분이 예수 선생님이랍니다."

"누구? 예수? 수많은 병자를 고치신, 그 유명한 예수 선생님이 여기에 나타나셨다고?"

행여나 하는 마음에 예수를 찾던 과부의 눈이 다가오는 그분의 눈과 마주쳤다. 예수는 불쌍히 여기는 마음으로 과부를 바라보았다. 그가 운구 위원들에게 들것을 땅에 내려놓으라고 했다. 머뭇거리던 그들은 상주인 그녀가 고개를 끄덕이자 갈대로 된 들것을 땅에 내려놓았다. 시신에는 흰색 무명 수의가 입혀져 있었다. 겉은 탈릿으로 상체를 덮었고 얼굴은 '수다리온'이라 부르는 헝겊으로 덮여 있었다. 탈릿은 유대인 남자들이 기도할 때 어깨에 걸치는 것으로 매듭을 지어 겉옷으로 입기도 했다.

예수가 들것에 누인 시신을 향해 명령했다.

"청년아, 내가 네게 말하노니 일어나라!"

그러자 탈릿 겉옷과 수다리온이 흘러내리며 누워 있던 시신이 벌떡 일어나 앉았다. 그는 어리둥절하여 두리번거렸다. 예수 옆에 있던 베드로가 얼른 그를 부축하여 일으켜 세웠다. 동공이 커진 여인이 살아난 아들 이름을 부르며 붙들고 그의 가슴에 얼굴을 묻었다. 사람들 시선도 아랑곳하지 않고 그녀는 기뻐 뛰며 춤을 추었다.

그동안 예수가 많은 병자를 고쳤지만 죽은 사람을 살린 것은 처음이었다. 영생을 주제로 늘 말씀을 선포하던 그가 말씀의 능력을 증명한 사건이었다. 예수가 죽은 사람을 살려낸 소문이 온 유대와 주위 모든 지역으로 퍼져 나갔다.

제자들의 화제가 나인성 사건에서 회당장 딸 사건으로 옮겨 갔다.

"2차 순회여행 끝날 무렵 죽은 회당장 야이로의 딸을 살린 사건도 못지않았어. 정말 극적이었다고." 야고보가 말했다. "그 회당장 집으로 가는 도중에 12년 동안 만성 하혈증으로 고생하던 여인도 고치셨잖아."

"아니지. 고친 게 아니라 그 여인이 선생님 옷자락만 만졌는데 고쳐진 거지."

되살아난 회당장의 딸

예수 일행이 가버나움에서 갈릴리 사역을 본격화할 무렵, 2차 순회전도 여행에서 가버나움으로 돌아왔을 때 예수는 더 유명해져 있었다. 그들이 전도여행을 마치고 돌아오는 바닷가에 많은 사람들이 운집해 있었다. 한 점잖은 신사가 예수 앞으로 나오더니 그 발 앞에 무릎을 꿇었다.

"제 어린 딸이 사경을 헤매고 있습니다. 제발 오셔서 살려 주십시오."

회당장 야이로였다. 회당장은 교장선생님 격의 리더였다. 그가 타인의 시선을 개의치 아니하고 예수의 발 앞에 무릎을 꿇은 모습을 보며 존은 생각했다. 많은 종교 지도자들이 예수를 배척하는 편에 섰지만 야이로는 그를 진심으로 존경하는 것 같았다. 눈에 넣어도 아프지 않을 열두 살짜리 외동딸이 사경을 헤매고 있으니 보통 다급한 상황이 아니기도 했을 것이고….

회당장이 서둘러 예수를 인도하여 그의 집으로 갈 때 수많은 사람들이 뒤를 따랐다. 앞뒤좌우에 사람들이 북적대서 회당장은 걸음을 늦출 수밖에 없었다. 그들이 군중 사이를 뚫고 지나갈 때 갑자기 예수가 걸음을 멈추고 좌우를 둘러보면서 말했다.

"누가 내 옷에 손을 대었느냐?"

그는 자기로부터 흘러나가는 어떤 능력을 지각하며 관계된 사람이 누구인지 찾았다. 바로 곁에 있던 한 제자가 말했다.

"이렇게 많은 사람들이 밀고 밀리는데 어쩔 수 없지요."

제자의 대답에도 예수는 잠자코 서서 주위를 살폈다. 이동하던 모든 사람의 발걸음이 멈췄다. 존도 주변 사람들을 살펴보았다. 선생님 뒤쪽에 온몸이 경직되어 서 있는 한 여인이 보였다. 그 여인은 뒤돌아서서 자신을 보고 있는 예수와 눈이 마주치자 깜짝 놀라며 그의 발 앞에 엎드렸다. 그녀는 두려워 벌벌 떨면서 자초지종을 사실대로 고했다.

"저는 만성 하혈증을 12년째 앓고 있습니다. 부끄러워 예수 선생님께 말도 못 하고 있다가, 옷깃만 만져도 낫겠다는 생각이 들어 작심하고 만졌나이다."

하혈증은 모세 법에 부정한 것으로 규정되어 성전에도 들어가지 못하고, 만지기만 해도 부정하게 여겨 금기시되는 병이었다. 절망과 고통으로 버린 바 된 12년은 참으로 긴 회한의 시간이었다. 그녀는 병을 고치기 위해 가산을 탕진하다시피 했다.

"딸아, 네 믿음이 너를 구원했다. 병이 낫고 회복될 것이니 안심하고 가거라."

예수 일행이 회당장 집 앞에 당도했다. 그때 안에서 한 사람이 나와 회당장에게 말했다.

"따님이 이미 죽었습니다. 무엇을 더 어찌하겠습니까? 모시고 온 분만 곤란하게 했네요."

회당장은 그 말을 듣고 눈물을 주르륵 흘리며 주저앉았다.

"낙심하지 말고 믿기만 하여라."

예수가 회당장에게 말했다.

"다들 여기서 기다리고, 베드로와 야고보와 존만 따라오너라."

그들이 집 안으로 들어가니 곡하는 소리가 들리며 주위가 몹시 시끄러웠다. 예수가 사람들에게 말했다.

"울며 소란스럽게 하지 마라. 아이는 죽은 것이 아니라 자고 있다."

그 말을 듣고 어떤 사람들이 비웃었다. 방에 들어선 회당장은 얼른 딸에게로 다가갔다. 정말 죽었는지 보려고 코끝에 손가락을 대보았다. 침통한 표정으로 예수를 바라보는 그의 눈에 절망과 간절함이 배어 있었다. 예수는 방 안 사람들을 다 나가게 했고 아이 부모와 세 제자만 남게 했다. 그들은 하나님의 역사를 보고 증언할 증인들이었다. 예수는 아이의 손을 잡고 큰 소리는 아니지만 분명한 어조로 명령했다.

"달리다쿰! 딸아, 내가 네게 말하노니 일어나라."

'달리다쿰'은 '일어나라'는 의미의 아람어였다. 귀족들은 잘 사용하지 않았지만 평민들은 아람어를 흔하게 섞어 사용했다. 아주 잠깐 조용한 침묵이 흘렀다. 그 촌음이 주위 사람들에게 너무도 길게 느껴졌다. 누군가의 목에 침 넘어가는 소리가 들렸다. 아이가 눈을 떴다. 천천히 일어나 앉았다. 존의 눈에 비친 창백한 아이는 기진해 보였다. 예수가 주위 사람에게 말했다.

"먹을 것을 갖다주도록 해라."

놀라서 입을 다물지 못하고 한동안 멍하니 서 있던 그 부모가 그제야 살아난 딸을 와락 끌어안았다. 놀란 것은 제자들도 마찬가지였다. 그들은 신이 났다. 존이 밖으로 튀어 나가 아이가 살아났으니 먹을 것을 가져오라고 소리쳤다. 목소리에 잔뜩 힘이 들어가 있었다. 존은 그 집을 나오면서 열두 살 먹은 야이로의 딸 사건과 열두해 동안 혈루증 앓던 여인 사건의 공통점을 생각했다.

이 사건은 무엇을 말하고 있는 걸까? 12라는 수는 우연일까? 존은 수에 담긴 의미를 음미했다. 하나님의 수는 3이고 사람의 수는 4인데, 3과 4를 합하면 일시적인 연합을 이루는 완전수 7이 된다. 3과 4를 곱하면 영원한 융합을 이루는 12라는 완전수가 된다.

존은 12라는 수가 창조주 하나님의 개입을 가리키고 있는 증거가 분명하다고 생각했다. 절대 불가능해 보이는 죽음의 문제나, 불치의 질병을 해결할 수 있는 분은 오직 창조주 하나님밖에 없다.

'선지자'라는 말 한마디로 예수를 다 설명할 수 없을 것 같았다. 창조주와 예수, 존은 선생님의 정체에 대하여 마음속 질문이 점점 커졌다.

바다 위를 걷다

밤바다를 가르며 가버나움으로 가는 배 안에서 일곱 표적에 대한 제자들의 대화가 계속되었다.

"그럼, 여섯 번째와 일곱 번째 표적도 알려진 거야?"

"여섯 번째 표적은 바다를 육지처럼 걷는 사람들이 나타난다고 했어. 일곱 번째는 아직 알려지지 않고 있고."

"그런데 어떤 사람들은 우리가 그런 소문을 만들어 내는 것 아니냐고 하던데, 누군가 우리한테 뒤집어씌우려고 하는 것 같아."

"하기는 표적이 일어날 거라고 예언된 곳마다 우리가 나타났으니 오해할 만도 하지 뭐."

"까마귀 날자 배 떨어진 것일까 아니면 그 일곱 표적 예언이 모두 우리 선생님을 향하고 있는 것일까?"

"출처 미상의 소문이라지만 가볍게 흘려버릴 사항은 아닌 것 같아. 면밀히 분석해 볼 필요가 있겠어."

"선생님은 왜 안 오시지? 지금 몇 시쯤 됐을까?"

"밤 사경이 다 되어 가니 새벽 3시쯤 되었겠구먼."

작은 불빛에 비치는 밤바다의 파고가 점점 높아지며 거칠어졌다. 제자들 얼굴에 초조한 기색이 어렸다. 대부분 바다에서 잔뼈가 굵은 어부 출신 제자들이지만 밤바다는 항상 두려움을 동반했다. 갈릴리 바다는 바람과 폭풍이 종잡을 수 없기 때문이었다.

노 젓는 사람들의 손이 점점 더 힘들어지고 있었다. 베드로가 근심스러운 얼굴로 말했다.

"또 바람이 심상치 않은데."

급기야 제자들은 배가 뒤집히지 않도록 중심을 잡으려고 애를 써야만 했다. 디베랴 바다에서 뱃세다로 이동할 때 폭풍을 만나 사경을 헤매다가 겨우 빠져나온 악몽이 그들에게 살며시 고개를 들었다.

"저기, 저 파도 위에 시커먼 물체가 있는데 뭘까?"

안드레가 소리쳤다. 유령 같은 형체가 서서히 그들에게로 다가오고 있었다. 제자들은 긴장하여 머리카락이 곤두서고 몸이 경직되었다.

"나다! 두려워하지 마라."

파도 위를 미끄러지듯 다가오는 형체는 예수였다. 배와의 거리가 가까워지자 그는 천천히 바다 위를 걸어 다가왔다. 제자들의 입이 크게 벌어졌다.

"물 위를 걷다니… 바다 위를 걸어오시는 분이 정말 선생님 맞습니까? 저도 물 위를 걸어 볼 수 있을까요?"

반쯤 정신이 나간 베드로가 자기도 모르게 물 위를 걷고 싶다고 말했다. 동료들과 함께 얘기했던 여섯 번째 예언 이야기가 무의식 중에 그의 뇌리를 스쳤기 때문인지도 몰랐다.

예수가 걸음을 멈추고 베드로에게 오라고 손짓을 했다. 베드로가 배에서 조심스럽게 발을 내렸다. 물이 발목까지 찼으나 밑에 바위가 있는 듯 단단함이 느껴지자 그는 두 발을 딛고 물 위에 내려섰다. 선생님 쪽으로 한 걸음씩 발을 옮겼다. 물 위를 걷는 베드로나보고 있는 제자들은 긴장해서 손에 땀이 났다.

"철썩!"

그때 작은 파도 하나가 다가와 베드로의 발에 부딪히며 무릎 위까지 튀었다. 그러자 베드로는 시커먼 파도가 갑자기 무섭다는 생각이 들었다. 그 생각이 스치자마자 몸이 허리까지 쑥 빠져들었다.

"앗!"

사람들이 놀라서 소리쳤다. 베드로가 겁에 질려 소리를 질렀다.

"예수님! 구해 주세요, 저 좀⋯."

예수가 순식간에 베드로에게 다가와 그의 손을 잡았다. 바닷물속으로 빠져 가던 베드로의 몸이 위로 올라왔다. 새파랗게 질린 베드로의 얼굴을 보며 그가 말했다.

"믿음이 작은 자여, 왜 의심하였느냐?"

예수가 베드로의 손을 잡고 배에 오르니 바람도 그쳤다. 새벽녘이 되어서 그들은 가버나움 포구에 도착했다.

베드로 집에서 점심 식사를 함께하기로 했다. 전도여행을 마치고 돌아온 예수 일행을 위해 베드로의 장모와 여제자들이 푸짐한 식사를 준비했다. 식사 기도를 마치고 음식을 들기 시작할 때 일단의 무리가 그들을 찾아왔다. 그들은 원망스러운 눈빛으로 예수에게 말했다.

"언제 여기 가버나움으로 돌아오셨습니까? 새벽 컴컴할 때 우리가 어제 집회 장소로 갔는데 선생님도 안 계시고 제자들도 없어서 우리가 얼마나 당황했다고요. 사방을 찾아 헤매고 다녔습니다. 저희에게 일언반구도 없이 떠나는 법이 어디 있습니까?"

예수는 그들의 속마음을 꿰뚫어 보며 말했다.

"너희가 그토록 나를 찾은 이유가 먹는 문제 때문인 것 같구나. 내가 참으로 너희에게 주고 싶은 양식은 따로 있다."

이번에는 광야 메추라기 고기라도 주실까 기대하며 그들의 눈이 반짝였다.

"다시는 배고프지도 목마르지도 않는 음식을 먹고, 그 양식을 위해서 일하면 좋겠구나."

"선생님, 오래도록 배고프지 않는 양식이 있다면 그것을 저희에게 나누어 주십시오."

"내가 곧 하늘에서 내려온 생명의 양식이니라."

그는 사람들의 먹을거리로 하늘에서 내려왔다면서 모든 사람이 영생을 얻기 원한다고 했다. 그가 모두를 사랑해서 자기 목숨을 준다고 했다.

"내가 곧 생명의 양식이니라. 내 살을 먹고 내 피를 마신 자는 마지막 날에 내가 다시 살리리라."

무리 중에 섞여 있던 서기관들과 바리새인들이 그들의 대화를 듣고 쑥덕거렸다.

"저자는 분명 요셉의 아들인데 어떻게 하늘에서 내려왔다는 말을 되풀이하고 있는 거야."

은둔의 시간들

집중 훈련

새벽 미명, 어둠에 덮인 가버나움 도시는 아직 꿈속에 취해 있었다. 텅 빈 거리에 세 개의 검은 물체가 나타나 북쪽 길로 향했다. 도중에 또 다른 검은 움직임이 합세했다. 수가 늘어난 인영들은 가버나움 도시를 완전히 벗어나 수리아로 향하는 길목에서 멈추어 섰다. 그곳은 한적한 숲길이었다. 여행 준비를 하고 나타난 사람들은 예수와 그의 제자들이었다.

"사람들 몰래 이렇게 은밀하게 휴가를 떠나는 것도 꽤 재미있는데."

"안드레, 휴가 아니야. 엄연히 특별수련회야. 긴장 늦추지 마."

베드로가 안드레에게 주의를 주었다.

"아무튼 선생님과 우리끼리만 시간을 갖는 거잖아. 그럼 휴가도 되는 거지 뭐."

"그래. 네 말도 완전히 틀린 것은 아니다."

옆에서 야고보가 말했다.

그들은 인원 파악을 한 뒤 지체하지 않고 길을 떠났다. 훤하게 먼동이 터올 때쯤 그들은 완전히 갈릴리를 벗어나 수리아 지역으로 깊숙이 들어갔다. 가지고 온 도시락으로 요기를 한 뒤 그들은 다시 일어섰다.

"와, 바다 냄새가 나는 것 같지 않아?"

빌립이 코를 벌름거리며 심호흡을 했다.

"지중해는 갈릴리 바다와 냄새부터 다른 것 같은데. 크기가 다르니 냄새도 다른가?"

안드레가 설렘을 실어 말했다. 그들은 사람들을 피해 지중해 연안 한적한 도시 두로 근처에 도착했다. 선생님이 제자들과만 시간을 가지겠다고 이방 땅으로 뚝 떨어져 나온 것이다. 유명한 무역 항구도시 두로는 그 옛날 가나안 정복 시대에 아셀 지파에 속한 땅이었고, 지금은 수리아의 수로보니게 지역에 속했다.

야고보와 베드로가 먼저 동네에 들어가 머물 거처를 수소문했고, 이윽고 모두 한 허름한 객잔에 들어가 여장을 풀었다. 그들이 쉬고 있을 때 40대 초반의 한 여인이 찾아왔다. 생김새와 차려입은 옷으로 보아 그녀는 수로보니게 족속이면서 헬라인이었다. 얼굴에 수심이 가득한 그녀는 귀신 들린 자기 딸을 고쳐 달라고 예수에게 간곡히 부탁했다. 안드레가 제자들을 돌아보며 말했다.

"여기도 선생님에 대한 소문이 쫙 퍼져 있어서 조용히 쉬기는 쉽지 않겠는데."

예수가 그 여인을 돌아보았다.

"자녀들의 빵을 개들에게 던져 주는 것은 안 될 말이지."

이방인을 개로 취급하는 보통의 유대인들처럼 예수가 말했다. 그러자 그 여인은 절박한 표정으로 그의 발 앞에 무릎을 꿇고 두 손을 들어 올리며 사정했다.

"선생님, 맞습니다만 상 아래 개들도 자녀들이 흘린 부스러기는 얻어먹습니다."

사람들은 그 여인의 반응에 놀랐다. 예수가 그녀에게 말했다.

"그대 믿음이 놀랍구나. 네 믿음대로 딸이 귀신에게서 풀려났느니라. 돌아가 보거라."

이튿날 그들은 풀었던 여장을 다시 챙겨 떠날 준비를 했다. 거기서도 조용한 시간을 갖기 어려울 것 같아서였다.

그들은 지중해 해안 길을 따라 바닷바람을 맞으며 북쪽 시돈 방향으로 향했다. 길은 무역항로 연결 도로라서 비교적 잘 닦여 있었다. 나다나엘이 제자들에게 말했다.

"여기가 성경 역사 속에 어디쯤인 줄 알아? 900년 전 엘리야 선지자가 아합과 이세벨의 추격을 피해 잠시 머문 사르밧이야."

다윗 왕 때 전성기를 이룬 이스라엘은 그의 아들 솔로몬 사후 나라가 남북으로 갈라졌고, 북왕국은 이스라엘, 남왕국은 유다가 되었다. 북왕국 이스라엘은 아합 왕 때 우상숭배가 극에 달했다. 이때 분연히 일어난 하나님의 사람이 엘리야 선지자였다.

예수 일행은 두로에서 북쪽으로 40킬로미터를 걸어 이방인 거주지들을 지나 레온테스강을 건넜다. 헤롯 빌립의 영토를 통과해서 남동쪽으로 내려갔다. 긴 여정이었다. 그들은 한적한 시골길로만 여행했다. 예수는 대중집회나 축호전도보다는 제자들과 많은 이야기를 하고 싶어 했고, 때때로 혼자서 깊은 생각에 잠겼다.

"오! 갈릴리 호수다. 이거 얼마 만이냐?"

이방인 지역 변방을 지나 드디어 갈릴리 호수가 내려다보이는 곳까지 내려왔다.

"역시 어디를 가도 갈릴리 바다가 그리워. 마치 어머니 품속 같거든." 베드로가 중얼거렸다.

그 바다는 그에게 치열한 삶의 자리였고 영혼의 쉼터였다. 때로는 인간이 너무도 나약한 존재임을 절실히 깨닫게 해 주는 두려움의 대상이기도 했지만, 좋든 싫든 매일같이 함께 부대끼는 친구 같았다. 그러면서도 바다는 항상 새로운 천의 얼굴을 가지고 있었다. 그래서 질리지 않았다. 갈릴리는 제자들에게 각별했다. 그들의 삶의 무대였고 전도하며 가 보지 않은 동네가 거의 없을 정도로 돌아다녔다.

오랜만에 돌아온 제자들이 갈릴리 호숫가에서 감상에 젖어 있을 때 사람들이 귀먹고 말 더듬는 자를 데려와 안수를 부탁했다. 예수는 그를 데리고 사람들이 보지 않는 후미진 곳으로 갔다. 그는 대중의 몰림을 원치 않았다. 예수는 손가락을 사내의 귀에 넣고 혀에 손을 대고는 기도했다.

"에바다!"

그 말은 '열려라'라는 뜻의 아람어 방언이었다. 예수가 선포하자 사내의 귀가 열리고 혀가 풀리며 말이 돌아왔다. 예수는 사람들에게 이 일을 소문내지 말라고 당부했다. 제자들을 집중 훈련하며 은둔의 시간을 보내고 있는 중이기 때문이었다.

그러나 사람들은 예수의 의중을 알지 못했다. 사람들이 몰려왔다. 예수는 그들을 불쌍히 여기는 마음 때문에 차마 뿌리치지 못했다. 삽시간에 수천 명으로 불어났다. 그는 말씀과 치유사역을 계속했다.

각기 싸들고 온 도시락은 동이 난 지 오래였고 둘째 날부터 종일 물만 마시면서도 흩어질 생각을 하지 않았다. 예수가 제자들을 불렀다.

"너희가 가지고 있는 음식이 얼마나 있느냐?"

"빵 일곱 개와 생선 두 마리 정도 남았습니다."

예수는 그것을 가져오게 하여 축사하고 사람들에게 나누게 했다. 제자들은 지난번 경험이 있기 때문에 더 신속하고 질서 있게 사람들을 모둠으로 나누어 앉게 했다. 장정만 4000명가량 되는 사람들에게 음식을 나누어 주었다. 모두가 배불리 먹고 남은 음식이 일곱 광주리나 되었다. 예수는 제자들과 함께 갈릴리 건너편으로 떠났다.

두 번의 안수

배가 도착한 곳은 갈릴리 바다 서쪽 막달라 항구 근처였다. 사람

222

들은 그 일대를 달마누다 지역이라 불렀다. 예수 일행이 데가볼리에 나타나 집회를 할 때부터 바리새인들과 사두개인들의 정보망이 바쁘게 움직였고, 달마누다에 도착하자마자 그들이 나타나 민중을 미혹하지 말라며 날을 세웠다.

"당신이 정말 메시아라면 하늘로부터 오는 경천동지할 표적을 보여 달란 말이오."

예수는 깊이 탄식했다.

"하늘을 보며 날씨는 분별하면서도 역사 속 시대의 표적은 분별하지 못하는구나. 너희에게 보여줄 것은 요나의 표적밖에 없도다."

예수는 우주에 가득 찬 하나님의 표적을 보지 못하는 이들에 대하여 탄식했으며, 최고의 표적이 될 자신의 죽음과 부활을 언급했다. 기적과 이적이 특정 장소와 시간에 특별한 방법으로 나타나는 현상이라면, 표적은 그 기적의 사건 속에 드러난 하나님의 뜻과 영광의 계시였다.

예수는 더 이상 그들과 대거리하지 않고 다시 배를 타고 떠났다. 배가 정박한 곳은 오병이어 기적을 행한 벳새다 평원 북쪽이었다. 동네 입구에 이르렀을 때 사람들이 그들을 알아보았다. 어느새 사람들이 눈먼 사람 하나를 그에게 데려와 안수해 달라고 간청했다. 예수가 그를 마을 밖으로 데리고 나가 두 눈에 침 뱉은 손을 얹었다.

"무엇이 보이느냐?"

"나무 같은 것들의 움직임이 어렴풋하게 보입니다."

예수가 다시 그 사람의 두 눈에 손을 얹었다. 그 사람이 소리쳤다.

"보입니다! 사람들이 분명하게 보입니다. 세상이 다 보입니다!"

예수가 그에게 동네에 들어가 소문을 퍼뜨리지 말라고 당부했다. 십자가의 때가 가까워 오는데 제자들의 집중 훈련이 아직 끝나지 않았기 때문이었다.

그들은 갈릴리 바다를 뒤로하고 다시 북쪽 이방 땅으로 방향을 잡았다. 일행의 뒤편에서 따라가던 존이 뭔가 골똘히 생각에 잠겼다. 그는 고개를 갸웃하며 옆의 안드레에게 말했다.

"아무래도 이상해."

안드레가 물었다.

"뭐가?"

"이제까지 선생님께서 병자를 모두 단번에 고치셨는데, 아까 소경은 왜 한 번이 아니고 두 번 안수하여 고치셨을까?"

안드레는 존이 별걸 다 고민한다 싶어 장난스럽게 말했다.

"그 사람 눈이 너무 망가졌거나 아니면 선생님이 너무 피곤하셨나?"

"아니야, 선생님이 우리에게 뭔가 보여 주고 싶으셨던 것 같아. 그 사람을 고치면서 둘러선 우리를 보는 선생님의 눈빛에 뭔가가 있었어."

존이 나다나엘을 돌아보았다. 영적 통찰력이 뛰어난 고견을 듣고 싶다는 듯…. 나다나엘이 존을 보면서 말했다.

"나도 그 점을 이상하게 생각했어. 내 생각엔 우리의 영적인 눈이 희미하게 밖에는 보지 못하는 것을 암시하는 것 같아. 한 번 더 눈을 떠야 선생님이 보여 주시고 싶은 것을 제대로 볼 수 있다는 뜻 아닐까?"

"역시 나다나엘 형님의 영적인 분별력은 뭔가 다릅니다. 막연하게 뭔가 있다고만 생각했는데 제 눈이 밝아지는 것 같아요."

존이 익살스럽게 너스레를 떨며 말하자 안드레가 물었다.

"존, 눈이 밝아져 새롭게 보이는 게 뭔데?"

"구체적으로는 아직 모르겠어. 그러나 지금 선생님이 어떤 일을 위해 노심초사하고 계신다는 느낌을 받았어."

베드로의 고백

예수와 제자들이 갈릴리 호수 북단에서 40킬로미터를 걸어 드디어 헤롯 빌립의 땅 가이사랴 빌립보에 도착했다. 그 도시의 처음 이름은 파네온Panaeon이었고 바니아스Banias라고도 불렸다. 헤롯 빌립은 샘물 가까이 신전을 짓고 그 도시를 로마 황제 아우구스투스에게 바쳤다. 그는 지중해의 가이사랴와 구별해서 자신의 이름을 넣어 가이사랴 빌립보라고 명명했다.

"와! 장관이다."

제자들이 감탄사를 연발했다. 좌우에 큰 나무들 사이로 시원하게 쏟아져 내리는 바니아스 폭포가 보였다. 멀리 헐몬산 정상은 만년설로 은색 모자를 쓰고 있었다. 그 산기슭에 자리 잡은 도시 가이사랴 빌립보, 해발 1000킬로미터 이상 높이의 골란고원을 양팔처럼 두르고 있으면서 고지대의 시원함을 자랑했다. 녹아내린 헐몬산의 물은 지하로 스며들었다가 샘물로 터져 나와 갈릴리 호수를 채우는 수원이 되었다.

가이사랴 빌립보는 우상의 도시이기도 했다. 헤롯은 도시 여러 곳에 로마 황제를 신으로 추앙하는 신상을 세웠다. 14개의 바알 신전과 판Pan 신전이 있었다. 그리스 신화에 나오는 판 신은 그 지역 대표 신이며 목축의 신으로 알려져 있었다. 그 신의 출생 동굴이라고 알려진 언덕에 알렉산더대왕이 판 신전을 건축했다. 후에 그 신전 가까이에 제우스 신전, 로마 황제 신전이 함께 지어져 명소가 되었다.

"선생님, 저 개울가로 내려가서 세수도 하고 발도 담그면 어떨까요?"

일행은 땀과 먼지로 몰골과 행색이 말이 아니었다. 그들은 서로를 바라보면서 폭포 아래쪽 물가로 내려갔다.

"아이고 시원해!" 이구동성으로 환호성을 질렀다.

"물이 너무 맑고 깨끗해서 더러운 발 담그기가 미안하네."

일행은 차가운 개울물에 발을 담그고 앉아 휴식을 취했다. 한적한 분위기가 주는 여유 속에서 편안한 마음으로 담소를 나누었다. 예수가 제자들을 둘러보며 물었다.

"사람들이 나를 가리켜 누구라고 하느냐?"

"세례요한이라고 하는 사람들도 있고, 엘리야라고 하는 사람들도 있고, 예레미야나 선지자 중 한 분이라고 하는 사람들도 있습니다."

제자들이 대답하자 예수가 다시 물었다.

"그러면, 너희는 나를 누구라고 생각하느냐?"

예수는 의도적으로 특별한 장소에 제자들을 데려왔고, 은둔 여행의 가장 핵심적인 주제를 이렇게 시작했다. '예수, 그는 누구인가?' 예수가 예루살렘 성전을 청결케 한 사건 이후 바리새인들을 비롯한 종교 지도자들, 수많은 사람들의 계속된 질문이었다. 그의 제자들까지도 붙들고 있는 최고의 화두라고 할 수 있었다.

질문을 받고 제자들은 순간 당황했다. 선생님을 따라다닌 지 벌써 2년 반이 되었다. 이제 와서 이런 질문을 하는 선생님의 의도가 무엇일까 생각했다. 모두 대답을 머뭇거렸다. 잠깐의 침묵을 깨고 베드로가 대답했다.

"선생님은 살아 계신 하나님의 아들 그리스도십니다."

그리스도는 '머리에 기름 부음을 받은 자, 거룩한 사람'이라는 뜻이었다. 히브리어 '메시아'를 헬라어로 번역한 말이기도 했다. 대부분의 제자들도 비슷한 생각을 하고 있었다. 베드로의 대답에 선생님은 만족한 표정을 지으며 그를 칭찬해 주었다.

"시몬아, 네가 복이 있구나. 너에게 이것을 알려 주신 분은 사람이 아니라 하늘에 계신 나의 아버지시니라."

베드로의 대답은 지식이 아니라 고백이었다. 베드로는 선생님이 이스라엘의 영원한 왕이며 구원자인 메시아라고 고백한 것이다. 그를 메시아로 아는 것은 사람의 설명이나 설득으로 될 수 있는 일이 아니었다.

"너는 베드로, 곧 반석이다. 내가 반석 위에 내 교회를 세우겠다."

그는 베드로와 제자들 하나하나에게 시선을 주었다. 그가 눈을 들어 판 신전을 한참 동안 바라보았다. 그의 눈길을 좇던 마태가 불쑥 한마디 했다.

"베드로의 이름도 반석이고, 판 신전과 황제 신전 앞 로마의 상징 판도 반석이네요."

베드로의 원래 이름은 '시몬'이었는데 예수가 그를 전임사역자로 부를 때 '반석'의 의미를 가진 '베드로'라는 이름을 지어 주었다. 그때 이미 베드로와 제자들의 역할을 예견한 것일까. 베드로는 제자들의 대표 격이었다. 예수는 베드로의 이름에서 '반석'이라는 의미의 상징성을 함께 취했다. 반석은 예수 제자 공동체의 신앙고백을 의미했다. 이 반석을 가톨릭에서는 베드로와 그의 계승자로서 교황의 권위를 연계하여 강조한다.

예수가 말한 '반석'은 이중적인 의미가 포함되어 있었다. 베드로와 제자들의 신앙고백이면서 또한 그들의 눈앞에 보이는 로마 황제 신전 앞 판 바위였다. 반석은 로마와 같은 세상 제국 권세의 상징이었다.

후자의 의미로 본다면 '이 반석 위에 내 교회를 세우겠다'는 것은 로마를 밟고 제국 위에 교회를 세우겠다는 말씀이었다. 이어지는 '음부의 권세'라는 다음 말과도 연관성이 있었다.

"음부의 권세가 이기지 못할 것이다."

예수가 힘주어 이 말을 할 때 제자들을 바라보는 그의 눈빛 속에 측은히 여기는 마음이 담겨 있었다. 그들은 아직 알지 못했지만 그는 제자들이 로마 권세 아래에서 어떤 어려움을 당하게 될지 예견했다.

교회가 세워진다는 말속에는 '싸움과 승리'가 전제되어 있었다. 예수는 세상 권세와 교회의 치열한 싸움을 내다보았다. 그러나 제자들은 교회가 당할 핍박과 고난, 최후의 종말론적 승리에 대해 아직 알지 못했다.

예수는 교회를 언급하며 이처럼 상당히 전투적인 용어를 사용했다. 가인 계열로 이어져 내려오는 거대한 세상 나라 제국들, 바벨론, 앗수르, 페르시아, 헬라 제국, 거대한 로마 제국을 발등상 삼아 교회가 우뚝 설 것이라고 말한 것이다. 한 제자가 말했다.

"선생님 말씀을 듣고 있으니까 600년 전 〈다니엘〉서에 나오는 '신상'이 연상되는데요."

뜨인 돌

어느 날 바벨론 왕궁에 난리가 났다. 느브갓네살 왕이 생트집 같은 명령을 내렸기 때문이었다. 누구든지 나와서 왕의 꿈을 해석하라고 하는데, 문제는 왕 자신도 무슨 꿈을 꾸었는지 기억하지 못하는 것이었다. 분명히 무슨 꿈을 꾸었으나 기억할 수 없어 왕은 불면증에 걸릴 정도로 마음이 답답하여 미칠 지경이라고 했다. 신하들이 전전긍긍하며 비상회의를 열었다.

"아니, 대왕께서 꾼 꿈을 말해 주셔야 이렇든 저렇든 해몽이라도 할 것 아냐?"

"그러게 말이야. 자기가 꾼 꿈의 내용까지 알아맞히고 해몽도 하라니, 원."

"우리를 골탕 먹이려고 일부러 그러시는 걸까? 근자에 대왕의 비위를 상하게 할 만한 무슨 일이 있었나?"

총리 격인 왕의 신하가 비서실장 격인 시위대장 아리옥에게 물었다.

"아니요, 그럴 만한 특별한 일은 없었습니다. 제가 보기에는 정말 무엇인가 꿈을 꾸신 것은 확실합니다. 밤마다 괴로워하며 잠을 못 주무시고 있거든요."

"그것참 희한한 일이군. 아무튼 큰일이야. 꿈과 해몽을 할 수 있는 사람을 찾지 못하면 여러 목숨 상하게 생겼으니."

왕궁 안에는 사람들이 모이기만 하면 왕의 꿈 이야기로 근심하며 쑥덕거렸다.

"이 일을 해결 못 하면 전국에 있는 주술가, 점쟁이, 마술사를 모조리 잡아다가 죽이라고 하셨다면서요?"

시위대 군사들이 꿈 해결사를 찾아 이리저리 뛰어다니고 있을 때 한 소년이 시위대장 아리옥을 찾아왔다. 소년은 바벨론 왕립 인재양성 기관에서 수학하고 있는 학생 신분이었고 곧 졸업을 앞두고 있었다.

"너, 벨드사살이구나. 소식 들었겠지? 너희도 살아남기 어려울 것 같구나. 곧 체포령이 떨어질 것이다."

시위대장이 다니엘을 보고 말했다. 벨드사살은 다니엘의 바벨론식 이름이었다.

"어찌 그리 서두르십니까? 제게 조금만 시간을 주십시오."

"뭐? 네가 나서 보겠느냐? 그럼 지금 나와 함께 가서 직접 대왕님을 알현해 볼래?"

230

소년 다니엘은 바벨론이 유다에 쳐들어와서 여호야김 왕을 굴복시켰을 때 끌려온 포로 중 하나였다. 바벨론은 도처 속국에서 인재가 될 만한 청소년들을 잡아 와, 3년 과정의 인재양성소를 설치하여 특별훈련을 시키고 있었다. 훈련생들 중에서 유다에서 잡혀 온 다니엘과 그의 세 친구는 학문에 뛰어나 주목받는 후기지수들이었다.

"대왕마마, 저에게 하루 정도 말미를 주시면 대왕님의 꿈을 해몽해 드리겠습니다."

다니엘이 바벨론 왕 앞에 엎드려 간청했다.

"네가 할 수 있다고? 하지 못하면 너와 네 친구들 모두 죽을 것이다. 알겠느냐?"

처소로 돌아온 다니엘은 세 친구를 급히 불렀다.

"지금은 비상시국이야. 우리뿐만 아니라 전국에 수많은 사람들의 목숨이 경각에 달렸어. 만 하루가 지나면 사느냐 죽느냐 판가름이 날 거야. 함께 금식하며 여호와께 매달려 보자."

그날 밤 금식하며 기도하던 다니엘이 응답을 받았다. 꿈인지 환상인지 분명치 않았지만 바벨론 왕이 꾼 꿈을 선명하게 알게 되었다.

이튿날 다니엘은 바벨론 왕 앞에 다시 섰다. 문무백관들도 소식을 듣고 그 자리에 함께했다. 긴장된 분위기 속에서 17세 다니엘은 예의 바르나 당당했다.

"제 지혜로 대왕님의 꿈을 안 것이 아니라 제가 믿는 하나님이 알려 주셨습니다."

"그래. 내 꿈을 알아냈단 말이지?"

바벨론 왕이 보좌에서 등을 떼며 팔걸이에 손을 얹고 상체를 앞으로 내밀면서 기대하는 눈으로 다니엘을 주시하며 말했다.

"대왕님은 어떤 거대한 신상을 보셨습니다. 그것은 크고 빛이 찬란했는데 머리는 순금이고, 가슴과 팔은 은이고, 배와 넓적다리는 놋쇠고, 그 무릎 아래는 쇠고, 발은 쇠와 진흙이 섞여 있었습니다."

바벨론 왕이 손뼉을 치며 큰 소리로 말했다.

"그래. 바로 그런 꿈이었어! 이제 생각이 나는구나. 그때 큰 돌 하나가 난데없이 날아들어 와 거대한 신상을 부숴 버렸지."

다니엘이 이어서 말했다.

"그랬지요. 그 후 부서진 신상은 바람에 날려 흔적도 없이 사라지고, 그 신상을 친 돌은 큰 산이 되어 온 땅에 가득 찼을 것입니다."

바벨론 왕이 벌떡 일어나 왼팔을 뻗어 손가락을 튕기면서 말했다.

"그래, 바로 그거야."

그가 다시 보좌에 앉으며 물었다.

"내 꿈을 알아맞혔으니 이제 해몽을 해 보아라."

"예. 대왕님은 열국 중에서 왕 중의 왕이시니 하나님이 권세와 영광을 주셨습니다. 대왕님은 꿈속 신상의 순금 머리십니다. 나중에 대왕님 나라보다 못한 은과 같은 나라가 나타날 것입니다. 또 그 뒤에 놋쇠로 된 셋째 나라가 온 땅을 다스릴 것이고, 넷째 나라는 쇠처럼 강할 것입니다."

"그럼, 난데없이 날아든 돌은 무엇이냐?"

"제국들이 흥망성쇠를 반복하다가 종국에 전능하신 창조주 하나님이 열방을 심판하시고 그의 나라가 영원히 설 것입니다."

바벨론 왕이 보좌에서 내려와 다니엘 앞에서 예를 취하며 말했다. "그대의 하나님은 신 중의 신이로다."

왕은 다니엘을 등용하여 술사들을 통괄하는 지위를 주었고 상으로 귀한 선물을 내렸다. 이 사건은 기원전 605년 다니엘이 유다 여호야김 왕 때 포로로 바벨론에 끌려온 지 3년쯤 후에 일어난 사건이었다.

하늘나라 열쇠

나다나엘이 〈다니엘〉서에 나오는 거대한 신상과 관련된 이야기를 하면서 선생님께 물었다.

"다니엘 선지자가 느브갓네살 왕의 꿈을 해석한 대로 세계사는 흘러 왔습니다. 바벨론은 머리요, 페르시아는 가슴이요, 배는 헬라요, 다리와 발은 로마 제국인 것을 우리 모두 알고 있습니다. 반석 위에 교회를 세우겠다는 선생님의 말씀은, 〈다니엘〉서의 날아든 돌이 신상을 부순 것처럼 교회가 세상 제국을 정복한다는 말씀으로 이해해도 되겠습니까?"

예수가 나다나엘을 바라보고 빙그레 웃으며 고개를 끄덕였다. 베드로가 물었다.

"교회는 무엇입니까?"

예수가 베드로를 바라보며 대답했다.

"너희가 교회니라. 내가 너에게 하늘나라 열쇠를 주겠다. 네가 무엇이든지 땅에서 매면 하늘에서도 매일 것이요, 땅에서 풀면 하늘에서도 풀릴 것이니라."

예수 제자 공동체가 교회의 이름으로 천국 열쇠를 받게 된다는 말씀이었다. 이 열쇠는 사람과 사람 사이에서 풀 수 있고 맬 수도 있다고 했다. 어떤 사람이 누군가 전하는 자의 복음을 듣고 받아들이면 그 둘이 서로 매이면서 하늘과도 맺어지는 것이다.

"내가 그리스도인 것을 아무에게도 말하지 말라."

예수는 자신이 그리스도인 것을 제자들에게 분명히 말했다. 그러나 십자가의 때까지는 아직 반년 정도 남아 있었다. 그의 길을 훼방하는 무리와 메시아관이 잘못된 자들에게 아직은 자신을 감추고자 했다.

베드로와 제자들은 선생님의 어투에서 이상한 기류를 감지했다. 마치 인수인계하는 것처럼 열쇠를 넘겨주고 어디론가 떠나갈 것 같은 말로 들렸다. 베드로가 선생님께 물었다.

"선생님, 왜 그런 말씀을 하세요. 저희와 곧 이별이라도 할 것처럼 들리는데요."

"그래. 바로 보았다. 우리는 이제 예루살렘으로 올라갈 것이다. 거기서 나는 고난을 받고 죽임을 당하게 될 것이다. 그러나 3일 후에 다시 살아날 것이다."

제자들은 눈이 커지며 바짝 긴장하였고 갑자기 불안감이 엄습해 왔다. 성미 급한 베드로가 참지 못하고 떨리는 음성으로 격하게 말했다.

"안 됩니다. 절대로 그런 일이 선생님께 일어나서는 안 될 일입니다."

그러자 그가 베드로를 책망하며 말했다.

"사탄아, 내 뒤로 물러가라. 너는 나의 길에 걸림돌이 되려고 하는 것이냐? 왜 사람의 일만 생각하고 하나님 일은 생각지 못하는 것이냐."

잠시 침묵이 흘렀다. 예수가 제자들을 둘러보며 차분한 어조로 단호하게 말했다.

"누구든지 나를 따라 오려거든 자기를 부인하고 자기 십자가를 지고 나를 따라야 한다."

존은 제자들이 몹시 혼란스러워하고 있다는 것을 알았다. 말은 안 했어도 그들은 화려한 꿈을 꾸고 있었다. 그 때문에 예루살렘으로 가는 것을 손꼽아 기다리며 잔뜩 기대하고 있었다. 그런데 분위기가 이상한 방향으로 흘러가고 있는 것이다. 제자들은 뭔지 모를 불안감에 위축되었고 분위기가 갑자기 무거워졌다. 시원한 물에 발을 담그고 있는데도 마음은 전혀 시원하지 않았다.

예수가 시무룩해진 제자들을 위로하듯 덧붙였다.

"인자가 왕권을 가지고 하늘 영광에 싸여 천사들과 함께 다시 올 때는 심판주로 올 것이다."

변화산의 예수

죽음을 예고한 뒤 어느 날, 예수는 베드로와 야고보와 존 세 사람만 데리고 산에 올랐다. 다른 제자들은 흩어져 전도하도록 내보냈다. 여러 산봉우리가 징검다리처럼 만년설에 덮인 헐몬산 꼭대기로 이어졌다. 존은 선생님이 한 봉우리를 택하여 오르려 한다고 생각했다.

산 아래쪽은 수목이 울창했지만 위에는 키 작은 나무가 많았다. 비바람에도 잘 견딜 수 있어 보이는 억센 풀과 나무들이 생존경쟁을 벌이는 듯했다. 산 능선을 따라 이어지는 작은 길이 한 봉우리를 끼고 돌았다. 제자들이 주변 경관에 취해 발걸음을 늦췄을 때 조금 앞서 올라가던 예수가 봉우리의 허리를 돌아 시야에서 사라졌다. 존이 뒤를 돌아다보며 말했다.

"형들, 여기서 쉬었다 갑시다. 경치도 죽이는데."

"선생님은?"

야고보가 이마에 흐르는 땀을 훔치며 물었다.

"저기 솟은 봉우리로 오르시려는지 막 산허리를 돌아가셨어."

존이 바위 위에 앉자 야고보와 베드로도 뒤돌아서서 산 아래를 내려다보며 바닥에 주저앉았다. 탁 트인 시야에 잡히는 풍광이 무척이나 아름다웠다. 시원한 바람이 불어와 흐르는 땀을 식혀 주었다. 야고보가 베드로를 보며 물었다.

"선생님이 왜 우리를 데리고 산을 오르실까?"

"글쎄. 특별히 하실 말씀이 있는가? 아니면 선생님 죽음에 대한 언급을 듣고 가라앉은 우리 마음을 전환시켜 주시려는 걸까? 따라가 보면 알겠지."

베드로도 짐작 가는 것이 없다는 듯 두 손바닥을 들어 보이며 고개를 갸웃했다. 그들은 잠시 이런저런 얘기를 나누었다.

"선생님이 기다리시겠다. 어서 올라가자."

베드로가 일어서면서 말했다. 그가 일어서서 산 위쪽을 향하여 몸을 틀다가 깜짝 놀랐다.

"저게 뭐야?"

베드로가 놀라 말하자, 야고보와 존이 따라 일어서며 뒤돌아보았다. 청명했던 하늘에 어느새 안개 같은 구름이 산봉우리 9부 능선쯤에 짙게 감돌았으며 구름 위에는 백발노인이 서성이고 있었다.

"저분은 누구야?"

베드로가 얼빠진 모습을 하고서 물었다.

"느낌으로는 광야 시대 모세 같은데?"

야고보도 놀라면서 말했다. 그 뒤쪽에서 또 한 사람이 나타났다.

"저분은 틀림없는 선지자 엘리야의 차림새인데?"

존이 소리쳤고, 세 사람은 산 정상 광경에 눈을 고정한 채 뛰어올라갔다. 곧 예수 선생님 모습도 보였다. 위에서 세 사람이 서로 이야기를 나누는 것처럼 보였다. 그들의 옷은 빛과 같이 희었고, 그 얼굴 또한 해같이 빛났다. 베드로와 두 제자는 단숨에 봉우리 정상까지 달렸다.

헐몬산 자락 한 산봉우리에 황홀한 광경이 펼쳐졌다. 짙은 구름 속에 찬란한 빛의 옷을 입고 세 사람이 대화하는 장면이 보였다. 모세와 엘리야와 예수, 그 신비한 광경은 한마디로 '영광' 그 자체였다. 세 제자는 정신이 없었다. 베드로가 비몽사몽간에 큰 소리로 말했다.

"선생님, 여기가 좋사오니, 세 분을 위해 여기에 초막 셋을 짓겠습니다."

초막절이 다가오고 있었다. 베드로의 머릿속에 직관적으로 떠오른 것은 영광의 초막절을 여는 대속죄일 의식이었다. 그는 산 위의 황홀경을 보며 7월 10일 성전에서 제사장들이 최후의 속죄 의식을 진행하는 모습을 연상했다. 그날부터 초막절이 시작된다.

유대인들은 최후의 초막절에 메시아가 온 세상을 심판하며 다스리는 천년왕국이 시작된다고 알고 있었다. 빛의 흰옷을 입은 세 분의 모습을 보며, 베드로는 메시아인 예수 선생님이 친히 세상을 다스릴 때가 왔다고 생각했기 때문에 부지불식간에 외친 것이다.

그때 또 구름 속에서 우레 같은 소리가 났다. 요단강 가에서 예수가 세례받을 때 세례요한이 들었다던 바로 그 하늘의 소리였다.

"너희는 내 사랑하는 아들, 그의 말만 들어라."

베드로와 두 제자는 혼비백산하여 땅에 납작 엎드려 두려움으로 온몸을 떨었다. 잠시 후 따뜻한 손이 그들 어깨 위에 얹혔다. 예수의 음성이 들렸다.

"일어나라. 두려워하지 않아도 된다."

세 제자가 고개를 들고 보니 예수 선생님밖에는 아무도 없었다.

죽음의 자취를 남기지 않고 사라진 1400년 전 위대한 모세나, 죽지 않고 승천한 800년 전 엘리야나, 그들의 모든 삶과 사역이 메시아 예수 그리스도를 위해 맞춰져 있었다. 그들은 그림자요, 예수가 실체였다. 모세는 구약 율법의 대표성을 가졌고, 엘리야는 모든 선지자의 전형이었다. 모세와 엘리야는 구약 성경 전체를 대표했다.

구약 성경의 모든 역사는 메시아에게 모아졌고 그들이 고대하며 기다리던 그분이 예수 그리스도였다. 위대한 모세나 엘리야도 예수와 동등한 위치에 결코 설 수 없었다.

예수는 세 제자에게 '부활'을 보여 주었다. 죽음이 끝이 아니기에 죽는다는 말에 크게 눌리지 않도록 부활을 생각하게 했다. 메시아 예수를 믿는 자는 찬란한 빛처럼 놀라운 영광으로 부활하게 될 것을 직접 보여 주었다. 장차 그들이 겪을 감당하기 힘든 고난과 핍박을 견딜 수 있도록 부활이 세 제자에게 씨앗처럼 깊이 심어지는 순간이었다.

"인자가 부활할 때까지는 오늘 본 것을 아무에게도 함부로 말하지 마라."

제자들은 선생님이 이 신비한 경험을 다른 사람들에게 말하지 말라고 하신 이유를 그때는 알지 못했다. 제자들 몇 명의 자랑거리가 되어 시기심을 유발하고 공동체 안에 불화와 다툼을 염려하셨기 때문이었다. 또 충격적이고 신기한 이야기를 좋아하는 사람들의 호기심 거리가 되거나 책잡힐 꼬투리가 될 수 있기 때문이기도 했다.

70인 전도단

변방으로 돌아다니며 긴 은둔의 시간을 보낸 예수와 제자들이 가버나움 본부로 다시 돌아왔다. 초막절이 눈앞이었다. 그 명절은 출애굽 당시 40년 광야 생활 동안 지켜 주신 하나님의 은혜를 기념하는 절기다. 히브리 종교력으로 7월 15일부터 한 주간 초막을 짓고, 거기서 온 가족이 거하면서 지키기에 장막절이라고도 했다. 또한 이때는 농사철이 끝나고 곡식을 저장하는 시기이기에 수장절이라고도 불렀다. 초막절은 유월절, 칠칠절(오순절)과 더불어 이스라엘의 3대 절기였다.

예수는 제자들에게 각자 집으로 돌아가서 잠시 휴식 시간을 가진 뒤 예루살렘으로 떠날 준비를 하라고 했다.

"70인 전도단을 꾸려야겠다."

그는 제자들에게 쉬면서 전도단을 조직하라고 지시했다. 그동안 복음전도 사역에 동참한 사람들, 말씀 집회에 자주 참석하여 은혜를 받고 하나님 나라에 대하여 관심이 많은 사람 중에 70명을 선발해서 게네사렛 평원에서 함께 만날 수 있도록 준비하라고 당부했다.

"전에 우리 열두 제자들의 공식적인 임직식을 가졌던 그 장소 말입니까?"

베드로가 확인 질문을 했다. 예수가 고개를 끄덕이자 베드로가 다시 물었다.

"마지막 집결 날짜는 언제로 할까요?"

"초막절 직전, 그곳에서 며칠 전도훈련을 하고 그들을 베레아 지역으로 파송한 후 우리는 예루살렘으로 올라갈 것이다."

이제 갈릴리 사역은 끝났다. 다시 돌아올 일은 없을 것이다. 예수는 비장한 마음으로 집을 떠날 준비를 하고 있지만, 제자들은 아직도 상황 파악을 못 하고 예루살렘 행에 설레는 마음으로 뭔가 큰일을 기대하고 있었다.

흔들리는 제자 공동체

그 무렵 제자들 사이에 보이지 않는 암투와 갈등이 심각해졌다. 제자 중에 누가 크냐는 문제였다. 나이로 보면 베드로가 가장 연장자이고, 학력으로 보면 가룟 유다가 앞서 있고, 영적 분별력으로 보면 나다나엘이 돋보였고, 예수의 제자가 된 순서로 보면 존과 안드레가 먼저였다. 이번 예루살렘행에서 예수 혁명 정부가 수립되면 누가 어떤 자리를 차지하게 될지 신경전이 벌어졌다. 특히 존과 야고보의 어머니인 세베대 여사 살로메가 예수를 찾아와 두 아들을 장차 그의 좌우에 앉히도록 청탁한 사건 이후 암투가 본격화되었다.

한 제자가 선생님의 의중을 떠보려고 질문을 했다.

"천국에서는 누가 큰 자입니까?"

예수는 저만치서 놀고 있는 어린아이들을 가리키며 말했다.

"너희가 어린아이들처럼 되지 않으면 천국에 들어가지 못한다. 저 어린아이들과 같이 가장 작은 자가 천국에서 큰 자니라."

예수는 그렇게 순전함으로 섬기는 지도력을 강조했지만 제자들 사이 암투는 사라지지 않았다. 대화할 때 말속에 가시가 숨겨져 있었고 서로 얼굴을 붉히기도 했다.

어느 날 저녁 베드로가 선생님께 상담을 요청했다. 베드로는 말씀대로 살지 못하는 자신이 괴로웠다. 그에게 말로 상처를 준 다른 제자들을 용서하려고 애를 썼지만 동일한 사건이 반복되자 어디까지 참아야 할지 알 수 없었다.

"선생님, 형제가 나에게 죄를 범하면 몇 번이나 용서해 주어야 합니까? 일곱 번까지는 용서해야겠지요?"

베드로는 세 번이라고 하려다가 넉넉잡고 일곱 번이라고 말했다. 그러나 선생님의 대답은 베드로의 예상을 완전히 벗어났다. 일흔 번씩 일곱 번이라도 용서해야 한다며 한 비유를 들었다.

"어떤 사람이 1만 달란트 빚을 져서 처자식 모두 노예로 팔려 갈 처지가 되었다. 그는 채권자에게 조금만 더 유예 기간을 주면 꼭 갚겠다고 간청했다. 그 처지가 불쌍하다 여겨 채권자인 왕이 큰 자비를 베풀어 아예 그 빚을 모두 탕감해 주었다. 그런데 그 채무자는 나가서 자신에게 겨우 100데나리온 빚진 자를 감옥에 집어넣어 버렸다. 나중에 이를 알게 된 이전 채권자인 왕이 그를 어떻게 하겠느냐?"

예수는 달란트와 데나리온을 대조했다. 1데나리온은 노동자 하루 품삯이었다. 1달란트는 1만 데나리온에 해당한다. 당시 유대 땅 전체에서 거두어들이는 세금이 800달란트 정도였으니까 1만 달란트는 가히 상상을 불허하는 어마어마한 액수였다. 1만 달란트는 하나님께서 우리에게 베풀어 주신 은혜와 축복의 분량에 대한 유비이기도 했다.

"비유 속의 그 왕은 내가 너를 불쌍히 여긴 것처럼 너도 네게 빚진 자를 불쌍히 여겼어야 할 것이 아니냐 하며, 1만 달란트 빚을 다 갚을 때까지 감옥에 던져 넣을 것이다. 형제를 용서하지 않으면 하늘 아버지께서도 너희에게 그렇게 하실 것이다."

그날 베드로는 선생님에게 용서에 대한 가르침을 받았다. 그는 마음이 찔려 야고보와 존에게 자기의 불편한 마음을 고백하고 용서를 구했다. 그는 선생님께 들은 이야기를 자기 수준으로 이해하여 정리했다.

용서는 생각처럼 쉽지 않다. 내 힘으로는 불가능하다. 남을 용서하려고 노력하기에 앞서 내가 받은 용서의 크기를 알아야 한다. 내가 주님께 갚을 수 없는 죄를 용서받았기에 주님께 빚을 갚는 마음으로 남을 용서해야 한다. 그러면 용서가 우리의 자랑이나 갑질이 될 수 없다. 용서는 하나님의 성품이다. 용서할 수 없는 누군가를 용서할 수 있다면 그것은 하나님의 성품이 거기에 역사하고 있을 때뿐이다.

그러나 베드로는 선생님이 이 땅에 용서를 보여 주기 위하여 오셨다는 사실을 그때는 생각지 못했다. 예수의 십자가 죽음이 용서의 절정이요, 완성이라는 사실도 깨닫지 못했다.

의미 있는 소수

예수의 동생들은 오랜만에 집에 돌아온 형에게 노골적으로 불만을 토로했다.

"형님은 뭔가 큰 뜻을 품고 있는 듯한데 왜 시골과 변방으로만 다니시는 겁니까? 뜻을 펼치려면 유대 한복판, 수도 예루살렘으로 올라가셔야지요. 마침 초막절이 다가왔는데 이번에 저희랑 함께 올라가시지요."

동생들은 형의 행보를 이해할 수 없었다.

"아직 내 때는 오지 않았다. 너희 먼저 올라가거라."

그는 자세한 설명 없이 대답했다.

동생들이 명절을 지키러 예루살렘에 올라간 뒤에 예수는 제자들과 약속한 때에 맞추어 은밀히 예루살렘으로 향했다. 제자들은 이미 70인 전도단 조직과 준비를 위해 떠난 뒤였다. 갈릴리 사역을 총 마감하고 예루살렘으로 떠나는 예수, 인간의 몸을 입고 이제 다시는 갈릴리로 돌아오지 않을 마지막 떠남이었다.

그가 제자들에게 당부하기를, 군중의 이목을 피하기 위해 다 함께 모이기 전에 모둠별로 그들에게 전도 훈련을 시키고 자신이 도착하면 파송식을 갖도록 준비하라고 했다. 그는 혼자서 해질 무렵 게네사렛에 도착했다.

예수는 열두 제자들과 따로 세운 70명 제자에게 간곡한 심경을 전했다. 많은 비유 설교로 그들의 사명감을 고취했다.

"너희는 하나님 나라를 위하여 선택된 자들이다. 가서 그 나라를 전파하라. 회개와 영생의 소망을 선포하라. 나의 능력이 너희와 함께할 것이다. 항상 목자의 마음을 잃지 마라. 만일 어떤 사람이 양 100마리가 있는데 그 가운데 1마리가 길을 잃었다면, 그는 99마리를 산에다 남겨 두고 잃은 양을 찾아 나서지 아니하겠느냐? 그가 잃은 양을 찾으면 안전하게 있던 99마리 양보다 더 기뻐할 것이다. 이것이 하늘 아버지의 뜻이니라."

강론을 듣고 있던 한 제자가 옆에 있는 나다나엘에게 나지막하게 물었다.

"영혼 구원에 대한 하나님의 지극한 관심사를 표현하는 말씀 그 이상의 의미가 포함되어 있는 것 같은데 하나님께는 양보다 질이 더 중요하다는 말씀인가요?"

"은혜를 은혜로 알지 못하는 다수보다, 하나님께는 구원의 은혜와 사랑을 알고 주님께 진심으로 감사하는 의미 있는 소수가 더 귀하다는 말씀이겠지요."

"의미 있는 소수요?"

예수의 또 다른 비유가 이어지고 있었다. 잃은 아들을 되찾게 된 아버지의 비유였다. 어떤 사람의 둘째 아들이 아버지 생전에 유산을 미리 나누어 달라고 떼를 써서 자기 분깃을 받았다. 그것을 들고 객지로 나가 허랑방탕하여 다 잃고 말았다. 결국 돼지치기로 전락하여 비참한 신세가 되었다. 집으로 돌아와 아버지에게 자식 자격은 없으니 집안 품꾼의 한 사람으로 써 달라고 애걸했다. 그 아버지는 화를 내거나 꾸중 한마디 없이 아들을 안고 무사히 돌아온 것만도 고맙다고 했다. 그는 잃었던 아들을 되찾았다고 동네 잔치를 베풀었다. 나중에 이 사실을 알게 된 큰아들이 아버지를 원망하며 크게 화를 냈다는 내용이었다.

한 제자가 다시 나다나엘에게 물었다.

"저 두 비유에 공통점이 있나요?"

나다나엘이 전혀 귀찮은 내색을 하지 않고 그의 생각을 친절하게 말해 주었다.

"울타리 안에 있는 양 99마리와 큰아들, 잃은 양 1마리와 탕자가 서로 대조된다고 생각하네."

"그래도 99마리 양보다 잃었다가 찾은 1마리 양을 더 기뻐한다는 말은 잘 이해가 가지 않는데요?"

"양의 비유에서 수량적 대조는 초점이 아니지. 양 99마리와 큰 아들은 회개할 것 없는 의인이라고 스스로 생각한다는 거야. 종교적 울타리 안에 있는 사람들을 의미할 수도 있겠지. 자신들이 누리고 있는 받은 바 은혜와 축복을 알지 못한다는 것이 문제라 할 수 있지. 마음에 하나님 생명에 대한 자각이 없으니 그들은 하나님께 감사하지 않지만, 잃은 양과 탕자는 자신이 처한 위기와 비참함을 알기에 그 목자와 아버지를 향한 마음이 각별하지 않겠는가? 그 마음을 아버지가 기뻐하신다는 말씀이지."

예수가 당부의 말과 기도로 70인 제자들을 베레아 지역으로 파송했다. 그는 예루살렘에서 초막절을 보내고 나면 다시 그들에게 갈 것이라는 말을 덧붙였다. 그들을 떠나보내고 예수와 열두 제자들도 예루살렘으로 향했다. 가는 길에 그는 기회 있을 때마다 제자들을 가르쳤다.

일곱 표적 예언

"아몬, 어서 오게. 이리 와서 앉게나."

산헤드린 공의회에서 대제사장들과 격을 같이 하는 바리새파 대교법사 맛디아가 반갑게 아몬을 맞았다. 거실 중앙 대리석 테이블에 앉아 있는 교법사에게 다가간 젊은 바리새파 사무장 아몬이 공손한 태도로 맞은편 의자에 앉았다.

"요즈음 민심의 동향은 어떠한가?"

아몬은 종교 사회적 이슈와 민심의 동향을 주기적으로 바리새파 지도부에 보고했다. 바리새 지도부는 수집된 정보를 바탕으로 제사장들 지도부와 정치적 논의를 하며 사안별로 연대했다.

"세례요한 열풍은 그의 처형으로 잠잠해졌으나 예수당 바람은 여전히 사람들의 관심을 끌고 있습니다. 갈릴리 지역에서는 그가 귀신도 쫓아내고, 죽은 사람도 살리며, 빵 몇 개로 수천 명을 먹이기도 했다는 소문이 있습니다. 그런데 요즘 몇 개월 동안 그와 제자들이 종적을 감추었다고 들었습니다. 추종자들도 그를 찾고 있다는 정보입니다."

"자네 생각은 어떠한가? 그가 이번 초막절 명절 때 예루살렘에 나타날 것 같은가?"

"글쎄요. 이미 초막절이 시작되었는데 예루살렘에 그가 나타났다는 정보는 없습니다. 지난 유월절에도 나타나지 않았습니다. 작년 유월절에 그가 예루살렘에 나타나 자기가 안식일의 주인이라고 주장한 것이 얼마나 위험한 발언이었는지 이곳 분위기를 통해 깨달았을 것입니다. 그때 크게 위기감을 느끼고 떠나간 뒤로 예루살렘에는 오랫동안 얼씬도 안 하는 것 같습니다."

"그래도 잘 지켜보게나."

"예. 지난번 제사장, 서기관들과의 연대회합으로 구성된 비밀 조사원들을 각지로 파송해 놓은 상태이니, 곧 예수당 근황을 알 수 있을 겁니다."

"다른 보고할 것은 없는가?"

"민간에 떠도는 메시아에 관한 일곱 표적 이야기를 알고 계시지요?"

"사해 근처 석굴 항아리 속에서 나왔다는 익명의 예언서 말인가? 그것이 얼마나 신빙성이 있는 이야기인가?"

"그 출처와 신빙성은 확실치 않으나 민중이 그 소문을 믿고 부화뇌동한다는 것이 문제지요."

"큰일이구면. 그런데 그 일곱 가지 표적이 다 일어났다고 보는 것인가?"

"해석에 따라 의견이 엇갈리고 있지만 여섯 가지 표적은 이미 나타났다고 보는 견해가 우세합니다."

"그럼 나머지 한 가지는 무슨 표적인가?"

"메시아가 하늘에서 구름을 타고 강림하는 모습을 보게 될 것이라고 합니다."

"그래? 그럼 메시아가 진짜 오는지 안 오는지 지켜보면 알겠구면."

아몬이 맛디아의 집을 나섰다. 상부 도시를 내려와 광장 모퉁이를 돌 때 길 건너편에서 누군가 그의 이름을 불렀다. 바리새파 친구 여고냐가 길을 가로질러 잰걸음으로 그에게 다가왔다.

"아몬, 어디 갔다 오는가? 자네 소식 들었는가? 그러잖아도 내 자네를 찾고 있었네."

"무슨 소식 말인가?"

"자네가 크게 관심을 두고 찾고 있는 예수가 예루살렘에 나타났다는 보고가 있었네."

"그래? 언제 말인가?"

"어제 그가 예루살렘을 향해 가고 있다는 파견된 조사원들의 급한 첩보를 받았는데, 오늘 그가 성전으로 올라가는 모습을 본 사람이 있다고 해서, 자네한테 연락하고 나도 성전으로 올라갈 요량이었네."

"그럼, 우리 같이 성전으로 가 보세."

요단 동편 사역

하늘에서 온 자

아몬과 여고냐는 좁은 예루살렘 길을 따라 걸었고 미문을 지나 성전으로 향했다. 이미 초막절이 시작된지라 거리는 많은 사람들로 붐볐고 음식점들과 가게들은 성시를 이루었다. 그들이 성전 뜰 안으로 들어서니 왼쪽 회랑에 사람들이 모여 있었다. 예수가 예루살렘에 나타났다는 소식을 접한 모양이었다. 예수를 따르는 사람들뿐만 아니라 그에 대하여 비판적인 사람들에게도 그의 예루살렘 등장은 큰 사건이었다.

이미 사람들 앞에서 예수가 강론을 하고 있었다. 아몬과 여고냐의 발걸음이 그쪽으로 향했다. 강론을 듣고 있던 사람들 속에서 수군거림이 있었다.

"저 사람은 배움이 없는 사람인 줄 아는데 어떻게 저렇게 가르침이 각별하지? 놀랍네."

"좋은 사람 같은데 왜 종교 지도자들이 죽이려고 하는지 모르겠군."

"저렇게 말을 잘하니 사람들을 미혹하는 건지도 모르지."

수군거림을 들었는지 예수가 이쪽을 바라보며 입을 열었다.

"이 교훈은 내 것이 아니라 나를 보내신 이의 것이니라. 하나님의 뜻을 따라 살려고 하는 사람이라면 내 가르침이 스스로의 것인지 하나님께로부터 온 것인지 알 수 있을 것이다. 스스로 말하는 자는 자기 영광을 구하지만, 보내신 이의 영광을 구하는 자는 간사한 거짓이 없느니라."

어디선가 또 웅성거림이 들렸다.

"저 사람은 정치, 종교 당국자들이 죽이려고 찾던 자인데 지금은 왜 붙잡지 않는 거지?"

"그러게 말이야. 그들까지도 예수가 메시아라고 생각하는 것 아냐?"

예수가 바리새인들과 사두개인들이 있는 쪽을 바라보며 말했다.

"너희 중에는 모세의 율법을 제대로 지키는 자가 하나도 없으면서 어찌하여 나를 죽이려 하느냐? 너희는 모세의 할례 법을 지키려고 안식일에도 할례를 행하면서, 안식일에 병자를 고쳤다고 나를 죽이려 하는 것이 합당하다고 생각하느냐?"

화려한 복장의 한 사두개인이 큰 소리로 말했다.

"누가 당신을 죽이려 한다는 것이오?"

아몬은 예수가 작년 유월절 베데스다 연못 사건을 말하고 있음을 알았다. 그가 안식일에 병자를 고쳤기에 바리새인들은 그 불법을 추궁했다. 그때 예수는 자기가 안식일의 주인이라며 참람한 말을 했고 그래서 그를 죽여야 한다는 소리가 비등했다.

"소문대로 저자가 메시아일까? 메시아가 오실 때는 그가 어디서 왔는지 아는 자가 없을 거라고 했잖아. 하지만 우리는 저 예수가 어디서 왔는지 알고 있잖아."

예수는 이 말을 듣기라도 한 것처럼 소리 높여 말했다.

"너희가 나를 알고 내가 어디서 왔는지 안다면, 내가 스스로 온 것이 아니라 보내신 이로 말미암은 줄도 알아야 할 것이니라. 내가 그에게서 났기에 나는 참되신 그분을 알지만 너희는 알지 못하고 있다."

사람들은 '참되신 그분'이 하나님을 일컫는다는 것을 알기에 예수의 말에 분노했다. 저런 말을 하는 자는 붙잡아 재판에 넘겨야 한다고 웅성거렸다.

아몬은 분노한 사람들이 먼저 행동을 취하지 않을까 은근히 기대했다. 민중의 요구에 따라 뒷수습하는 모양새를 갖추는 것이 후환이 없는 문제 해결 방법이라고 생각했다. 하지만 서로 눈치를 볼 뿐 행동으로 옮기려는 사람이 없었다. 그곳에 모인 사람들 중에는 예수를 믿고 옹호하는 이들도 적지 않기 때문이었다. 그들 중에 어떤 사람이 말했다.

"예수가 메시아가 아니고 다른 누가 올지라도 저분만큼 많은 이적과 표적을 행하지는 못할걸."

아몬의 눈에 대제사장들 쪽 사람들이 바쁘게 움직이고 있는 모습이 들어왔다. 그는 그들이 은밀하게 예수를 붙잡으려 한다고 생각했다. 예수가 다시 말을 이었다.

"나는 너희와 조금 더 있다가 나를 보내신 이에게로 돌아갈 것이다. 그때는 너희가 나를 찾아도 찾지 못할 것이고, 나 있는 곳에 오지도 못할 것이다."

사람들이 다시 수군거렸다.

"이 사람이 어디로 가기에 우리가 만날 수 없다고 하는 거야? 이방인들 땅으로 가서 헬라인들을 가르치려고 하는 건가?"

존은 선생님 말씀이 의미하는 바가 무엇인지 알 것 같았다. 그리스도가 어디서 오는지 모르는 곳에서 올 것이라 믿고 있는 사람들에게 자신이 위로부터 온 존재임을 스스로 증명하려 한다고 생각했다. 그리고 어디로 가는지 보여 줌으로써 자신이 어디서 왔는지 알게 하겠다는 것이었다.

'위로부터 내려온 자?' 존은 민간에 떠도는 메시아에 관한 일곱 표적 중 마지막 표적이 갑자기 떠올랐다. 존이 나다나엘의 옆구리를 쿡 찌르며 말했다.

"형, 일곱 표적의 마지막 이야기가 뭔지 들었지?"

"메시아가 하늘에서 구름 타고 강림하는 모습을 보게 될 거라는 예언 말이야?"

"그래, 선생님이 지금 그 일곱 번째 표적을 언급하고 계시는 게 아닌가 해서."

"메시아 강림 예언이 가시적인 모습이 아니라 상징적인 말이란 거야? 선생님이 하늘로부터 내려온 자라고 자증自證하는 것이 그 예언의 성취 아니냐는 말이지?"

"그래. 바로 그거야. 나는 그렇게 느낌이 오는데, 형은?"

"글쎄, 네 말을 듣고 보니 그런 것 같기도 하다만은⋯."

아몬은 예수가 사람들을 선동하는 이단자라고 생각했다. 그의 가르침을 들으면서 '혹시 진짜 메시아일까?' 하는 생각이 살짝 들었으나 애써 그 생각을 지워 버렸다. 예수가 성전 강론을 끝내고 감람산 방향으로 가는 뒷모습을 한참 동안 쳐다보던 아몬은 서둘러 맛디아 어른께 달려가 성전에서 있었던 일을 그 분위기까지 상세하게 보고했다.

빛, 진리, 자유

예루살렘 성전은 초막절 피날레를 위한 행사 준비로 분주했다. 축제의 마지막 날인 칠일 째에는 '제사장의 뜰'에서 특별 프로그램을 진행했다. 번제단 옆에 세워 둔 버드나무에 실로암 연못에서 길어 온 물을 부으며 시편 기도문을 낭송하는 프로그램과, 포도주를 제물 위에 붓는 의식이었다. 물은 곧 생명이라는 의미와 풍년의 비를 주시는 하나님께 대한 감사의 신앙고백을 담고 있었다.

아몬은 친구 여고냐와 함께 아침 일찍 성전으로 올라갔다. 명절 끝날인지라 예수가 성전에 다시 나타나리라고 생각했다. 예상대로 그가 성전 뜰 안으로 들어왔고 많은 사람들이 모여들었다.

왼쪽 회랑 구석에 자리를 잡고 앉은 예수가 입을 열어 가르침을 시작했다.

"누구든지 목마르거든 내게로 와서 마셔라. 나를 믿는 자는 성경이 이른 것같이 그 배에서 생수의 강이 흘러나오리라."

초막절 피날레 물 붓기 행사 준비로 번제단 주변으로 물동이를 들고 분주히 들고 나는 사람들이 있었다. 예수는 생수를 매개로 생명의 물에 대하여 풀어냈다. 그의 말을 듣는 사람들 속에서 쟁론이 일어났다.

"저분은 진짜 선지자 같아."

"권위 있게 가르치는 걸 보니 저분이 메시아 아닐까?"

"아니, 메시아가 어떻게 갈릴리에서 나올 수 있어. 다윗이 살았던 베들레헴이라면 모를까."

웅성거리는 사람들 사이에서 한 율법교사가 일어나 예수에게 물었다.

"영원한 생수가 곧 영생이라면 그것을 얻기 위해 무엇을 해야 하는지요?"

예수가 그를 바라보며 물으셨다.

"너는 그 문제에 관하여 성경이 말하는 바가 무엇이라고 생각하느냐?"

"목숨과 힘과 뜻을 다하여 하나님을 사랑하고, 이웃을 사랑하는 것이라 생각합니다."

"네 대답이 옳다. 네 이웃에게 그대로 행하여라. 그리하면 살 것이다."

"누가 내 이웃입니까?"

그가 다시 묻자 예수는 여리고로 내려가다가 강도 만난 사람의 비유를 들었다.

"제사장과 레위 사람은 길에 쓰러져 죽어 가는 강도 만난 자를 못 본 체 지나갔지만, 어떤 사마리아 사람은 측은히 여겨 응급조치 후 그를 마을로 데려가 치료받게 하고 치료비도 부담하였다. 누가 강도 만난 자의 이웃이라고 생각하느냐?"

"자비를 베푼 사람이겠지요." 그 사람이 대답했다.

예수는 비유에 영생에 관한 두 가지 가르침을 함축했다. 하나는 어떤 행함을 통해 영생을 얻느냐는 질문에 맞추어 하나님의 온전하신 사랑을 기준으로 행위 구원을 제시했다. 율법을 성경에 나타난 하나님의 기준까지 온전히 지킬 때 영생이 가능하다는 뜻이었다. 그러나 그 누가 행함으로 하나님의 기준에 도달할 수 있겠는가?

다른 한 가지는 자신의 무능함과 유한성을 고백하고 하나님의 긍휼로 영생을 구하는 자에게 주는 삶의 방향성이었다. 이는 자기 의가 아니라 하나님이 주신 마음으로 사랑을 실천하고자 하는 믿음의 태도를 의미했고, 믿음이 행함으로 온전케 되는 신앙의 속성을 내포하고 있었다.

그때 갑자기 성전 입구 쪽이 소란스러워졌다. 몇 사람이 한 여인을 끌고 들어왔다. 그들 중에는 서기관들과 바리새인들이 함께 있었다. 함께 온 사람들은 손에 돌을 들고 있었다. 한 서기관이 앞에 끌려온 여인을 가리키며 예수에게 점잖게 물었다.

"이 여자는 간음하다가 현장에서 잡혔소. 모세의 율법에 간음한 여자는 돌로 치라고 했는데 선생은 어떻게 말하겠소이까?"

아몬은 돌아가는 상황을 감지했다. 사람들 앞에서 예수를 궁지에 몰아넣기 위한 수작이었다. 아몬은 속으로 웃었다. 참 교묘한 수를 생각해 내었군. 돌로 치지 말라고 하면 모세의 율법을 가볍게 여기는 자가 될 것이요, 율법대로 돌로 치라고 하면 군중의 신뢰를 잃게 될 것이다.

모인 사람들은 예수의 반응이 궁금하여 조용히 주목했다. 그는 잠시 동안 아무 말 없이 땅바닥에 뭔가를 쓰고 있었다. 침묵과 정적이 흘렀다. 잠시 후 그가 고개를 들고 둘러선 사람들을 한 사람씩 쳐다보았다. 그의 눈에서 눈물이 흐르고 있었다. 그와 눈을 마주친 사람들은 예수의 맑고 깊은 눈빛을 보자 문득 자신들의 부끄럽고 은밀한 수치들이 생각났다. 그가 사람들을 둘러보며 말했다.

"너희 중에 죄 없는 자가 먼저 저 여인을 돌로 치라."

여인을 끌고 온 사람들은 일순 당황했고 사람들은 침묵했다. 여인을 끌고 왔던 무리의 손에서 돌이 하나둘 바닥으로 떨어졌다. 기세등등했던 자들이 터덜터덜 자리를 떠나갔다. 여인의 흐느끼는 울음소리만 정적을 대신했다. 끌려온 여인의 머리는 헝클어져 있었고 옷은 여기저기 찢어졌으며 맨발의 상처에서 피가 흐르고 있었다. 예수가 여인에게 다가가서 말했다.

"너를 고발하고 정죄하던 자들이 남아 있느냐?"

"주여, 없나이다."

"나도 너를 정죄하지 아니하노니 가서 다시는 죄를 범하지 말라."

존은 감동했다. 그는 벌어지고 있는 일련의 상황을 정리해 보았다. 돌을 던질 자격 있는 오직 한 사람 예수는 여인을 정죄하지 않았다. 존은 선생님이 세상을 심판하러 온 것이 아니라 목마른 인생들에게 생수를 주어 살리기 위해서 왔다고 하신 말씀을 떠올렸다.

존은 예수와 바리새인들 사이의 극명한 차이를 볼 수 있었다. 예수는 밤새 감람산에서 기도하며 하나님과 교제하다가 아침에 성전에 나타난 반면 바리새인들은 같은 밤 동안 예수를 고발할 꼬투리를 잡기 위해 모사를 꾸몄다. 눈에 불을 켜고 간음 현장의 정보를 입수하고 여인을 붙잡아 온 것이다. 어쩌면 여인이 유혹에 빠지도록 사건을 조작했는지도 모른다.

아브라함이 유대인의 조상이었지만 유대주의는 모세가 그 정점에 있었다. 예수는 모세의 율법만 붙들고 있는 무지하고 불쌍한 자들에게 아브라함을 부르신 하나님의 그 은혜를 상기시키고 있었다.

예수는 미문을 지나 성전 안뜰로 들어갔다. 거기는 여인들의 뜰이었다. 정면에 남자들의 뜰이라고 불리는 유대인의 뜰 입구가 보였고 그 입구 바로 오른쪽에 큰 등불이 보였다. 그것은 하나님께서 이스라엘 백성을 인도하여 출애굽 할 때 광야에서 불기둥으로 인도하신 것을 기념하기 위해 세워 둔 것이었다. 그가 뒤따라오는 군중을 돌아보며 왼쪽 구석에 자리를 잡고 가르침을 계속했다.

"나는 세상의 빛이니 나를 따르는 자는 어둠에 다니지 아니하고 생명의 빛을 얻으리라."

예수는 생수 설교에 이어서 '세상의 빛' 설교를 하고 있었다. 그의 시선이 유대인의 뜰 입구에 세워진 큰 등불에 닿아 있었다. 사람들이 고개를 돌려 예수의 시선이 머무는 곳을 바라보았다.

"내가 세상에 있는 동안 나는 세상의 빛이다."

존은 얼마 전 사건을 떠올렸다. 그때도 선생님은 자신을 세상의 빛이라고 했다. 그날은 안식일이었고 선생님과 제자들이 예루살렘 성전으로 올라가는 길에 날 때부터 눈먼 사람을 만났다. 그때 제자들이 선생님께 여쭈었다.

"선생님, 이 사람이 눈먼 사람으로 태어난 것은 누구의 죄 때문일까요? 본인 죄 때문일까요 부모 죄 때문일까요?"

"꼭 누구의 죄 때문이라고 말할 수 없다. 하나님의 일을 드러내기 위한 경우도 있고, 우리가 일할 수 있도록 하기 위한 경우도 있다. 일할 수 없는 밤이 오기 전에 하나님의 일을 해야 한다."

그 말을 하면서 선생님은 눈먼 사람에게 다가갔다. 침과 진흙을 개어 눈에 바르고 실로암 못으로 가서 씻으라 했다.

이튿날 예수와 제자들은 날 때부터 눈멀었던 그 사람이 바리새인들에게 자기 눈을 뜨게 해 준 분이 메시아 예수라고 대답했다가 곤욕을 당하고 쫓겨났다는 이야기를 들었다. 그 후 그가 예수의 설교를 듣기 위해 성전에 나타났다. 예수가 그에게 물었다.

"네가 인자를 믿느냐?"

"주님, 내가 믿나이다."

주위에 둘러선 사람들 사이에 바리새인들이 섞여 있는 것을 보고 예수는 눈 뜬 사람을 쳐다보며 다시 말했다.

"인자가 온 것은 앞 못 보는 사람은 보게 하고, 본다고 생각하는 사람이 실상은 눈먼 자라는 사실을 일깨워 주고자 함이니라."

옆에 섰던 바리새인들은 자기네가 들으라고 하는 소리인 줄 알아챘다. 그들은 격앙된 목소리로 예수에게 따졌다.

"지금 우리더러 눈먼 사람이라고 말하는 것이오?"

"너희가 눈먼 사람인 줄 자각했다면 죄를 용서받았겠지만, 자신이 눈먼 사람인 줄 모르고 있으니 죄를 해결할 길이 없구나."

성전 안에서 강론을 듣고 있던 존은 '나는 세상의 빛이다'라는 선생님의 말씀을 곰곰이 생각해 보았다. 그가 바리새인들에게 말한 것처럼 두 눈이 멀쩡해도 빛이 없으면 눈먼 자처럼 아무것도 볼 수 없다. 마찬가지로 영적인 빛이 없으면 하나님도, 하나님 나라도 제대로 볼 수 없다는 선생님의 가르침을 알 것도 같았다.

그렇다면 그 빛은 무엇이며 어디서 오는 것일까, 존이 머릿속으로 논리적 사고의 실타래를 풀고 있을 때, 계속되는 선생님 말씀 중 한마디가 그의 생각을 깨우쳤다. 진리의 말씀!

"죄를 범하는 자마다 죄의 종이라. 진리를 알지니 진리가 너희를 자유롭게 하리라. 아들이 너희를 자유하게 하면 너희가 참으로 자유하리라."

빛과 진리와 자유!

이 세 단어가 존의 생각 속에서 깨달음의 조합을 이루었다. 영적 분별과 깨달음은 빛이 있을 때 가능하다. 그 빛은 하나님 말씀의 진리 가운데 있다. 빛으로 진리를 깨달으면 자유함이 따른다. 그것은 내가 원하는 대로 이루어지는 데서 오는 자유가 아니라 하나님이 원하시는 대로 이루어지도록 내 삶을 주님께 의탁함으로 누리는 자유다.

하나님의 화법

예수의 가르침이 계속되었다.

"나는 양이 드나드는 문이다. 누구든지 나를 통하여 드나들면 구원을 얻고 풍성한 꼴을 얻을 것이다. 양들은 목자의 음성을 알아듣고 따르는 법, 나를 알아보는 자는 내 양이다. 나는 선한 목자이기에 내 양들을 위하여 목숨까지 버릴 것이다. 아무도 내 목숨을 빼앗아 갈 수 없다. 나는 스스로 원해서 기꺼이 내 목숨을 버릴 것이다."

아몬은 예수의 화법에 다분히 의도성이 있다고 생각했다. '나는 생수다', '나는 빛이다', '나는 진리다', '나는 양의 문이다', '나는 선한 목자다', 이 표현들은 하나님이 자신을 드러내실 때 사용하는 히브리적 용법이었다. 모세오경에 빈번하게 등장하는 어법이기도 했다. 아몬에게 예수의 설교는 모세의 가르침과 겹쳐지고 있었다. 그는 모세가 광야에서 하나님을 만나는 장면을 떠올렸다.

양들이 떼를 이루어 풀을 뜯고 있었다. 풀을 뜯는다기보다는 잘 보이지 않는 풀을 찾아 두리번거린다는 표현이 더 정확할 것이다. 큰 바위와 거무스름한 돌들이 광야의 대지를 덮고 있고 초록의 풀들은 듬성듬성 흩어져 있어 눈에 잘 띄지 않았다.

한 백발노인이 양 떼 가까이에서 긴 지팡이를 손에 잡고 섰다. 그는 정치적 망명지로 광야를 선택했고, 신광야 근처 호렙산 아래에서 양치기로 지내는 모세였다.

모세는 눈을 들어 멀리 서북쪽 신광야의 지평선을 하염없이 바라보고 있었다. 그 너머에 40년 전에 떠나 온 이집트의 왕궁이 있다. 자신을 나일강에서 주워다 기른 양어머니는 이집트의 공주 하셉수트였다. 그녀는 투트모세 2세와 결혼하여 병약한 그를 대신하여 섭정을 했고 오랫동안 권력의 정점에 있었다.

모세는 출생의 비밀이 밝혀지기 전까지, 섭정으로 여왕처럼 군림한 양어머니의 뒤를 잇고자 제왕 수업을 받았다. 그때만 해도 꿈이 있었고 장차 훌륭한 왕이 될 자신감도 충만했다. 긴 한숨을 내쉬며 그가 혼잣말을 했다.

"인생이 일장춘몽이로구나. 바람처럼 지나가는 인생인데 나를 세상에 보내신 신의 뜻은 무엇일까?"

모세가 다시 양 떼로 시선을 돌리며 말했다.

"너희가 먹을 풀이 별로 없어서 미안하구나. 자, 자리를 옮겨 볼까?"

그는 오른쪽 호렙산 기슭으로 양들을 몰아갔다. 돌산 모퉁이를 돌자 이상한 광경이 눈에 들어왔다. 잔가지가 무성하여 덤불을 이룬 떨기나무에 불이 타오르고 있었다. 그런데 불길이 이상했다. 분명히 불타고 있는데 나무가 그대로 있었다.

모세가 자세히 보려고 가까이 다가갈 때 산에서 천둥소리가 울리는 것 같았다. 그의 직관이 그에게 말했다. 그가 날마다 부르며 수많은 질문을 던졌던 히브리인의 신이다. 창조의 하나님이 나타났다. 이어서 그 소리는 분명한 의미로 그에게 전달되었다.

"모세야, 이리 가까이 오지 마라. 네가 서 있는 곳은 거룩한 땅이니 너는 신을 벗어라."

모세는 두려움에 떨며 신을 벗고 얼굴을 가렸다. 하나님의 이야기가 길게 이어졌고 그는 들었다. 평상시에는 그가 하나님께 독백 같은 기도를 길게 하곤 했다.

모세가 하나님께 물었다.

"당신은 어떤 분입니까?"

모세는 하나님께 당신은 어떤 신이냐고 물었다. 내가 알고 있는 우리 조상 아브라함의 하나님, 이삭의 하나님, 야곱의 하나님이냐고 묻는 것이었다. 그 질문 속에는 이해할 수 없어 수없이 되물었던 고민이 담겨 있었다.

아브라함과 이삭과 야곱의 전능하신 하나님이라면 어떻게 노예처럼 살고 있는 자기 백성 히브리인들의 고통을 두고 보느냐는 것이며, 또 자신의 억울한 망명 생활의 의미는 무엇이고 남은 생애를 어디에 뜻을 두고 살아야 하느냐는 질문이 함축되어 있었다.

하나님 말씀의 요지는 이집트 땅 자기 백성의 고통과 부르짖음을 듣고 구원을 베풀겠다는 것이었다. 그 일의 사명자로 자기를 선택했으며 이제 그들에게 보내겠다는 것이었다.

하나님이 자신을 소개하는 음성이 이어졌다.

"나는 스스로 있는 자, 나는 나다."

하나님은 자신의 이름을 이렇게 표현했다. "I am who I am." 히브리어는 현재 시제 개념이 없으니 이 말의 정확한 의미는 "I will be who I will be.", 곧 "나는 되고자 하는 대로 될 나다"라는 의미였다. 그것은 역사 속에서 증명되는 존재로서의 하나님이라고 할 수 있다. 창조주 하나님은 능력과 초월성이 강조되는 '엘로힘' 하나님일 뿐만 아니라 '야훼' 하나님으로서 내재하고 인도하며 통치하는 하나님이시다.

그날 모세는 하나님을 경험했다. 그동안 그가 알고 있던 하나님과는 다른 분이었다. 창조주 하나님을 초월적이며 능력의 하나님으로만 생각했다. 그런데 그분은 자기 백성들 속에 들어와 거하시며 인도하고자 하는 야훼 하나님이라고 자신을 직접 소개했다.

"이제부터 너와 내 백성은 나와 함께하면서 내가 말한 나를 경험하게 될 것이다."

그날 모세는 하나님과 대면하여 약속과 사명을 받았다. 그때 하나님은 모세에게 독특한 히브리적 화법을 사용했다. '나는 스스로 있는 자다. 나는 나다!'

예수도 동일한 화법을 계속 사용하고 있었다. 아몬이 친구 여고냐를 돌아보며 말했다.

"예수가 의도적인 화법으로 자신을 출애굽 당시 하나님과 연관 짓고 있어."

"그래. 그런 것 같군."

여고냐가 대답하면서 아몬에게 물었다.

"초막절 명절이 끝나 가는데 예수 체포 건은 어떻게 진행되고 있나?"

"대제사장들과 서기관들에게 사주를 받은 사람들이 예수를 잡고자 여러 번 시도했는데 수많은 예수 추종자들이 함께 붙어 다녀서 쉽지 않다고 하더군."

한 주간의 초막절 절기가 끝나자 사람들은 각기 고향으로 내려 가는 분위기였다. 베드로가 선생님께 와서 말했다.

"집회에 줄곧 참석한 제자 나사로가 선생님과 우리를 집으로 초대했습니다. 어떻게 할까요?"

예수가 흔쾌히 초청을 수락했다. 아직 때가 이르지 않았으므로 잠시 예루살렘 당국자들의 눈을 벗어나는 것도 좋겠다고 생각했다. 예루살렘을 벗어난 예수 일행은 벳바게를 통과하여 예루살렘 동남쪽으로 약 3킬로미터 떨어진 베다니 마을로 향했다. 나사로의 집에 도착하자 그의 두 여동생 마르다와 마리아가 반갑게 일행을 맞이했다. 예수는 예루살렘을 왕래할 때 종종 그 집에 들렀다.

예수가 한가한 장소에서 기도하고 내려와서 방 안에 앉자 제자들이 들어와 둘러앉았다. 존이 선생님께 기도에 대하여 가르쳐 달라고 부탁했다. 선생님이 기도에 대하여 제자들에게 강론할 때 나사로의 동생 마리아도 오빠 뒤에 앉아 귀를 기울였다.

"기도할 때 중요한 것은 먼저 기도의 대상을 분명히 하는 것이다. '하늘에 계신 우리 아버지여'라고 시작할 수 있다."

존은 기도의 시작이 갖는 의미를 스스로 정리하여 이해했다. 이 호칭 속에는 하나님이 살아계시고 기도를 들으시는 참 하나님이라는 사실이 전제되어 있다. 다른 신들이나 우상들과 달리 기도의 대상을 구별해야 한다. 기도는 하나님과 관계를 맺는 인격적인 대화다. 자기반성이나 염불이나 자기 집중이 아니라는 사실을 알아야 한다.

"또, 하나님을 찬양하고 그 크신 은혜를 감사하는 기도를 통해 하나님의 이름이 거룩히 여김을 받도록 해야 한다." 예수가 말했다.

기도를 통해 우리가 거룩해져야 한다는 것이다. 선생님의 가르침을 통해 존의 머릿속에 기도에 대하여 정리가 이뤄지고 있었다.

기도 속에는 하나님 나라가 중심이 되어야 하고, 하나님의 뜻이 이루어지도록 그의 주권이 분명하게 고백되어야 한다. 삶을 영위하는 데 필요한 것을 구할 때도 많은 양식을 쌓기 위해 기도하지 말고 광야의 만나처럼 일용할 양식만 구하여 매일 새로운 은혜를 받아야 한다. 기도에는 공동체를 위한 기도가 포함되어야 하며, 공동체를 깨뜨리는 마귀의 역사에 넘어지지 말아야 한다. 또 용서받은 죄인으로서의 자기 정체성을 가지고 남을 용서하며 공동체를 세워나가야 한다. 이것이 하나님 아버지의 뜻이다.

그때 부엌에서 음식을 준비하고 있던 마르다가 방문을 열고 예수에게 부탁했다.

"부엌에서 저 혼자 일하느라 손이 모자란데 마리아는 신경도 안 쓰니 동생한데 가르침 좀 주세요!"

마르다의 얼굴을 바라보던 예수는 언니 말에 무안해서 얼굴이 붉어진 마리아를 돌아보았다.

"마르다야, 네가 많은 일로 분주하고 염려가 많구나. 네 사랑의 수고와 마찬가지로 강론을 듣는 일도 중요한 하나님 일이다. 마리아는 자신에게 더 중요한 일을 선택한 모양이구나."

그는 말하면서 껄껄 웃었다. 마리아는 환한 얼굴을 지으며 일어나 언니를 따라 밖으로 나갔다.

베다니를 떠난 예수 일행은 요단 동편 베레아로 향했다. 예수가 세례요한에게 세례를 받고 공생애를 시작한 곳이었다. 그는 공생애 마지막을 갈릴리가 아닌 베레아 지역과 유대를 오가면서 사역하려고 작정한 듯했다. 은둔 여행을 마치고 돌아와 갈릴리 사역본부를 정리하여 예루살렘으로 떠나올 때, 그는 많은 제자들 가운데 70인 전도단을 구성하여 베레아 지역으로 파송했었다.

베레아로 가는 길에 일행을 보려고 수많은 사람들이 길로 나왔다. 여리고를 지나가는 동네 중앙 삼거리에 큰 돌무화과나무 두 그루가 서 있었다. 세리장 삭개오는 키가 작아 나무 위에 올라 목을 빼고 그들을 기다렸다.

삭개오는 세리 마태 이야기를 들었다. 세리라고 따돌림받는 그를 예수가 제자로 삼아 주었다고 했다. 자신을 받아 준 것만큼이나 반갑고 고마워서 울었다. 그가 여리고를 지나간다는 말을 듣고 얼굴만이라도 꼭 보고 싶었다.

예수가 나무 위의 삭개오를 올려다보며 말했다.

"삭개오야, 어서 내려오너라. 오늘은 내가 네 집에 묵어야겠다."

예수를 사모하던 삭개오가 감격하여 그와 일행을 집으로 인도하였고 식사 후 그 앞에 꿇어앉아 말했다.

"주님, 제 소유의 절반을 가난한 사람들에게 나누어 주겠습니다. 또 저 때문에 손해 본 자들이 있다면 네 배로 갚아 주겠습니다."

예수가 회개하고 고백하는 삭개오의 중심을 읽었다.

"오늘 구원이 이 집에 이르렀도다."

제자들의 관심사는 하나님 나라가 당장 눈앞에 나타나는 것이었지만 예수의 관심사는 '잃어버린 한 영혼'에 있었다.

70인 전도단 보고대회

예수 일행은 드디어 사해 북쪽 베레아 지역에 도착했다. 70인 전도단이 함께 모여 보고대회를 열었다. 뜨거운 햇볕을 아랑곳하지 않고 발이 부르트도록 돌아다니며 천국 복음을 전하고 돌아온 제자들이었다. 고생한 흔적이 역력했지만 보고하는 이들 모두 기쁨이 충만했다.

"주님, 주의 이름으로 명했더니 귀신들이 우리에게 항복했습니다."

"수고했다. 사탄이 하늘에서 번갯불처럼 떨어지는 것을 내가 보았느니라. 원수의 모든 세력을 누르도록 내가 너희에게 권세를 주었으니 그 무엇도 너희를 해하지 못할 것이다. 그러나 귀신들이 너희에게 항복하는 것보다 하늘에 기록된 너희 이름 때문에 더 기뻐하고 행복했으면 좋겠다."

베레아에서 예수는 임박한 십자가 죽음을 준비하고 있었다. 그는 제자들에 의해 세워질 교회를 내다보며, 그들을 든든히 세우는 일에 온 힘을 쏟고 있었다.

그로부터 두 달이 지났다. 12월의 겨울로 접어들었다. 12월 중순부터 8일간 진행되는 수전절修殿節, the feast of dedication이 다가왔다. 헬라 제국이 분할되어 세워진 셀레우코스 왕조가 이스라엘을 점령하고 있을 때 에피파네스 왕의 박해가 심해져 성전까지 더럽히자 마카비 혁명이 일어났고, 결국 점령군을 몰아내고 독립했다. 수전절은 유대가 독립하면서 우상으로 더럽혀진 성전을 회복한 것을 기넘하는 절기였다.

수전절 축제 기간 중에 예수가 예루살렘 성전 솔로몬 행각에 나타났다. 그를 알아본 바리새인들이 그를 에워싸고 다그쳤다.

"언제까지 우리를 혼란스럽게 하려고 또 나타난 것이오? 당신이 진짜 메시아라면 그렇다고 분명히 말해 주시오."

예수가 그들에게 대답했다.

"내가 이미 너희에게 말하였는데도 너희가 믿지 않고 있는 것이다. 내 아버지 하나님의 이름으로 내가 하는 일들을 보면서도 너희가 믿지 않는 것은 너희가 내 양이 아니기 때문이다. 나를 알고 따르는 양들에게 영생을 줄 것이다. 그들을 내게 주신 아버지는 만유보다 크신 분이며, 나와 아버지는 하나이니라."

예수는 분명하게 스스로 메시아임을 자증했다. 그들이 돌로 그를 치려고 했다. 그들은 고정관념의 틀을 벗어나지 못했다. 사람이 하나님과 동등하다는 것은 그들에게 있을 수 없는 일이었고 결코 받아들일 수 없었다.

"왜 나를 죽이려 하느냐?"

예수가 그들에게 물었다.

"당신이 하나님을 모독했기 때문이오. 당신은 사람이면서 하나님을 아버지라 부르며 동일시했소."

그들의 말을 듣고 예수가 구약 성경 〈시편〉을 인용했다.

"하나님이 거룩하게 하여 인자를 세상에 보냈는데 그가 하나님 아들이라는 당연한 말에 어찌 너희는 하나님 모독이라 하느냐? 내가 하나님 아버지의 일을 하지 않으면 너희가 믿지 않아도 되지만,

내가 아버지의 일을 하고 있다면 아버지께서 내 안에 계시고 또 내가 아버지 안에 있다는 것을 깨달아야 한다."

그들은 은밀하게 예수를 붙잡으려고 했다. 하지만 예수는 그들의 손을 벗어나 에브라임 산지 동네 깊숙이 들어가 잠시 피신했으며, 틈을 보아 요단 동편 베레아로 물러갔다.

모두를 위한 죽음

가야바 대제사장 집 회의실에 대제사장들과 서기관, 사두개인, 바리새인 대표들이 공식적인 공회로 모였다. 대제사장 가야바의 복장이 눈에 띄었다. 노란 통옷에 밤색 허리띠를 둘렀고 넓은 소매 끝과 목 언저리에도 밤색 깃이 달려 있었다. 겉에는 두루마기형 보라색 옷을 걸치고 있었다. 수염이 얼굴의 반을 덮었으며 머리에는 금색무늬 머리띠가 달린 보라색 키파를 쓰고 있었다.

회의의 대체적인 내용은 물의를 일으키고 있는 예수를 더는 두고 볼 수 없으며, 서둘러 확실한 결정을 내려야 한다는 것이었다. 한 사람이 당국자들에게 질의했다.

"예수라는 자를 체포하는 일이 왜 이렇게 지연되고 있는 것입니까? 여러 파가 연합해서 특별조사 전담반까지 꾸리지 않았습니까?"

한 바리새인 대표가 대답했다.

"그동안 전략적인 면에서 의견이 엇갈렸다고 들었소. 처음에는 은밀하게 처리하는 방법을 시도했으나 그가 늘 사람들에게 둘러싸여 있어서 실패했고, 붙잡아 재판에 넘기기로 의견을 모은 뒤로는 단순한 징계가 아닌 공식적으로 사형에 처하도록 철저한 증거를 확보하려다 보니까 시간이 많이 지연된 것으로 알고 있소."

사두개인 대표 격인 사람이 일어나서 말했다.

"예수 문제는 더 이상 종교적인 문제가 아니오. 온 나라에 소용돌이가 거세지고 있으며 그 정점에 예수 그자가 있소. 이대로 가면 로마의 군권이 조만간 들이닥칠 것이 뻔합니다. 전에 폼페이 장군에게 예루살렘이 함락될 때 1만 2000명이 죽은 역사를 잊지 말아야 합니다."

가야바가 말을 받았다.

"나라의 운명이 풍전등화인데 한 사람이 죽어 온 민족을 살릴 수 있다면 이것저것 가릴 때가 아니오. 이제 확실히 결단을 내려야 할 것 같소."

그의 말대로 예수 죽음의 의미는 한 사람이 죽어 온 민족, 온 인류를 살리는 것이었다. 그날 공회에 참석한 대부분의 사람들이 합의하여 내린 결론은, 공회가 민중을 자극하지 않고 은밀하게 예수를 체포하여 사형에 처하도록 하자는 것이었다.

나사로의 부활

예수가 베레아에서 제자훈련 사역에 집중하고 있을 때 급한 전갈을 받았다. 유대 지역 베다니에 살고 있는 제자 나사로가 갑작스

럽게 병이 들어 생명이 위독하다는 소식이었다. 심부름 온 사람이
말했다.

"환자의 상태가 매우 위독하니 속히 오시기를 마르다가 특별히
부탁했습니다."

예수가 그 말을 듣고 말했다.

"나사로의 병은 죽음에 이르는 병이 아니라 하나님의 영광을 드
러낼 병이니라."

나사로가 위독하다는 소식을 듣고도 예수는 움직이지 않았다.
그는 계속해서 제자들을 가르치는 일에 더욱 집중했다. 그의 마지
막 가르침은 유언처럼 들렸다. 그로부터 이틀이 지난 뒤 제자들에
게 말했다.

"유대 지방으로 올라가자. 우리 친구 나사로가 잠들었으니 가서
깨워야겠다."

한 제자가 대답했다.

"그가 잠들었으면 알아서 곧 일어나겠죠?"

"나사로가 죽었느니라. 내가 일찍 거기 가지 못했지만 그 일로
너희가 더 큰 기쁨을 얻게 될 것이다."

예수와 제자 일행이 베다니 나사로의 집 가까이에 이르렀다. 마
르다가 먼저 그 소식을 들었다. 그녀는 집에 조문 온 바리새인들과
예수 선생님이 대면하지 않도록 동구 밖까지 좇아 나가 맞이했다.

"주님, 주께서 여기 계셨더라면 제 오라버니가 죽지 않았을 것입
니다."

"네 오라비는 다시 살아날 것이다."

"네. 마지막 날 부활 때 그가 다시 살아날 것을 저도 알고 있습니다."

"나는 부활이요 생명이니 나를 믿는 사람은 죽어도 살고, 살아서 나를 믿는 자는 영원히 죽지 아니할 것이다. 네가 이것을 분명히 믿느냐?"

예수가 정색하고 다시 말하자 그녀가 그의 권위를 실감하며 대답했다.

"예, 믿습니다. 주님은 하나님이 보내신 자 메시아이심을 믿습니다."

마르다의 가족은 그동안 기회 있을 때마다 예수의 강론을 들었고, 때로는 집으로 초청하여 들었으며, 예수가 메시아임을 확신했다.

나중에 소식을 들은 마리아가 선생님을 보려고 달려 나왔다. 마리아가 황급히 집에서 나가는 모습을 본 사람들도 그녀 뒤를 따라왔다. 그들 중에는 바리새인도 상당수 있었고 아몬과 친구 여고냐도 있었다.

아몬은 먼 친척인 나사로가 젊은 나이에 갑자기 죽었다는 소식을 듣고 조문을 왔다. 그는 나사로의 가정이 예수와 각별하다는 사실도 알고 있었다. 예수가 나타날 수도 있겠다 싶어 작정하고 친구 여고냐를 동반하여 왔다.

예수는 마리아가 달려 나와 그를 붙들고 펑펑 우는 모습을 보며 사랑하는 나사로의 동생들이 안쓰럽고 불쌍해 보였는지 그도 눈물을 흘렸다.

아몬 옆에 있던 여고냐가 무리 속에서 말했다.

"눈먼 사람의 눈도 뜨게 하더니, 나사로는 죽지 않게 할 수 없었나?"

예수가 마리아 자매에게 물었다.

"그를 어디 두었느냐?"

자매가 나사로의 주검을 봉안한 돌무덤 앞으로 예수를 인도했다. 수많은 사람들이 뒤를 따랐다. 장례 풍속을 따라 시신은 암벽을 파서 만든 굴 안에 안치되어 있었다. 특별한 재질의 암반은 흙처럼 부드러워 처음에 파내기는 어렵지 않지만, 파내어진 돌벽이 공기에 닿으면 급속하게 단단해졌다.

예수가 둘러선 사람들을 돌아보았다. 그의 시선이 아몬에게 머물렀다. 아몬은 예수가 자기 속을 들여다보고 있지 않나 하는 생각이 들었다. 예수가 하늘을 우러러보며 기도했다.

"아버지의 영광을 보이셔서 이곳에 모인 사람들로 하여금 아버지께서 나를 보내신 것을 믿게 하여 주옵소서."

예수가 큰 소리로 나사로를 불렀다.

"나사로야, 나사로야, 사망의 잠에서 일어나라!"

그가 사람들에게 돌문을 열라고 했다. 그의 말에 마르다가 놀라서 말했다.

"주님, 죽은 지 나흘이나 되어서 벌써 냄새가 납니다."

"네가 믿으면 하나님의 영광을 볼 것이라 내가 말하지 않더냐?"

두 제자가 다가가 힘을 다해 돌문을 밀어 옮겼다. 사람들은 숨을 죽이며 지켜보았다. 돌문이 열린 무덤은 대낮의 햇빛 때문에 더욱 어두컴컴해 보였다. 해골처럼 뻥 뚫린 무덤 안쪽에 희미한 인영이 보였다. 예수가 다시 한번 명령하듯 말했다.

"나사로야 나오너라!"

그의 말이 떨어지자 무덤 입구에서 찬 기운이 밖으로 확 뿜어져 나왔다. 사람들이 한기를 느끼며 놀랐다. 어떤 사람들은 피부에 소름이 돋는 것을 느끼며 몸서리쳤다. 순식간에 죽었던 나사로가 염을 한 상태 그대로 그들 앞에 서 있었다. 손발이 천으로 감겨 있고 얼굴은 수건으로 싸매어 있었다.

"묶인 것들을 풀어 주어라."

아몬은 큰 충격을 받았다. 죽은 자가 살아나는 현장을 목격하자 머릿속에 지진이 일어났다. 그가 중얼거렸다.

'당국자들이 생각하는 것처럼 예수가 사람들을 미혹하는 이단자에 불과하다면, 죽어 장사된 지 나흘이나 된 사람을 다시 살릴 수는 없지 않은가?'

아몬은 바리새파 공동체에 속한 자신의 입지를 생각하여 예수가 메시아일 수 있다는 생각을 떨쳐 버리려고 했으나 그럴수록 그가 메시아라는 확신이 굳어져 갔다.

마리아의 향유 옥합

나사로의 집이 초상집에서 잔칫집으로 변했다. 며칠 동안 마르다와 마리아는 분주했지만 신이 났다. 그들은 죽었다가 다시 살아난 오빠 나사로를 축하하는 의미로 동네잔치를 열었다. 소식을 들고 찾아온 손님들이 넘쳐났다. 예수의 사람들뿐만 아니라 유명해진 그를 보려는 손님들도 있었고, 죽었다가 부활했다는 나사로를 만나 보려고 온 사람들도 있었다.

예수는 베다니 나사로의 집에서 많은 제자들과 마지막 송별 잔치에 참여하고 있었다. 그의 마음은 가볍지 않았다. 6개월 전 갈릴리 사역을 정리하고 떠나왔으며, 요단 동편에서 70인 전도단과 함께한 3개월의 사역도 마무리했다. 이제 그의 때가 바짝 다가왔다. 마지막 십자가 죽음을 앞두고 그 쓴 잔의 무게에 압도되었다. 그는 마음을 다잡으려고 애를 썼다.

방과 테라스에 예수를 따르는 수많은 제자들과 손님들이 잔칫상을 중심으로 둘러앉았다. 그들의 얼굴은 매우 밝아 보였고 들떠 있는 것 같기도 했다. 테라스 왼쪽에는 젊은 제자들이 앉아 있었고 예수의 열두 제자 중에서 안드레와 빌립이 그들과 함께 앉았다. 30대 초반으로 보이는 한 제자가 부러워하는 듯한 표정으로 빌립을 보며 물었다.

"이제 선생님이 예루살렘으로 올라가신다지요?"

빌립이 그를 바라보며 굳은 결의를 드러내며 대답했다.

"죽으면 죽는 거지요, 뭐."

그들 모두는 예루살렘의 분위기가 어떻다는 것을 알고 있었다. 정치, 종교 당국자들이 예수에 대해 잔뜩 날을 세우며 붙잡으려 벼르고 있기 때문에 위험한 행보임이 틀림없었다. 빌립의 말속에는 예수를 따라 죽기를 각오했다는 의지가 담겨 있었다. 그렇지만 그의 얼굴에는 죽음에 대한 공포보다 뭔가에 대한 기대감이 드러나고 있었다.

"설마 죽기야 하겠어요? 그동안 선생님의 행적을 보았잖아요. 대단한 이적과 기사를 보여 주셨잖아요."

그의 오른편에 앉은 다른 제자가 빌립의 말을 받았다. 그러자 왼편의 또 다른 제자가 맞장구를 쳤다.

"수많은 군중을 향해 말씀을 선포하실 때 그 넘치는 권위는 또 어떻고요? 선생님은 위에서 오신 분이 틀림없어요."

제자들은 예수와 함께 예루살렘으로 향하는 길이 매우 위험한 여정이 될 수 있다는 긴장감을 느끼면서도 그들의 선생님이 큰 권능으로 뭔가 일을 내시리라고 은근히 기대하며 들떠 있었다.

나사로의 집 테라스 안쪽에 길고 큰 테이블이 놓여 있었다. 뒷면 벽에는 유대 전통 양식의 다윗 왕 그림이 걸려 있고, 채색된 스테인드글라스로 햇빛이 들어와 그곳 분위기를 안온하게 만들었다. 집주인인 나사로와 예수와 제자들이 그곳에 앉아 있었다.

마르다는 주방에서 정신없이 바빴다. 마리아는 좀처럼 주방에 마음을 두지 못했다. 나사로 오빠와 예수 선생님이 앉아 있는 주변을 서성이고 있었다. 평소에 아버지같이 의지하던 오빠가 죽었다가 다시 살아났다. 인자하심으로 그녀의 영혼을 채워 주는 예수 선생님이 오빠와 함께 있는 모습을 보고 있자니 그녀는 자꾸만 눈시울이 뜨거워졌다. 그 두 사람에게는 자기 목숨이라도 주고 싶었다.

마리아가 주체할 수 없는 감정으로 예수를 한동안 쳐다보다가 뭔가 생각이 났는지 부엌 쪽으로 달려갔다. 물건을 넣어 두는 부엌방 깊숙한 곳에서 그녀가 찾아서 두 손으로 안고 나온 것은 화려한 색으로 장식된 향유 옥합이었다.

그녀는 예수 선생님에게로 다가갔다. 무릎을 꿇고 옥합을 열어 향유를 그의 발에 부었다. 진한 나드향이 진동했다. 나드는 고급 향유로 당시 이스라엘의 주요 수출품 중 하나였다. 순전한 나드 한 근은 300데나리온 정도 했다. 나드 한 근은 대략 노동자 1년치 수입과 맞먹었다.

연회에서 왕과 같이 귀한 주빈에게 고급 향유를 머리나 발에 붓는 이스라엘 고대 풍습이 있었다. 마리아가 자신의 긴 머리를 풀어 예수의 발을 닦았다. 삶의 의미를 찾게 해 준 선생님, 오빠를 살려주신 선생님께 뭔가 해 드리고 싶었는데 그녀가 할 수 있는 일은 이것밖에 없다고 생각했다.

그 광경을 지켜보던 제자들 중에 가룟 유다가 마리아를 책망하며 말했다.

"팔면 300데나리온은 넘게 받겠는데 그 비싼 향유를 왜 낭비하느냐? 팔아서 가난한 자들을 구제하는 데 썼으면 더 유용했을 것을…."

눈물이 그렁그렁한 마리아를 물끄러미 바라보던 예수가 말했다.

"그대로 두어라. 저가 나의 죽는 날을 위하여 귀하게 쓰고 있는 것이다. 가난한 자들은 언제나 너희와 함께 있지만 나는 너희와 함께할 날이 얼마 남지 않았느니라."

종려주일 아침

안식일 후 첫날인 일요일 아침, 긴 그림자를 이끌고 떠오르는 해가 일과를 시작할 때 예수는 작은 시골마을 베다니에서 나와 예루살렘으로 향했다. 수많은 제자들이 그를 따랐고, 뭔가 큰일이 벌어질 것 같은 긴장감으로 많은 구경꾼들도 함께했다. 유월절 명절이 임박한 때라 보리 추수를 시작한 들판이 한눈에 들어왔다. 베다니를 벗어났을 때 벳바게 마을이 보였다. 예수가 베드로와 존에게 말했다.

"저 마을로 들어가서 새끼 나귀 한 마리를 끌고 오너라. 주인이 묻거든 주께서 쓸 것이라고 해라."

잠시 후 나귀를 끌고 온 제자들이 선생님께 보고했다.

"마침 동네 입구에 나귀가 매여 있기에 풀고 있는데 선생님께서 말씀하신 대로 주인이 나와서 묻더라고요. 왜 나귀를 풀어 가져가느냐고요. '주께서 쓰시겠답니다.' 했더니 두말하지 않고 내어 주더군요. 화를 내거나 이유를 묻기는커녕 오히려 기뻐하는 얼굴로 '어서 가져가시오.' 해서 저희가 오히려 놀랐습니다."

제자들은 서둘러 나귀 등에 자기들의 겉옷을 깔고 그 위에 선생님을 태웠다. 감람나무가 숲을 이루고 있는 감람산 모퉁이를 돌자 예루살렘이 한눈에 들어왔다. 길 좌우에 수많은 사람들이 늘어서서 예수 일행을 기다리고 있었다. 안드레가 소리쳤다.

"와, 이렇게 많은 사람이 대대적으로 우리를 환영하며 맞으러 나올 줄은 몰랐는데!"

일행이 점점 더 가까이 다가갈 때 존이 안드레에게 말했다.

"갈릴리 쪽에서 온 사람들이 많은 것 같아. 낯익은 사람들이 눈에 띄는군."

나귀를 탄 예수와 따르는 사람들이 감람산 내리막길을 천천히 내려갔다. 환영하는 무리 속에서 기쁨으로 그를 찬미하는 소리가 들렸다. 그가 베푼 기적으로 은혜를 입은 사람, 그 현장을 직접 목격한 사람들이었다. 그들은 종려나무 가지를 흔들며 "호산나"를 외쳤다. 종려나무를 흔드는 것은 존경과 기쁨의 표현이며, 호산나는 '구원하소서!'라는 뜻의 히브리말이었다.

"호산나, 구원하소서! 찬송하리로다. 주의 이름으로 오시는 이스라엘의 왕이시여!"

군중 속의 작은 외침이 곧 커다란 함성으로 변했다. 오랫동안 억눌림 속에서 구원의 날을 간절히 사모하던 백성들이 목이 터져라 호산나를 외쳤다. 예수를 메시아로 믿는 사람들은 기다리던 때가 이르렀다고 생각해 흥분하며 기뻐했다.

군중 속에는 젊은 바리새파 사무장 출신 아몬과 그의 친구 여고냐도 있었다. 아몬은 처음에 예수를 유능한 랍비 정도로 생각했다가 점차 그의 언행이 신성모독에 가깝다고 여겨 이단자로 보았다. 그러나 나사로가 다시 살아난 현장을 목격한 뒤에는 그가 메시아일 수 있다는 생각이 점점 자라났다. 그의 친구 여고냐도 같은 생각이었다.

아몬은 바리새파 사무장직을 내려놓았다. 예수에 대하여 긍정적인 생각을 가진 니고데모 어른과 그와 뜻을 같이하는 소수의 바리새인들 편에 서서 기대감으로 그를 지켜보았다.

"약 170년 전 마카비 독립운동의 영웅 시므온이 개선장군으로 예루살렘에 입성할 때도 백성들이 이렇게 종려나무를 흔들며 환영했다지?"

여고냐가 아몬을 돌아보며 말했다.

"그랬다고 들었어. 우리 역사 속에서 개선장군들이 예루살렘에 입성할 때는 항상 이렇게 대대적인 환영 행사가 이어졌다고 하더군."

여고냐가 고개를 갸웃하며 다시 아몬에게 물었다.

"그런데 왜 저분은 멋진 말을 타지 않고 나귀를 타고 오신 거지?"

"나도 그 생각으로 의문을 가졌는데 〈스가랴〉서에 나오는 메시아 노래가 생각났어."

아몬이 그 구절을 나지막하게 읊었다.

"예루살렘의 딸아, 크게 기뻐하며 즐거이 부를지어다. 보라! 네 왕이 네게 임하시나니 그는 구원을 베푸시며 겸손하여 어린 나귀 새끼를 타고 오실 것이라."

"그럼, 저 광경은 저분이 승리의 왕으로서 예루살렘에 입성하는 메시아라는 의미인데… 왕이 되기 위해 혁명이라도 하겠다는 것인가?"

여고냐가 알 듯 말 듯 하다는 표정으로 다시 아몬에게 물었다.

"기록된 예언의 성경 말씀을 통하여 자신이 메시아라고 증시證示하는 것 같은데 어떤 형태의 혁명인지는 나도 잘 모르겠어."

수많은 군중이 호산나를 외치며 나귀 탄 예수를 호위하며 나아갔다. 어떤 이들은 자기들의 겉옷을 벗어 길에 폈으며, 또 어떤 이들은 나뭇가지를 꺾어다가 길에 깔기도 했다. 수많은 군중의 긴 행렬이 예루살렘 성안으로 들어오자 온 성이 소동했다.

아몬이 여고냐에게 말했다.

"우리 니고데모 어르신께 가 보자."

여고냐가 친구 아몬의 표정을 읽으며 그가 무슨 생각을 하고 있는지 알 것 같다는 표정으로 말했다.

"그래, 당국자들과 바리새파 지도부가 어떤 대책을 세우고 있는지 알아보자."

니고데모의 집은 저택이지만 화려하지 않은 거실 분위기가 그 주인의 성격을 보여 주고 있었다. 니고데모가 밖이 잘 보이는 테라스 한편에서 책을 읽고 있었다. 문양으로 멋을 부린 큰 팔걸이의자에 앉아 있던 니고데모가 바리새파 두 젊은이를 반갑게 맞았다.

"어서들 오게나. 젊은 인재들이 무슨 바람이 불어 이 늙은이를 찾아왔나? 아몬, 자네는 사무장을 그만두었다더니 신색이 더 좋아 보이네, 그려."

"예. 짐을 벗고 보니 마음이 참 편합니다."

"그래, 밖의 상황은 어떤가? 자네들 얼굴이 상기된 것을 보니 무슨 일이 벌어지고 있는 것 같구먼."

"예 잘 보셨습니다. 예수 선생이 요란하게 예루살렘에 입성했습니다. 환영 인파가 장난이 아닙니다. 사람들이 호산나를 외치며 다윗의 자손을 환호했습니다."

"온 성에 태풍이 한바탕 몰아치겠군."

"당국자들과 바리새 지도부는 지금 어떻게 움직이고 있습니까?"

"허허. 사무장 했던 사람이 지금 나한테 묻는 건가?"

"일선에서 물러난 요즘은 회의에 참석도 하지 않기 때문에 깜깜합니다."

자신을 찾아와 준 젊은 후배가 기꺼워 웃는 얼굴로 니고데모가 아몬에게 말했다.

"며칠 전 지도부 모임에서 얼핏 들었는데 가상토론 연습을 한다더군. 예수를 상대할 대표 학자들을 선정해서 신학 논쟁으로 대중 앞에서 그를 제압한다는 거야."

"빠져나올 수 없도록 죄를 증명해서 적법한 모양새를 갖춰 그를 죽이려고 하는군요."

아몬이 말하자 여고냐가 끼어들었다.

"그럼 조만간 결전의 한마당을 볼 수 있겠군요? 날마다 성전에 올라가 봐야겠어요."

여고냐가 신나는 구경거리를 기대하면서 니고데모와 아몬의 대화에 끼어들었다.

"자네도 이제 아몬처럼 입장을 완전히 바꾼 건가?"

니고데모가 여고냐에게 물었다.

"저는 처음부터 중립이었어요. 문제가 생기면 율법 전문가답게 율법 정신으로 접근해야지, 정치적으로 접근하는 것은 뭔가 아니라고 생각했거든요. 정치적 접근과 야합은 우리 바리새파 정신에 어긋나는 일 아니겠어요?"

최후의 일주일

성전 정화

월요일 아침, 아몬과 여고냐가 성전에 올라왔을 때 소동이 일어나고 있었다. 희생 제물로 준비된 비둘기들이 공중에 날아다녔고, 양과 염소들이 여기저기 흩어져 뛰어다녔다. 그것들을 다시 붙잡으려고 사람들이 쫓아다녔다.

예수가 성전 뜰에서 장사하는 사람들을 다 내쫓고 환전하는 사람들과 비둘기 파는 사람들의 상품대나 걸상을 둘러엎으면서 외쳤다. 3년 전 그가 공생애를 시작하며 성전 청결 소동을 일으킨 때와 유사한 상황이 벌어지고 있었다.

"내 집은 기도하는 집인데 너희가 강도의 소굴로 만들어 버렸구나."

성전에 대한 주권을 암시하는 그의 이러한 행동이 성전 주관자들인 대제사장들 및 종교 지도자들과 첨예하게 대립하는 계기가 되었다.

얼마의 시간이 지난 뒤 소동이 멎자 성전 뜰에 수많은 병자들이 예수의 소식을 듣고 나타났다. 그가 그들을 한 사람 한 사람 고쳐 주었다. 그와 일행은 해질녘에 베다니로 물러갔다.

무화과나무 저주

이튿날 먼동이 트기 시작한 화요일 이른 아침에 그들은 다시 베다니를 나와 예루살렘으로 향했다. 니산월인 4월인지라 봄비가 올 때인데 가물고 있었다.

유대인들은 전통적으로 태음력을 사용했다. 홀수 달은 30일, 짝수 달은 29일로 1년은 354일이었으며, 19년 동안 7회의 윤달을 두어 새봄에 13번째 달인 윤달을 첨가했다. 태음력 뿐만 아니라 농사와 목축 등 일상생활과 관련된 민간력과, 출애굽을 기점으로 하는 종교력을 함께 사용했다.

니산월은 숫자 대신 고유한 이름으로 사용하는 바벨론식 명칭이었다. 민간력으로는 7월이고, 태양력으로는 3∼4월로 늦은 비, 곧 봄비가 오는 계절이었다. 종교력으로는 1월이어서 유월절과 무교절이 들어 있는 달이기도 했다.

옅은 안개가 걷히며 태양이 제 위치를 찾아가고 있었다. 예수가 잠시 걸음을 멈추었다. 그가 길가에 있는 한 무화과나무를 올려다 보았다. 제자들도 그의 눈길을 따라 그 나무를 주목했다. 잎사귀만 무성하고 열매가 눈에 띄지 않았다. 예수가 그 무화과나무를 향하여 선포했다.

"이제부터 너는 영원히 열매를 맺지 못하리라."

제자들이 선생님의 행동을 의아해하며 쳐다보는 사이, 무화과나무는 잎사귀가 시들시들해지더니 곧 말라버렸다. 존이 나다나엘의 팔을 건드리며 나지막하게 물었다.

"왜 선생님이 무화과나무를 저주하시는 거죠? 아직 제철이 아니라서 열매를 맺지 않는 것이 당연한데요. 주께서 원하시면 이유 없이 언제든지 열매를 내놓아야 한다는 메시지를 우리에게 주시고자 함일까요?"

"그럴 수도 있지. 또 다른 가능성은 이 나라의 운명과 연관이 있는 말씀이 아닐까 싶어. 무화과나무는 이스라엘을 상징하는 나무잖아. 선민 된 이 나라가 하나님의 기대에 부응하지 못하고 사명의 열매를 내놓지 못하니 그 운명이 끝났다고 보시는 건지도 모르지. 이스라엘 재건이 아니라 새 판을 짜고 새 시대를 열겠다는 뜻일 수도 있어."

마태가 선생님께 물었다.

"무화과나무가 어떻게 그렇게 금방 말라 버릴 수 있습니까?"

"내가 진심으로 너희에게 말하는데 너희가 믿고 의심하지 않으면 이 나무에 일어난 일을 너희도 할 수 있을 것이다. 이 산더러 뽑혀서 바다에 빠지라고 해도 그렇게 될 것이다."

"선포된 말씀의 능력이 믿음에서 나온다는 의미입니까?"

마태가 재차 물었다.

"자칭 선생이라 하는 자들까지도 믿음으로 받지 않기 때문에 그 말씀이 그들 가운데 머물 수 없는 것이다."

안드레가 끼어들었다.

"말씀에 믿음이 함께할 때 화산 폭발로 바다가 메워지듯 경천동지하는 역사가 일어난다는 것이지요?"

"믿음의 신앙고백 그 반석 위에 내가 교회를 세우겠다고 말하지 않았느냐? 너희가 믿고 기도할 때 하늘에 계신 아버지께서 너희에게 간절히 주시고자 하는 것이 무엇이겠느냐? 너희를 통해 제국의 산이 뽑히는 것을 볼 수도 있을 것이다."

존은 선생님이 교회와 하나님 나라와 제국의 종말을 두고 말씀하시는 것으로 생각했다.

화요 신학 논쟁

그의 일행이 예루살렘 성전에 도착했을 때는 해가 중천이었다. 수많은 군중이 그를 보려고 운집해 있었다. 대제사장들과 종교 지도자들도 눈에 띄었는데 뭔가를 준비한 듯 여유가 있어 보였다. 예수가 사람들에게 가르치기 시작하자 그들이 질문했다.

"당신은 무슨 권세로 가르치는 일을 하며 누가 그 권위를 주었는가?"

그 유명한 화요 신학 논쟁의 포문을 그들이 먼저 열었다. 그들의 첫 번째 질문은 곧 당신이 누구냐는 질문이었다. '예수, 그는 누구인가?' 종교 지도자들 뿐만 아니라 모든 민중의 끈질긴 질문이기도 했다.

"나도 한 가지 묻겠는데 그대들이 대답하면 나도 대답을 하겠다. 세례요한의 세례가 하늘로부터 온 것이냐 아니면 사람에게서 온 것이냐?"

그들은 서로 머리를 맞대고 의논했다. 하늘로부터 왔다 하자니 어째서 너희는 요한을 믿지 않았느냐 할 것이고, 사람에게서 왔다 하자니 민중이 두려웠다. 수많은 사람들이 세례요한을 선지자라고 믿고 있기 때문이었다. 그들은 서로 눈치를 주고받으며 모른다고 하기로 합의를 보았다. 모른다는 그들의 대답을 듣고 예수는 세례요한의 권위를 모른다고 하니 자기의 권위도 어디서 왔는지 말해줄 수 없다고 대답했다.

마태가 나다나엘에게 물었다.

"이 판국에 왜 세례요한 선생님 이야기가 나오는 걸까요?"

"세례요한 운동에 대한 해석이 곧 선생님이 하실 답변의 단초가 되기 때문이겠지."

존이 옆에서 끼어들었다.

"그러니까 선생님의 논리는 세례요한을 이해하지 못하면 자신을 이해할 수 없다는 뜻인가요?"

세 제자의 눈길이 다시 예수에게 쏠렸다. 그는 어떤 비유를 들어 강론하고 있었다. 예수는 그들의 대답이 없으면 말하지 않겠다고 했지만 비유로 그 문제에 대한 대답을 풀어내고 있었다. 포도밭 소작농의 비유였다.

주인이 포도원을 잘 일궈 울타리와 망대와 포도즙 짜는 틀까지 만들어서 농부들에게 세를 주고 멀리 떠났다. 추수철이 끝나고 주인이 종들을 보내 세를 받아오도록 했는데 농부들이 그들을 때리고 빈손으로 돌려보냈다. 주인은 신실하고 예의 바른 종들을 다시 보냈으나 결과는 마찬가지였다. 주인은 이번에는 자기 아들을 직접 보내야겠다고 생각했다. '아들을 보면 나를 생각해서 함부로 하지 않고 세를 보내겠지.' 하지만 주인의 아들을 보자 농부들은 그 땅을 차지하려고 주인의 상속자를 아예 죽여 버리기로 작당했다. 비유를 마치고 예수는 그 주인이 돌아올 때 농부들에게 어떤 조치를 취하겠느냐고 물었다.

하나님의 아들 메시아가 오기 전 많은 선지자들이 먼저 왔지만 너희 조상들이 그들을 죽였고, 세례요한이 선지자의 전형인 엘리야 이름으로 왔지만 너희가 그를 죽였으며, 이제는 하나님의 아들인 자신마저 죽이려 한다는 의미의 비유였다.

대제사장들과 종교 당국자들은 예수의 비유가 자신들을 두고 하는 것인 줄 깨닫고 얼굴이 붉으락푸르락했다. 한 바리새인이 예수에게 질문했다. 그는 당국자들이 사전에 선발하여 준비한 신학자 중 한 사람이었다.

"로마 황제 가이사에게 우리가 세금을 바치는 것이 옳습니까? 아니면 옳지 않습니까?"

세무 공무원이었던 마태는 질문의 간사한 의도를 눈치채고 분노했다. 로마에 세금을 낼 필요가 없다고 하면 반정부 주동자로 몰아 갈 것이고, 세금을 내야 한다고 하면 로마의 통치를 싫어하는 민중이 등을 돌리게 되는 의도가 숨어 있기 때문이었다. 하지만 예수는 그 의도를 간파하고 책망 조로 말했다.

"너희가 나를 시험하는구나. 로마에 세금을 낼 때 사용하는 돈이 어떤 것인지 내게 보여 주겠느냐?"

한 사람이 은돈 한 데나리온을 예수의 손에 올려놓았다. 그가 질문한 자에게 그것을 보이며 물었다.

"이 은전에 새겨진 것은 누구의 얼굴이냐?"

가이사의 것이라고 그 사람이 대답했다. '가이사'는 본래 로마 황제 '율리우스 카이사르'의 성姓인데, 나중에 모든 로마 황제의 칭호가 되었다. 그러자 예수가 그에게 말했다.

"가이사의 것은 가이사에게 주고 하나님의 것은 하나님께 바쳐라."

그야말로 우문에 현답이었다. 승기를 잡았다고 생각한 종교 지도자들은 오히려 간사한 의도를 드러낸 꼴이 되고 말았다. 그러자 다음 타자가 등장했다. 사두개파 신학자였다. 부활을 믿지 않는 사두개인들인지라 비아냥거리는 어투로 부활에 관하여 질문했다. 일곱 형제와 계대 결혼한 여인이 죽으면 부활하여 누구의 아내가 되느냐는 것이었다. 당시에는 후사가 없이 남편을 잃은 여인을 위하여 그 동생이 형수에게 들어가 후사를 잇도록 해 주는 계대 결혼 풍습이 있었다.

"너희가 성경도 알지 못하고 하나님 능력도 알지 못하여 부활을 저급한 너희 수준으로 생각하는구나. 부활한 사람들은 하늘의 천사처럼 될 것이다. 너희가 하나님을 아브라함의 하나님, 이삭의 하나님, 야곱의 하나님이라고 부르면서도 그 말의 의미도 모른단 말이냐?"

그들은 세금 문제에 이어 부활의 문제에 대한 신학적 논쟁에서도 참패했다. 그러자 그들은 또 다른 바리새파 신학자를 내세워 질문했다.

"선생님, 율법 중에 어떤 것이 가장 중요합니까?"

당시 율법 학자들은 계명들을 무거운 계명과 가벼운 계명, 의식법과 도덕법을 분리하여 세부 지침을 만들었다. 바리새인들은 계명들에 대한 상세한 신학적 분류가 매우 어렵고 복잡하기 때문에 예수를 충분히 함정에 빠뜨릴 수 있다고 생각했다. 그러나 예수는 신명기 말씀을 인용하여 하나님을 사랑하고 이웃을 사랑하는 것이 전체 구약 율법의 정신이라고 대답함으로써 죄들에 대한 인위적인 구분 자체를 받아들이지 않았다.

이번에는 예수가 그들에게 반문했다.

"너희는 메시아, 곧 그리스도에 대하여 어떻게 생각하느냐?"

바리새파 사람들이 메시아는 다윗의 자손이라고 대답했다. 그러자 예수는 〈시편〉 110편을 인용하여 다시 물었다.

"여호와께서 내 주님께 말씀하시기를 보좌 오른쪽에 앉으라 하셨다고 다윗이 고백하였다. 다윗이 그리스도를 '주님'이라고 불렀는데, 어떻게 그리스도가 다윗의 자손이 되느냐?"

메시아가 다윗의 후손이라면 다윗이 자신의 후손으로 올 그를 주라고 칭한 말은 무슨 의미냐고 물었다. 다윗은 후손으로 오실 그리스도를 가리켜 주님이라 칭하고 있고, 성경은 그리스도를 다윗의 자손이라고 칭하는 묘한 관계를 질문한 것이다.

메시아는 약속된 다윗의 자손으로 오지만 다윗이 주님으로 불러야 할 거룩한 분이었다. 바리새인들을 포함한 많은 유대인들은 날마다 기도하며 그리스도를 기다렸지만 그토록 기다리고 있는 메시아가 자기들 눈앞에 있는 예수임을 알지 못했다. 그가 아무리 자신을 증시해도 그들은 믿지 않았다.

예수의 출신 성분이나 모습이 그들이 생각하는 메시아와 전혀 달랐기 때문이었다. 다윗이 왕이었으니까 분명히 메시아도 그와 같은 힘과 영광을 소유한 모습으로 와서 사사 시대의 사사들처럼 자기들을 로마에서 해방할 것이라고 믿었다. 당시 많은 유대인들은 메시아가 오면 유대 민족이 로마 제국에서 해방되고 그가 세계를 지배할 것으로 생각했다.

모사꾼들은 답변하지 못했다. 그들이 가지고 있던 메시아 개념이 잘못되었기 때문이었다. 예수는 종교 지도자들이 내세운 내로라하는 신학자들과의 '화요 신학 논쟁'에서 마침내 자신이 그리스도라고 결론적 주장을 했지만 그들은 아무런 반론도 제기하지 못했다.

예루살렘 멸망 예언

종교 지도자들과 대결전을 중심으로 한 예수의 논쟁은 이 땅에 있는 동안 대중에게 베푼 마지막 강론이었다. 그는 제자들과 함께 예루살렘 성을 벗어나 감람산에 올랐다. 제자들은 선생님이 신학자들의 코를 납작하게 하고 압승을 거둔 뒤라 사기가 충천했다. 석양이 붉게 물들어 가고 있었다. 제자들의 상기된 분위기에 어울리는 하늘이었다. 누군가 콧노래를 불렀다.

"와! 석양 노을빛 참 장관이다. 황혼을 배경으로 예루살렘 성전이 한 폭의 그림이구나."

한 제자의 감탄사를 듣고 다른 제자들도 성전을 바라보며 그 아름다움을 극찬했다. 그렇지 않으냐며 선생님을 바라보던 제자들은 깜짝 놀랐다. 잠잠히 성전을 주시하던 선생님 얼굴에서 눈물이 흘러내리고 있었다. 선생님 입에서 예레미야 선지자처럼 애가가 흘러나왔다.

"예루살렘아, 예언자들을 죽이고 하나님께서 보내신 자들을 돌로 친 예루살렘아! 암탉이 병아리들을 날개 아래 품듯이 얼마나 네 자녀들을 품으려고 하였더냐! 보아라. 네 집이 버려져 못 쓰게 될 것이다. 거기에 있는 돌 하나도 돌 위에 남지 않고 다 무너질 것이다."

600여 년 전 무너지는 예루살렘 성을 바라보며 오열한 예레미야의 심정으로 예수가 울고 있었다. 선생님의 눈물, 예루살렘 성전의 멸망 예언, 이 모든 상황에 제자들은 몹시 당황했다. 상기되었던 제자들의 분위기가 일시에 냉각되었다. 놀란 베드로가 선생님에게 질문했다.

"그 일이 언제 일어나겠습니까? 세상 끝 날에는 어떤 징조가 있겠습니까?"

예루살렘 성전이 멸망하는 그 날은 세상 최후 심판의 날이라고 유대인들은 알고 있었다. 예수가 그 자리에 앉아 종말의 심판을 예언으로 풀어냈다. 그것은 하늘의 비밀을 푸는 감람산 유언 강론이었다.

세상 도처에 전쟁의 소문, 기근과 지진 등 자연재해, 거짓 예언자들과 적그리스도의 출현, 그리고 마지막에 인자가 천사들의 큰 나팔 소리와 함께 하늘 구름을 타고 올 것이라 예언했다. 그 날은 극도의 고통이 있는 심판 날이지만 택한 백성에게는 구원의 날이라고 했다.

존은 이제야 선생님의 실체가 잡히는 듯했다. 성전에서 신학 논쟁이 끝날 무렵 그가 바리새인들과 서기관들에게 서릿발 같은 심판의 메시지를 선포했던 순간을 떠올렸다.

"율법학자와 바리새파 위선자들이여, 너희에게 화가 있을 것이다. 눈먼 인도자들이여, 너희에게 화가 있을 것이다."

그들은 예수의 권위에 압도당했고 제자들도 숨을 쉴 수가 없었다. 그때 선생님은 온유한 모습이 아니었다. 심판주의 엄위하신 모습을 드러냈다. 존은 인자가 장차 심판주로 올 것이라고 했던 선생님 말씀이 떠올랐다. 그는 하나님 보좌 우편에 앉은 어린양이요, 다윗이 주님이라고 고백한 바로 그분이라는 확신이 들었다.

예수의 감람산 강론이 끝났다. 이미 해는 떨어졌고 예루살렘 성전은 어둠에 삼켜졌다. 그래도 그는 자리에서 일어날 기미를 보이지 않았다. 생각에 잠겨 있었다. 미래의 그림을 보고 있는 듯했다.

로마의 통치가 수십 년간 계속되자 유대 민족주의자들의 반란이 이어졌다. 네로 황제는 베스파시아누스 장군을 팔레스타인 지역으로 파견했다. 왕족 친위대를 포함한 군대 6만 명이 지중해의 갈릴리 땅에 도착했다. 다른 지역에서 4개 군단을 더 지원받아 반란 진압군은 로마 26개 군단 중 4분의 1이나 되는 엄청난 규모였다.

도처에서 유대인들이 결사 항전했지만 로마군을 막아내지 못하고 수많은 사람이 죽어 갔다. 반란군 진압 전쟁은 3년 넘게 계속되었다. 68년 네로 황제의 죽음으로 잠시 소강상태에 들었으나 네로에 이어 황제가 된 베스파시아누스는 아들 티투스 장군에게 예루살렘 정복을 명령했다.

"현재 전황은 어떠한가?"

총지휘관인 티투스 장군은 예루살렘 북서부에 주둔하면서 군사작전 회의를 주도하고 있었다.

"현재 예루살렘은 8만 명의 로마군에 완전히 포위된 상태입니다."

"앞으로 어떤 전략이 필요한지 제장들은 말해 보라."

"천연의 요새인 예루살렘을 직접 공격하면 아군의 피해도 만만치 않을 것입니다. 오히려 고립 작전으로 스스로 자멸하도록 하는 것이 어떻겠습니까?"

전략가로 인정받는 휘하 참모의 의견에 장군들이 대부분 찬성하는 분위기였다. 티투스가 좌중의 분위기를 읽고 명령을 내렸다.

"대로마 제국을 이토록 괴롭히며 우리의 자존심을 상하게 한 지독한 유대 놈들에게 본때를 보여 줘야겠다. 포로들을 동원해서 성곽 둘레에 포위 벽을 세우고 한 놈도 도망치지 못하게 하라."

유대인들이 예루살렘 성안에서 3개월 정도 버텼지만 굶주림과 내분으로 전투능력을 상실했다. 기원후 70년 9월 예루살렘은 무너졌다. 로마군은 성전을 불태워 버렸다. 화가 난 그들은 돌벽들을 분해하여 골짜기로 던져 버렸다. 돌 위에 돌 하나 남지 않았다. 성전 안의 기물들은 전리품으로 탈취되었다. 로마군은 승리를 자축하며 시가행진을 벌였고 성안에 살아남은 유대인들을 끌고 다니며 놀이 삼아 죽였다.

예루살렘 함락 후에도 열심당원들은 광야의 요새에서 저항을 계속했다. 유대 광야 남단의 마사다 요새에서 저항군은 73년까지 완강하게 버텼다. 로마군은 유대 포로들을 동원해 마사다 요새 맞은편에 더 높은 인공 산을 만들어 요새 위에서 공격했다. 결국 패배가 확실해지자 요새 안의 유대인들은 남자와 여자, 아이들까지 960명 정도가 항복 대신 집단 자살을 선택했다.

가룟 유다의 오판

예수는 수요일에 베다니에서 시간을 보냈다. 문둥병에 걸렸다가 그에게 고침받은 시몬이 그를 식사에 초대했다. 베드로와 존은 목요일 유월절 만찬 준비를 위해 예루살렘 성안으로 들어갔고, 유다는 사적인 볼일이 있다며 나갔다.

한편 가야바 대제사장 공관에는 비밀 회동이 열리고 있었다. 대제사장들과 고위급 종교 지도자들이 참석했는데 분위기가 침중했다. 예수를 공적으로 처리하기 위한 그동안의 계획이 어긋났기 때문이었다. 화요일 군중이 운집한 성전에서 그를 죽일 공식적 명분을 얻게 될 기회가 있었는데 그들은 실패했다.

"그 예수라는 자가 우리를 제쳐 두고 마치 자기가 성전의 주인인 양 행세를 하고 있는데도 언제까지 그대로 보고만 있어야겠소?"

가야바가 그날 일을 생각하며 다시 화가 끓어오르는지 책상을 치며 말했다.

"우리가 내세운 신학자들이 그렇게 허무하게 참패를 당할 줄은 몰랐습니다."

"이제 이 일을 어찌 처리해야 좋단 말이오?"

"떨어진 우리 종교 지도자들의 위상을 다시 세우고, 로마 말발굽 아래 들어가지 않으려면 수단 방법을 가리지 말고 그를 처단하는 수밖에 없습니다."

"그렇습니다. 이제는 일단 붙잡아 들이고 구실을 만들어 처단하는 수밖에 없습니다."

"좋소. 필요한 인력을 총동원해서 그를 붙잡아 들이시오."

그때 한 서기관이 나서서 신중하게 의견을 개진했다.

"일단 그를 체포한다는 데는 누구도 이의가 없는 줄로 압니다. 그것은 기정사실로 하고 다만 그 시기가 문제입니다. 그의 추종 세력이 유월절을 맞아 예루살렘에 넘쳐나는데 지금 당장 그를 붙잡아 들인다면 폭동이 일어날 가능성이 높습니다."

"그 말도 일리가 있습니다. 만반의 준비를 하고 있다가 유월절이 끝나고 민중이 각기 고향으로 돌아가며 흩어질 때 붙잡도록 하지요."

"그럼 세부 계획을 다시 세우고 유월절이 끝나는 대로 이 일을 분명하게 매듭짓도록 합시다. 상황이 급박하게 돌아갈 수도 있으니 비상연락망을 재점검하고 각자 추이를 지켜보다가 연락을 받으면 즉시 모일 수 있도록 만반의 태세를 갖춰 주기 바라오."

회의가 끝나고 그들은 각자 집으로 돌아갔다. 그러나 늦은 시각 그들은 대제사장의 급한 전갈을 받고 달려왔다. 가야바 관청에 비밀회의가 다시 열렸다. 대제사장이 입가에 여유로운 미소를 달고 좌중을 향해 말했다.

"예수의 제자라는 자가 찾아왔었소. 사실 그쪽의 정보를 얻기 위해 우리 측 사람들이 매우 공을 들여 온 사람이 있었는데 제대로 효과가 나타난 것 같소. 그의 제자라는 유다가 은 30을 달아 주면 그들의 선생인 예수를 오늘 밤 우리에게 넘겨준다고 했소."

"오! 그거 희소식입니다. 오늘 밤중에 그를 붙잡을 수 있도록 정보를 확실하게 준다고 했다면 위험 부담이 따르더라도 이 기회를 놓쳐서는 안 될 것입니다."

"기회인 것은 맞는 것 같은데 그럼 전에 논의할 때 염려한 민란 문제는 어찌하면 되겠소?"

지혜가 많다고 자타가 공인하는 한 서기관이 나서서 계략을 내놓았다.

"잘하면 차도살인지계를 성사시킬 수도 있겠습니다. 오늘 밤에 그를 붙잡으면 산헤드린 공회 긴급회의를 소집해 속전속결로 판결하고 빌라도 총독에게 넘기는 것입니다. 유월절을 맞아 빌라도가 가이사랴 본영에서 이곳 예루살렘에 와 있고, 갈릴리 땅을 통치하는 헤롯 안티파스까지 예루살렘에 있는 그의 궁에 와 있으니 절호

의 기회입니다. 잘만 하면 내일 그를 로마인들의 손으로 사형시킬
수 있을 것입니다. 그럼 우리 손에 피를 묻히지 않아도 되고 혹 민
란이 일어나도 우리 책임은 없게 되지요."

그의 놀라운 기지에 모두가 손뼉을 치며 좋아했다. 가야바의 얼
굴에 만족한 웃음이 번졌다. 낮에 예수의 제자 가룟 유다가 그를 찾
아온 것은 하나님이 자신을 돕는다고 생각했다.

낮에 가룟 유다는 대제사장 가야바의 집에 찾아가 면담을 신청
했다. 응접실에서 접견을 기다리는 동안 그는 몹시 초조해하며 안
절부절못했다. 그의 선택은 대의를 위한 것이라고 스스로 자위하고
있었다. 유월절이 임박했는데 그는 더 이상 기회를 놓칠 수 없다고
생각했다. '시몬과 은밀하게 만나 작전 개시의 때를 의논해야겠다.'
그는 열심당원 중에서 함께 예수의 제자로 들어온 자였다.

"시몬, 이번 유월절이 마지막 기회인 것 같은데 선생님은 너무
온건하게 말로만 세상을 바꾸려고 하는 것 같아. 아무래도 우리가
환경을 조성해야 하지 않겠어?"

"유다, 뭘 어떻게 하려고. 선생님을 믿고 더 기다려 보자."

"이미 바라바가 붙잡혔으며 당원들은 모든 준비가 끝났다고 했
어. 이제 선생님이 터트리기만 하면 되는 거야. 뭔가 결단하고 행동
할 수밖에 없는 상황이 되면 선생님도 더는 미루지 않으실 거야. 우
리가 그런 환경을 만드는 것이 선생님을 돕는 일이 될 수도 있어."

시몬은 끝까지 유다의 생각에 동의하지 않았다. 그들은 크게 다
퉜다. 유다가 보기에 시몬은 많이 변해 버렸다. 잠입한 처음 사명을

망각하고 예수에게 푹 빠져 있는 것처럼 보였다.

결국 유다는 혼자서 이 짐을 져야겠다고 생각했다. 예수가 당국자들에게 붙잡히도록 해야 한다. 궁지에 몰리면 그도 민중이 바라는 일을 행동에 옮기지 않을 수 없을 것이다. 그것이 그가 대제사장 집을 찾은 이유였다.

다락방 강론

히브리 종교력으로 1월 14일 목요일, 유월절이 이르렀다. 7일 동안 계속되는 무교절의 첫날이기도 했다. 유대인들은 이날에 양고기를 먹으며 출애굽의 첫 유월절을 기념했다. 출애굽 백성으로서 하나님과 맺은 언약을 기억하고, 누룩을 넣지 않은 무교병을 먹으며 무교절을 지켰다. 급히 떠나느라고 누룩으로 부풀려 반죽할 시간도 없었을뿐더러 여행길에 쉽게 상하지 않도록 무교병을 준비했다.

예수는 유월절 날 저녁에 마가의 집 테라스에서 제자들과 함께 최후의 만찬을 하고 있었다. 처음에는 즐거운 식사 분위기였다. 그가 첫 유월절 의의를 제자들에게 상기시켜 주었다. 이집트 땅에서 모세에 의해 예고된 재앙으로 장자들이 죽어 나가는 상황에서 문설주 좌우 상방에 양의 피를 바른 집은 죽음의 사자가 지나쳐 갔던 사건, 모세가 이끈 이스라엘 백성과 하나님 사이 피의 언약에 대하여 언급하고 나서 예수가 무교병 하나를 들어 찢었다.

"이것은 나의 살이다."

예수는 제자들에게 그것을 나눠 먹게 했다. 분위기가 심각해졌다. 이번에는 그가 잔에 포도주를 따르며 말했다.

"이것은 나의 피다. 받아 마셔라."

그는 자신을 유월절 양으로 자처하고 있었다.

예수는 한 제자가 자신을 배반하게 될 것을 언급했다. 제자들은 당황했다. 그가 또 제자들의 발을 씻기겠다고 했다. 자리에서 일어나 대야에 물을 담고 수건을 준비했다. 더는 자리에 앉아 있을 수 없었던지 유다는 그 자리를 떴다. 다른 제자들은 유다의 배반을 눈치채지 못한 것 같았다. 존은 선생님의 진지한 모습에서 뭔가 중대 발표를 예감했다.

세족식을 하면서 예수는 유언처럼 심각하게 말을 꺼냈다.

"너희도 이처럼 서로 발을 씻어 주어라. 서로 사랑해라. 이것이 내가 너희에게 주는 새 계명이다. 그러면 모든 사람이 너희가 내 제자인 줄 알 것이다. 나는 이제 곧 떠난다. 너희가 나를 찾아도 찾지 못할 것이다."

예수의 다락방 유언 강론은 '떠남'으로 시작되고 있었다. 제자들은 몹시 당황하며 불안해했다. 그는 자신이 가는 곳에 지금은 따라올 수 없으나 나중에는 제자들도 따라올 수 있을 것이라고 했다. 베드로가 용기를 내어 선생님께 물었다.

"선생님, 어디로 가실 겁니까?"

베드로는 선생님이 혁명의 위험에 대해서 말하고 있지 않나 생각하며 자신은 선생님을 위하여 끝까지 목숨을 걸겠다고 호언장담했다. 그의 진심이기도 했다.

"네가 나를 위하여 목숨을 바치겠다는 말이냐? 내가 예언하는데 닭이 울기 전에 너는 세 번이나 나를 모른다고 부인할 것이다."

그러고는 불안해하는 제자들의 마음을 어루만져 주었다.

"근심하지 마라. 나를 믿어라. 내가 너희를 위하여 거처를 예비하러 가는 것이다."

예수는 어린아이를 떼어놓고 떠나는 엄마의 심정으로 안타까움과 연민의 눈물이 속에서 피가 되어 흘렀다.

제자 도마는 선생님의 말씀이 이해되지 않았다. 선생님은 자신이 가는 길을 제자들이 다 알고 있다고 생각하는 것 같았다. '우리는 그 길을 모른다고 분명히 말해야 한다.'

"선생님이 어디로 가시는지 모르는데 거기 가는 길을 저희가 어떻게 알겠습니까?"

"내가 바로 그 길이다. 진리이고 생명이다. 내가 아버지께 간다고 하지 않았느냐? 아무도 나를 통하지 않고는 아버지께 갈 수 없다."

빌립은 사람이 어찌 진리 자체일 수 있을까 생각했다. 제자들이 하나님 아버지를 직접 본다면 이해가 더 분명해질 것 같기도 했다. 그러면 제자들이 이렇게 불안해하지 않을 것이다.

"선생님, 저희에게 아버지를 보여 주십시오. 그러면 좋겠습니다."

"빌립아, 아직도 너는 나를 모른단 말이냐? 내가 이렇게 오랫동안 너희와 함께 있었는데… 나를 본 사람은 아버지를 본 것이나 다름이 없는데 또 아버지를 보여 달라는 것이냐?"

그가 제자들을 둘러보며 자상하게 말했다.

"내가 아버지 안에 있고 아버지께서 내 안에 계신다는 나의 말을 믿어라. 믿어지지 않으면 내가 행한 표적들을 생각해 보며 믿음을 가져라."

하나님이 그의 안에 있다는 말은 무슨 말일까? 바로 그 부분에서 제자들의 생각이 막혔다. 그들은 선생님을 하나님께서 보내신 분, 메시아로 믿었다. 그런데 그가 하나님과 하나라고 하시며 동일시하는 것을 어떻게 이해해야 할지 몰랐다. 그가 행한 표적들은 하나님만이 하실 수 있는 것들이라고 인정했지만, 사람이면서도 하나님이라는 인자人子의 개념이 그들의 생각 속에서 모순을 일으키고 있었다.

존은 선생님의 말씀을 알 듯 알 듯했다. 그가 옆의 나다나엘과 대화를 시도했다.

"선생님의 저 말씀은 그동안 행한 표적들을 통해 자신이 누구인지를 밝혔다는 의미이지요?"

"그런 것 같구나. 선생님은 병자를 고치고 귀신을 쫓아내며 폭풍을 다스리셨지. 오병이어 사건도 그렇고. 이 모든 게 초자연적인 역사役事들인데, 그것들이 지향하는 것은 선생님 자신이 누구인지 사람들에게 말하고 싶은 의도가 있었다는 의미인 것 같다."

"초자연적이고 초월적인 역사는 오직 창조주만의 영역인데…. 그것들이 지향하는 메시지는 예수 선생님이 곧 창조주이시고 그것이 항아리 속의 내용물이었다는 거예요?"

"아무래도 우리가 가지고 있는 메시아에 대한 개념에 문제가 있는 듯하구나. 그동안 우리는 선지자들의 연장선에서 하나님이 보내신 메시아를 생각한 것이 아닌가 싶어. 메시아에 대한 우리의 인식이 제한적이고 인간적인 차원에 머물렀던 거야."

예수가 행한 표적들은 그가 곧 창조주라는 증시였다. 그가 선포한 진리의 복음은 그와 함께 하나님 나라가 임했다는 것이다. 이 땅에 임한 하나님 나라에 들어가지 않고는 결코 영원한 하나님 나라에도 들어갈 수 없다는 것을 전제한다. 예수는 죄인 된 우리가 이 땅에 임한 하나님 나라에 들어갈 수 있도록 길을 만들고 있었다. 그 길의 완성을 위하여 예수는 십자가를 향하여 걸어가고 있었다.

겟세마네의 밤

예수는 마가의 집에서 나와 제자들을 데리고 겟세마네로 향했다. 함께 기도하러 가자고 했다. 겟세마네는 감람산과 예루살렘 성벽 사이 기드론 골짜기 근처에 있는 언덕이었다. 베다니로 내려가는 길목이기도 했다. 그들은 실로암 못가를 지나 예루살렘 성을 빠져나왔다. 힌놈 골짜기를 뒤로하고 산기슭을 따라 걸었다. 포도밭을 지나면서 그가 잠시 멈추어 섰다.

"나는 포도나무요 너희는 가지다. 아버지는 농부시다. 너희가 내 안에 있고 내 말이 너희 안에 머물러 있으면 너희가 많은 열매를 맺을 것이고 아버지께서 영광을 받으실 것이다."

빌립의 질문에 대한 답변이 미흡했다고 생각했는지 예수는 포도나무를 비유하여 설명을 덧붙였다. 주제가 다락방 강론의 '떠남'에서 다른 주제로 선회했다.

포도나무 유언 강론은 '연합'이 주제였다. 하나님과 예수의 신비한 연합과 존재방식, 동일한 방식으로 맺어지는 예수와 제자들의 관계 원리를 그는 열심히 설명했다. 이 비밀은 설명으로 이해할 수 있는 영역이 아니었다. 포도나무 강론은 결국 성령 이야기로 끝을 맺었다.

"내가 너희에게 해 주고 싶은 말이 많으나 지금은 너희가 감당하지 못한다. 내가 떠나면 아버지께서 보혜사, 곧 진리의 성령을 보내실 것이다. 그가 나를 증언할 것이다. 그런 면에서 내가 떠나는 것이 너희에게 유익하리라."

어둠이 무겁게 내려앉고 있었다. 선생님이 두 팔을 벌리고 제자들을 불렀다. 함께 둘러서서 서로의 어깨 위에 손을 얹었고, 그는 하늘에 계신 아버지 앞에 대제사장이 되어 제자들을 위해 기도해 주었다.

"아버지, 내게 맡겨 주신 일을 완성하여 아버지께 영광을 돌립니다. 내게 주신 이들에게 아버지의 말씀을 주었으니 이제 돌아갑니다. 이들을 지켜 주소서. 아버지께서 내 안에, 내가 아버지 안에 있는 것같이 이들도 하나가 되어 우리 안에 있게 하소서. 아버지께서 나를 세상에 보내신 것같이 나도 이들을 세상에 보냅니다. 이들을 진리로 거룩하게 하시고, 이들을 통해 세상이 아버지를 알게 하소서."

존은 선생님의 기도 내용이 잘 이해되지 않았지만 제자들은 선생님이 자신들을 위해 기도해 주는 것만으로도 만족해하는 듯했다. 그들은 포도나무밭을 지나 계속 앞으로 나아갔다. 기드론 골짜기를 지나 이윽고 겟세마네 동산에 도착했다. 제자들에게 흩어져 기도하게 하고 그는 조금 더 올라가서 얼굴을 땅에 대고 엎드려 기도했다.

"나의 아버지여, 할 수만 있다면 이 잔을 내게서 지나가게 하옵소서. 그러나 내 뜻대로 마옵시고 아버지의 뜻대로 하옵소서."

깊은 밤, 예루살렘 성안 에세네 광장 옆 마가의 집에 칼을 차고 창을 든 사병들이 들이닥쳤다. 청년 마가는 예수 선생님과 제자들이 만찬을 마치고 떠나자 일찍 잠자리에 들었다. 유월절 식사를 준비하고 심부름하는 일로 매우 피곤했기 때문이었다. 곯아떨어져 잠을 자다가 시끄러운 소리에 잠을 깼다. 그는 홑이불 같은 겉옷을 대충 걸치고 밖으로 나왔다.

"예수와 그 패거리 어디 있지? 다 알고 왔으니까 허튼수작 하지 마라."

무장하고 횃불을 든 사람들이 집안사람들을 윽박지르며 물었다. 그들은 대제사장 집 사병들 같았다.

"저녁 만찬을 끝내고 이미 떠났습니다. 기도하러 간다고 얼핏 들은 것 같기도 합니다만."

마가는 불빛에 낯익은 한 사람을 알아보았다. 저녁식사 자리에 예수 선생님과 함께 있었던 그의 제자 유다였다. 유다가 사병들 지휘자에게 말했다.

"기도하러 자주 가는 곳을 제가 알고 있습니다. 틀림없이 겟세마네 동산으로 갔을 것입니다."

숨어서 엿보던 마가는 예수 선생님께 큰 위기가 닥친 것을 직감했다. 저 사병들보다 먼저 가서 일러 주어야 한다. 그는 긴 천 겉옷을 두른 채 겟세마네로 달려갔다. 도중에 사병들과 마주치지 않으려고 몇 번 길을 우회했다. 그가 겟세마네 언덕 밑에 도착했을 때 예수는 이미 그들에게 붙잡혀 끌려가고 있었다. 그의 제자들은 어디로 도망쳤는지 보이지 않았다.

마가는 어떻게 해야 할지 몰라 망설이다가 예수가 어디로 끌려가는지 보려고 가까이 따라갔다. 경황도 없고 밤중이라 제대로 길을 찾아 걸을 수가 없었다. 그가 길가 넝쿨에 걸려 넘어졌다.

"어이쿠!"

그가 자신도 모르게 소리를 냈다. 군병 하나가 횃불을 치켜들고 누구냐고 소리쳤다. 마가는 두려움에 혼비백산하여 골짜기 밑으로 뛰었다. 겉옷이 나뭇가지에 걸려 벗겨진 줄도 모르고 정신없이 그곳에서 도망쳤다.

존은 정신없이 얼마를 달리다가 정신을 차렸다. 이렇게 도망칠 수는 없다. 그는 다시 뒤돌아서 걸었다. 멀리 횃불들이 이동하는 것이 보였다. 선생님을 따라가 봐야 한다.

존은 벌어지고 있는 상황을 도무지 이해할 수 없었다. 선생님 주변에서 제자들이 기도하다가 잠시 졸고 있을 때 횃불을 든 사람들이 갑자기 나타났다. 제자들은 선생님이 사병들에게 붙잡힐 때 당황하여 그 자리에 못 박힌 듯 서 있었다.

"제자들도 모두 잡아!" 사병들 지휘자가 소리쳤다.

그러자 제자 중 누군가가 도망치라고 소리쳤다. 제자들은 그 소리에 반사적으로 흩어져 어둠 속으로 뛰었다. 사병들은 제자들을 추격하지 않았다. 예수를 잡아가는 것이 목적인 듯했다.

베드로 역시 그리 멀리 떨어지지 않은 어둠 속 덤불 나무 뒤에 웅크리고 앉아 상황을 지켜보고 있었다. 사병들이 예수를 끌고 골짜기를 내려가자 그는 조심스럽게 그 뒤를 따라갔다. 그들은 성벽 쪽으로 내려가 성전 탑을 돌아 성안으로 들어갔다. 사병들은 예수를 끌고 골짜기 문을 지나 하부 도시 경사면 언덕길을 넘어가고 있었다. 대제사장 가야바의 집으로 가는 듯했다.

가야바의 집

존은 멀찍이서 뒤따라갔다. 어둠 속이라 베드로와는 서로 알아보지 못했다. 예수를 붙잡아가는 사병들이 가야바의 집으로 들어가는 것을 확인했다. 열린 대문을 통해 안의 마당이 살짝 보였다. 마당에 피워 놓은 불 주위에 사람들이 둘러 서 있었다. 꽤 많은 인영들의 움직임이 눈에 띄었다. 그때 한 사람이 조심스럽게 정문 안으로 들어갔다. 언뜻 베드로인 듯했다.

존이 정문 가까이 다가갔다. 경비병들 사이에 섞여 불을 쬐고 있는 베드로가 보였다. 그도 따라 들어갈까 생각했으나 도저히 용기가 나지 않았다. 정문 근처에서 한참이나 서성이다가 동쪽 경사면으로 올라갔다. 가야바의 집 담 너머로 마당의 횃불과 사람들이 살짝 내려다보였다. 어떻게 해야 할지 도무지 생각이 정리되지 않았다. 그는 상부 도시와 하부 도시 경계 지역 언덕에 쪼그리고 앉아 지켜보았다. 쌀쌀한 날씨에 몸도 마음도 얼어붙어 버렸다. 그는 밤부터 벌어진 상황이 도저히 현실로 여겨지지 않았다.

베드로는 대제사장 공관 마당까지 숨어들었다. 마당에는 비상 상태로 총동원된 경비병들뿐만 아니라 거짓 증인들로 내정된 자들과 유사시를 위해 동원된 자들까지 많은 사람들이 대기하고 있었다. 예수가 안에서 심문을 받는 동안 베드로는 발각될까 봐 그들 틈에 끼어 초조하게 사태를 관망했다.

어느 여자 하인이 베드로를 알아보았다.

"당신, 예수와 함께 다니던 갈릴리 사람 아닌가요?"

베드로는 극구 부인하고 그 자리를 떠나 다른 곳으로 이동했다. 거기서도 그를 알아보는 사람이 있었다. 그는 맹세하며 예수를 모른다고 부인했다. 또다시 이동한 자리에서도 그를 알아보는 이가 있자 예수를 저주하며 모른다고 부인했다. 그러자 바로 닭이 울었다. 날이 밝아 오고 있었다. 그는 가야바의 집을 뛰쳐나왔다. 성벽 담장 밑에서 그는 오열했다. 애간장이 녹는 통곡이었다. 숨이 막히도록 꺼이꺼이 울었다.

대제사장 가야바의 집에서 대제사장들과 율법학자들과 장로들이 붙잡아 온 예수를 철야 심문했다. 그들이 준비한 거짓 증인들도 세웠다. 각본대로 심문 내용 기록을 정리했다. 그대가 하나님의 아들 메시아냐고 대제사장이 마지막으로 묻자 예수가 대답했다.

"이후에 인자가 전능자 오른쪽에 앉아 있는 것과 하늘구름을 타고 오는 것을 볼 것이다."

예심을 마쳤다. 그들은 예수를 신성모독죄로 사형시킬 수 있는 충분한 자료가 확보되었다고 판단했다. 예수 본인의 시인이 결정적이었다. 새벽녘에 산헤드린 임시공회가 긴급 소집되었다. 이른 새벽 공의회는 처음 있는 일이었다. 예수에 대한 재판은 일사천리로 진행되었고 공회는 그에게 사형을 선고했다.

그러나 그들이 직접 집행하지 않고 총독의 재가를 받는 형식으로 빌라도 총독에게 최종 결정을 넘기기로 했다. 재판 서류에는 신성모독죄와 아울러 로마에 대한 정치적인 죄목을 침소봉대하여 정치범으로 몰아 고발했다. 대제사장 가야바가 헤롯당의 일원인 원로 서기관에게 물었다.

"현재 빌라도 총독이 어디에 주재하고 있는지 아는가?"

"원래는 가이사랴에서 예루살렘에 올 때마다 안토니아 요새에 머물렀는데 이번 유월절에는 주둔 병력이 늘어나 지휘관들의 숙소가 부족한 관계로 헤롯 궁에 머물고 있다고 들었습니다."

존은 가야바의 집 근처 언덕에 앉아 날밤을 새웠다. 새벽 여명이 밝아오자 가야바의 집 마당이 희미하게 내려다보였다. 밤을 지새우고 동이 트자 장로들과 가야바의 사병들이 예수를 마당으로 끌고 나왔다. 그들은 그의 머리에 가시관을 씌우고 조롱했다. 그를 포승줄에 묶어 대문 밖으로 나왔다. 어디론가 이동하려는 듯했다. 헤롯 궁이 있는 북쪽으로 향하고 있었다. 존은 경사면에서 내려와 사람들 뒤로 따라붙었다. 베드로는 어디로 갔는지 보이지 않았다.

사형을 언도한 빌라도

이른 아침 대제사장들과 산헤드린 장로들이 헤롯 궁에 임시 상주하고 있는 빌라도를 찾아와 예수의 처형을 청원했다. 빌라도가 정복을 입고 천천히 그들에게 걸어 나왔다. 붉은 망토가 어깨에서부터 뒤로 길게 늘어져 끝부분을 왼팔에 감아 살짝 든 모습이었다. 앞가슴과 배를 보호하는 밤색 가죽 갑옷 중앙에 두 마리 금빛 독수리 문양이 새겨져 있었다. 갑옷 위로 양어깨에서 옆구리로 교차하도록 두른 가죽 밴드 끝에는 로마군들의 전형적인 칼과 화려한 칼집이 매달려 있었다. 로마군들의 칼은 길지 않고 짧은 양날이었다.

빌라도는 새벽에 재판을 요구하는 그들이 못마땅했다. 이렇게 새벽부터 난리 친 것은 전례가 없는 일이었다. 그러나 그들이 산헤드린 공회의 지도자들인지라 함부로 할 수는 없었다. 총독 임기 동안 편안히 지내려면 이들과 첨예하게 대립해서는 안 되기 때문이었다.

그들은 예수가 자신을 유대인의 왕이라고 주장한 반역자라고 고소했다. 로마에 세금도 바치지 말라 선동했다고 했다. 자체적으로 심문한 증거 문서와 증인들도 내세웠다.

빌라도가 예수를 바라보았다. 낡은 보라색 겉옷이 오른쪽 어깨에 걸쳐 있고 왼쪽 어깨는 그대로 맨살이 드러났으며 피가 얼룩져 있었다. 손은 앞으로 포승줄에 묶여 있고 머리에는 원형으로 휘어 만든 가시나무가 왕관처럼 씌워져 있었다. 가시 끝이 깊숙이 박힌 머리에서 피가 흘러나와 얼굴에 엉겨 있었다.

빌라도가 그를 직접 심문했다. 그는 심문 과정에서 종교 지도자들 속내를 간파했다. 정치적인 죄목에는 억지가 섞였고 유대 종교적인 문제가 쟁점임을 알았다. 그렇지만 그들의 요구를 쉽게 무시할 수 없었다. 자칫 잘못하면 정치적인 아킬레스건이 될 수도 있기 때문이었다.

예수의 처리 문제를 고심하던 빌라도는 좋은 아이디어를 떠올렸다. 심문 과정에서 예수가 갈릴리 사람인 것이 드러났다. 이는 갈릴리 분봉왕 헤롯 안티파스 관할 사건으로 볼 수도 있기에 귀찮은 재판을 헤롯에게 넘기기로 했다.

예수는 포승에 묶인 채 헤롯 궁 동쪽에 있는 헤롯 안티파스 궁으로 이송되었다. 미리 연락을 받은 헤롯이 관청에서 기다리고 있었다. 그는 보라색 실크 옷을 온몸에 둘렀고 손바닥 넓이의 금색 단에는 무화과 잎 같은 화려한 문양이 수놓아져 있었다. 긴 겉옷이 어깨에서 허리를 두르고 뒤로 넘어가 그 끝단이 왼쪽 팔에 살짝 얹혀 있었다.

예수의 모습은 초췌했다. 밤새 끌려다니며 철야 심문과 재판을 받았고 침 뱉음과 조롱을 당했으며 뺨을 맞기도 했다. 병사들은 그를 짐짝 굴리듯 험하게 다뤘다. 헤롯 앞에서 대제사장 그룹은 빌라도 앞에서 했던 것처럼 동일한 죄목으로 고소했다. 헤롯이 여러 가지 질문을 했으나 예수는 묵비권을 행사했다. 헤롯은 호기심으로 예수의 이적을 보고 싶어 했지만 아무런 반응이 없자 흥미를 잃었다. 그는 빌라도에게 그를 다시 돌려보냈다.

빌라도는 사형에 해당할 만한 예수의 죄를 찾을 수 없어 매질이나 하고 놓아 주겠다고 했다. 그 이른 아침에 종교 지도자들에 의해 동원된 많은 사람들이 소리쳤다.

"안 됩니다. 그자를 십자가에 못 박으시오! 못 박으시오!"

빌라도가 예수를 비호하려고 군중에게 유월절 특별 사면을 제안했다. 그러나 그들은 예수 대신 무장봉기를 시도했다가 붙잡힌 혁명가 바라바를 사면해 달라며 연호했다.

"바라바! 바라바! 바라바!"

민중의 수는 계속 불어나고 있었고 흥분한 그들을 보며 빌라도는 민란이 일어날지도 모른다는 불안이 엄습했다. 그는 손을 들 수밖에 없었다. 급하게 바라바를 끌어내어 군중에게 넘겼다. 결국 그는 유대 기득권 세력에 눌린 것이다. 정치적인 입지의 손상을 염려하여 예수에게 십자가형을 선고하고 말았다. 그는 부관에게 물을 가져오라 지시했고 사람들 앞에서 손을 씻으며 말했다.

"나는 이 사람의 피에 대하여 책임이 없음을 분명히 하겠소."

"그 사람의 피에 대한 책임은 우리와 우리 자손들이 지겠습니다."

그 결과의 무서움을 예상 못 하고 무지한 무리가 소리쳤다. 예수는 로마법에 의해 십자가형에 처하게 되었다. 그렇지만 실상은 유대인의 손에 죽은 것이다. 유대인과 이방인의 공동작품이기도 했다. 의인 예수의 처형이 결정되자 죄인 바라바는 구원받게 되었다. 아이러니하지만 그것은 의인의 죽음으로 죄인이 사는 복음의 전형이었다.

십자가 사형 방법은 원래 페르시아에서 시작된 제도였다. 죄인이나 악인들의 시체로 땅을 더럽히는 것은 신성한 땅에 대한 모독이라고 생각해서 사형수를 십자가에 못 박고 방치해 두어 독수리나 까마귀들이 와서 뜯어먹게 했다. 로마인들이 이것을 배워 흉악한 정치범에 한해서 이 십자가형을 적용했다.

골고다 언덕 십자가

헤롯 궁 밖으로 사람들이 쏟아져 나왔다. 행진의 선두에 한 로마 군인이 서판을 들었다. 죄수의 죄목을 쓴 서판에는 '유대인의 왕'이라고 쓰여 있었다. 그 뒤에서 채찍을 휘두르는 소리가 요란했다. 어깨에 형틀을 지고 비틀거리며 걷는 죄수의 모습이 존의 눈에 들어왔다. 세 명의 로마 군인들이 마름모꼴 형태로 예수를 포위한 채 계속 채찍을 휘두르며 행진했다. 사람들은 세 개의 채찍 반경을 벗어나 물러서서 죄수 호송을 둘러싸고 따라갔다.

예수의 옷은 찢기고 얼굴은 머리에서부터 흐르는 피로 범벅이 되었다. 존은 온몸의 피가 거꾸로 솟는 것 같았다. 그 자리에 털썩 주저앉았다. 긴 행렬이 지나갔다. 존이 다시 벌떡 일어나 그 뒤를 따랐다.

예수의 행렬은 갈보리 언덕 사형장으로 향했다. 그곳은 두개골을 연상시키는 둥근 바위 언덕 형태라서 해골이라는 뜻의 골고다로 불렸다. 예루살렘 시가지에서 갈보리 언덕까지는 그리 멀지 않았지만 가능한 많은 사람들에게 구경시켜 주기 위해 이리저리 돌아서 사형장으로 가고 있었다.

너무 쇠약해진 예수는 무거운 형틀을 감당하지 못하고 여러 번

쓰러졌다. 그때마다 로마 군인들은 사정없이 채찍을 휘둘렀다. 끝에 쇠붙이와 뼈가 달린 채찍은 옷을 찢고 살을 찢어 피가 튀었다.

십자가를 지고 도저히 더 올라갈 수 없을 만큼 예수가 기진맥진해서 쓰러지자 로마 군인이 구경꾼 중에 한 건장한 사람을 지명하여 강제로 죄수 대신 십자가 나무를 어깨에 지게 했다. 그는 아프리카 동북부 구레네가 고향인 유대인 디아스포라 시몬이었다.

목적지에 가까워졌을 때 언덕 위에서 창자가 끊어지는 듯 고통에 찬 비명이 들렸다. 로마 병사들이 먼저 온 다른 두 명의 죄수를 뉘어 놓고 십자가에 못 박고 있었다. 예수 때문에 그들의 사형 집행 시간도 앞당겨진 듯했다.

예수를 끌고 온 병사들도 십자가 형틀에 그를 못 박았다. 병사들이 그를 조롱하며 즐겼고 사형수의 겉옷과 속옷을 차지하기 위해 제비를 뽑으며 희희낙락했다.

눈물로 눈이 퉁퉁 부은 존의 시야에 예수 어머니 마리아와 여제자들, 글로바 부부가 보였다. 그가 인파 속을 헤치고 그들에게 다가가서 실신 직전의 마리아를 글로바와 함께 붙들었다.

오전 9시, 파놓은 구덩이에 세 개의 십자가가 세워졌다. 못 박힌 그들의 양 손목과 발목에서 피가 샘물처럼 솟아 흘러내렸다. 처절한 비명에 듣는 사람들까지 몸에 전율이 일고 소름이 끼쳤다. 십자가 밑에서 여인들이 통곡했다. 존도 꺼이꺼이 울었다.

십자가에 달려 늘어진 예수의 눈길이 어머니 마리아와 제자들에게 닿았다. 고통으로 일그러진 그의 입가에 희미한 미소가 걸렸다. 그의 힘없는 음성이 어머니 마리아를 불렀다. 그 옆의 존도 불렀다.

그는 존에게 어머니 마리아를 부탁했다.

열두 제자 중에 막내였던 존은 십자가 밑에서 제자들의 대표인 양 예수의 마지막을 함께하고 있었다. 진리를 목말라하면서 전심으로 따랐기에 평소에도 예수는 그에게 각별한 애정을 보였다. 예수는 존이 열두 제자 중에서 이 세상에 가장 오래까지 남아 그의 증인으로 살아갈 것을 알고 있었을까. 죽음보다 진한 삶의 십자가를 지고 살아갈 존의 미래를 그는 내다보았는지도 모른다.

군중은 새벽보다 엄청난 규모로 불어나 있었다. 새벽까지는 당국자들이 동원한 사람들이 대부분이었지만 소식을 듣고 수많은 사람들이 몰려나왔다. 사람들이 십자가에 매달린 예수에게 소리쳤다.

"네가 메시아라면 어디 기적을 일으키며 내려와 보시지?"

바로 얼마 전 예수가 예루살렘에 입성할 때 호산나를 외치며 환영하던 사람들도 있었다. 어떤 사람들은 메시아라고 믿었던 사람이 허무하게 사형수로 죽어가는 모습을 보며 배신감이 분노로 바뀌어 치를 떨었다. 예수를 원망하며 욕설을 퍼부었다.

"아버지, 저들의 죄를 용서하여 주소서. 저들은 자신들이 무슨 짓을 하는지 알지 못합니다."

예수가 하늘을 향해 기도했다. 무리 중에 어떤 이들은 혹시나 마지막에 기적이 일어날지 모른다는 기대를 포기하지 않았다. 끝까지 지켜보며 그 자리를 뜨지 않았다. 구름도 숨어 자취를 감추고 한낮의 태양이 이글거리며 타오르고 있었다.

정오 무렵이었다. 사람들이 지쳐갈 때쯤 구름이 몰려들고 하늘이 갑자기 빛을 잃어갔다. 태양이 일그러지더니 반달 모양으로 변했다. 점차 반달마저 사라지고 사방이 어둠에 덮였다. 사람들은 출애굽 때 있었다던 흑암의 재앙을 떠올렸다. 공포의 흑암은 세 시간 동안이나 지속되었다.

존은 선생님이 전에 언급했던 하늘에서 오는 표적의 시작인가 생각했다. 사람들은 두려워 떨었다. 뭔가를 간절히 바라는 사람들은 최후의 기적을 초조하게 기다리며 숨을 죽였다.

"엘리, 엘리, 라마 사박다니?"

예수가 하늘을 향해 단말마를 토했다. 그가 엘리야를 부른다고 누군가가 소리쳤다. 그러나 그것은 고대 세계 중동 지방의 국제 통용어인 아람어였다. 정확한 아람어 발음은 '엘로이, 엘로이, 람마 사박다니'였다. '나의 하나님, 나의 하나님, 어찌하여 나를 버리시나이까?'라는 뜻이었다.

그 외침은 견딜 수 없는 고통으로 인한 울부짖음이었다. 그의 외침이 존의 심장을 파고들었다. 이해할 수가 없었다. 하나님이 버리셨다는 말은 도대체 무슨 뜻이란 말인가.

그는 예수의 절규가 의미하는 그 깊은 고통을 알지 못했다. 그의 죽음은 아벨이나 선지자들이나 세례요한의 순교적 죽음과는 차원이 달랐다. 그들에게는 하나님이 보이지 않게 성령으로 힘을 실어 주었다고 할 수 있다. 그러나 예수는 세상 죄를 짊어진 어린양으로 죽어야 했기에 하나님은 눈물을 머금고 아들의 고통을 외면하고 고개를 돌렸다. 흑암은 하나님의 외면이었다. 하늘 아버지의 아픈 마음이었다.

예수는 십자가의 육체적인 고통이나 조롱과 수치의 정신적 고통보다는 아버지 하나님과 영적 단절의 고통이 훨씬 더 견디기 어려워서 절규했다. 영적 분리의 고통과 절망이 얼마나 견디기 어려운 것인지 인간은 다 알 수 없다.

흑암의 세 시간을 제외하고 아버지와 아들은 늘 함께 있었고 빛과 생명의 관계성 속에서 서로의 기쁨으로 존재했다. 예수는 하나님과 하나이면서 둘이었고 성령과 함께 셋이면서 하나였다. 그것이 하나님의 존재방식이었다. 하나님은 시간과 공간의 제약을 받지 않는 영원하신 분이고, 그 존재방식은 수마저 초월했다.

"나의 하나님! 나의 하나님!"

흑암의 세 시간, 죄인으로 버림받는 순간에 예수는 인간으로서 죽어야 했기에 하나님을 아버지라 부를 수 없었다. 그 단절의 시간에 그는 철저한 속죄 제물로 드려지는 희생양이었다. 진리의 영이 역사하기 전에는 이 비밀을 누가 알 수 있겠는가!

예수가 큰 소리로 무슨 말인가를 외치더니 고개를 떨어뜨리고 숨을 거두었다. 한동안 땅이 흔들렸다. 여기저기서 바위가 폭발하며 터져 나갔다. 세상이 무너지는 것 같았다. 사람들이 겁에 질려 비명을 질렀다. 잿빛 하늘이 변하여 핏빛 붉은색과 보라색으로 나뉘어 엉켰다. 급기야 두루마리처럼 말려 치솟더니 순식간에 천지 사방으로 흩어지며 자취를 감추었다.

얼마의 시간이 흘렀을까, 지진과 폭음이 멎었다. 붉은빛 테를 두른 태양이 서서히 모습을 드러냈다. 사형 집행관인 로마 백부장이 자기도 모르게 중얼거렸다.

"이 사람은 진실로 하나님의 아들이었구나."

안식 후 첫날

안식 후 첫날이 되었다. 예수가 십자가에 죽은 금요일을 지나 3일째 일요일 아침이었다. 글로바 부부는 예루살렘을 떠나 엠마오 집으로 향했다. 엠마오는 예루살렘에서 30리쯤 떨어져 있었다. 그들은 슬픔과 절망으로 주저앉아 있다가 이제야 집으로 돌아가는 것이다.

"이렇게 허무하게 끝나고 마는 것인가?"

글로바가 한숨을 쉬며 힘없이 말했다. 예수의 처참한 최후를 보며 그들은 얼마나 울었는지 모른다. 함께 가던 그의 아내가 고개를 저으며 말했다.

"그럴 리 없어요. 이대로 끝나지는 않을 거예요. 지금 상황을 이해할 수 없지만 선생님은 분명 메시아였어요."

"당신과 내가 그 십자가 밑에서 선생님이 운명하시는 것을 분명히 목격했잖소? 그는 세례요한처럼 훌륭한 선지자였지만 메시아는 아니었던 모양이야."

"오늘 새벽에 막달라 마리아가 선생님을 보았다고 했잖아요."

새벽에 막달라 마리아가 예수를 장사한 무덤에 갔을 때 무덤이 비어 있었다고 했다. 돌아 나오는 길에 선생님을 분명히 만나서 대화까지 했다고 했다. 그녀가 그 사실을 제자들에게 전했고 그들은 반신반의하면서 사실을 확인하려고 무덤으로 달려갔다고 했다.

"그 말이 사실일까? 그러면 선생님이 죽지 않았거나 아니면 다시 살아나셨다는 거야?"

글로바가 아내에게 말했다. 그때 뒤에서 인기척과 함께 어떤 사람이 말을 걸어왔다.

"무슨 이야기를 그렇게 심각하게 하고 계시는가?"

그들이 뒤돌아보니 귀티가 나고 인물이 훤한 신사였다. 랍비 중의 랍비 같은 학자풍의 사람이었다. 글로바가 그에게 예수의 십자가 사건을 말해 주었다.

"그런데 몇몇 여인들이 다시 살아난 예수를 목격했답니다. 제자들이 듣고 무덤으로 가 봤는데 무덤은 비어 있었으나 선생님은 볼 수 없었다고 했습니다. 제자들은 여인들이 잘못 보았거나 환상을 보았을 거라고 생각하는 것 같았습니다."

"어리석게도 성경의 예언을 믿지 못하는 모양이군. 구약 성경이 그리스도의 고난과 부활을 분명히 예언했는데…."

랍비 같은 신사가 말했다.

그는 구약 성경 전체에서 인자요 그리스도인 메시아에 대한 예언들을 풀어 주었다. 그 가르침은 전에 예수의 강론을 듣던 때처럼 감동이 있었다.

어느덧 그들은 엠마오에 도착했다. 글로바 부부는 사양하는 길손을 강권하여 집으로 인도했다. 조금 이른 시간이었지만 식탁을 차렸다. 기도를 부탁받은 그가 빵을 들고 기도할 때 그 부부의 눈이 열렸다. 그제야 그들은 선생님을 알아보고 깜짝 놀랐다. 그러나 그는 순식간에 그 자리에서 사라졌다.

"마리아의 말이 사실이었어. 주님께서 부활하신 거야."

그들은 흥분했다. 그대로 있을 수 없었다. 곧 해가 지겠지만 그들은 다시 예루살렘으로 돌아가 제자들에게 이 사실을 전해 주어야 한다고 생각했다. 그들은 급히 일어나 예루살렘으로 향했다. 가는 길에 글로바의 아내가 남편에게 말했다.

"오는 길에 왜 우리는 둘 다 선생님을 알아보지 못했을까요?"

"나도 그게 참 이상하다 생각했는데 이런 생각이 들었어. 십자가에 달린 선생님의 그 처참한 죽음이 우리에게 너무 강하게 각인되어 귀티 나고 빛나는 용모의 부활하신 선생님과 전혀 연결할 수 없었던 거야."

"그럴 수 있겠네요. 그래도 그렇지…."

"아, 지금 말하면서 또 하나 깨달은 게 있어."

"뭔데요?"

"오는 길에 그분이 말씀을 풀어 주실 때 예언된 그리스도의 실체를 깨닫고 확신이 생기면서 가슴이 뜨거워졌거든."

"저도 그랬어요."

"이것이 영적 원리가 아닐까? 죽은 자는 다시 살아날 수 없다는 고정관념 때문에 눈으로 본들 믿어지지 않는 것 같아. 말씀이 마음속에 자리 잡고 역사할 때 그때서야 비로소 깨닫고 확신이 생기는 것 같지 않아?"

"맞아요. 성경 속에 나타난 그리스도 예언을 들을 때 저도 성경이 구슬로 꿰어지는 것 같더라고요. 메시아가 분명히 예언대로 다시 살아난다는 확신이 생겼어요."

부부가 예루살렘에 도착했을 때는 날이 이미 어두웠다. 그들은 지금쯤 제자들이 마가의 집에 있으리라 생각하고 그곳으로 찾아갔다. 모두는 아니었지만 8명의 제자가 그들의 예상대로 그곳에 모여 있었다.

그런데 제자들의 얼굴이 달라져 있었다. 아침에 그들은 슬픔과 절망으로 공황 상태였는데 분위기가 바뀌어 있었다. 베드로가 환한 얼굴로 반갑게 글로바 부부를 맞았다. 부부가 부활하신 선생님에 대해 말을 꺼내기도 전에 그가 먼저 말했다.

"막달라 마리아의 말이 사실이었소. 처음에는 그녀가 충격으로 허상을 봤다고 생각했는데 우리도 부활하신 선생님을 만났다오."

안드레와 존 등 다른 제자들도 서로 말하고 싶어 안달이었다. 모두 들떠서 한마디씩 했다.

"초저녁에 선생님이 여기에 찾아오셨어요."

"우리는 군병들이 또 찾아올까 봐 방에서 문을 잠그고 소리도 내지 않았거든요."

"그런데 그분이 유령처럼 방 안에 모습을 드러내셨어요. 그러나 분명 유령은 아니었어요."

그때 그 자리에 없었던 도마가 고개를 저으며 못 믿겠다는 표정으로 말했다.

"유령이 아니면 환영을 보았겠지. 직접 그 손과 발의 못 자국을 만져봤어? 영이면 몰라도 어떻게 몸이, 그것도 특별한 상태로 부활할 수 있어. 말도 안 돼."

그들의 말을 듣고 글로바도 오늘 낮에 엠마오 길에서 선생님을 만난 이야기를 제자들에게 전해 주었다. 그들은 선생님을 길에서 만나 함께 걸으며 대화하면서도 알아보지 못했노라고 말했다.

"우리도 선생님이 부활할 것이라고는 생각도 못 했고 분위기가 너무도 달라진 그분을 알아보지 못했어요. 피부며 얼굴이며 몸이 완벽한 모습으로 바뀐 것 같아요. 그분은 모세와 선지자의 글을 인용하며 성경을 풀어 주셨어요. 메시아의 고난과 죽음과 부활에 관한 예언들 말입니다. 우리가 선생님을 선뜻 알아볼 수 없었던 것은 완벽한 부활의 몸으로 변화된 때문이기도 하겠지만 육체의 눈으로 본다고 믿어지는 건 아닌 것 같습니다."

"아! 그래서 성경으로 믿음을 주셨군요. 우리에게도 성경을 풀어 주셨어요."

글로바의 말을 듣고 존이 반응하자 제자들이 한마디씩 했다.

"맞아. 예언된 메시아 죽음과 부활의 의미를 성경 말씀을 통하여 확신하지 못하면 보아도 보이지 않지."

"그분이 부활하신 영광을 많은 사람들에게 한꺼번에 나타내시지 않는 것도 그 때문일 것 같군."

글로바 부인은 그 집에 부활하신 그분이 보이지 않는다고 생각하며 제자들에게 그가 지금 어디 계시느냐고 물었다.

"또 사라지셨어요."

존이 대답하자 야고보가 모두에게 말했다.

"우리 모두 자리에 앉아 상황을 차분히 정리해 봅시다. 선생님이 사라지신 것은 아무래도 놀란 우리가 정신을 차리도록 시간을 주신 것 같소."

그들은 흩어져 자리에 앉거나 비스듬히 누웠다. "현재 선생님이 부활하신 후 세 번 나타나셨다는 것인데…. 맨 먼저 막달라 마리아와 여인들에게, 다음에 글로바 부부와 우리 일곱 제자에게….”

“우리가 알지 못하는 또 다른 사람이 있을 수도 있지.” 베드로가 말했다. “이제 우리 어떻게 하지? 선생님이 또 사라지셨으니 무엇을 해야 할지 막막하군.”

“아, 막달라 마리아가 그랬어. 선생님이 갈릴리에 먼저 내려가 계신다고 말이야.”

빌립이 말하자 베드로가 일어나며 말했다.

“그럼, 우리 모두 일단 갈릴리로 내려가자!”

존이 몽롱한 눈으로 혼잣말처럼 중얼거렸다.

“우리도 부활의 몸을 가지면 선생님처럼 문이고 벽이고 상관없이 나타났다 사라졌다 하고 갈릴리와 예루살렘을 순식간에 오갈 수도 있을까? 늙지도 죽지도 않는 완벽하게 변화된 몸으로 말이야.”

부활 후 승천

갈릴리에 내려온 제자들은 어디서 부활하신 예수님을 만날 수 있을지 막막했다. 한낮이 지나가자 가만히 앉아 있는 성질이 아닌 베드로가 더는 참지 못하겠다며 고기 잡으러 간다고 나섰다. 다른 제자들도 따라나섰다. 참으로 오랜만에 해 보는 그물질이었다. 그러나 갈피를 잡지 못하고 마음이 심란한 그들에게 그 일도 재미가 없었다. 집중하지 못해서인지 전처럼 고기가 잡히지 않았다. 밤새도록 어두운 바다를 헤매고 다녔다. 빈 그물질만 해댔다. 공황 상태에 빠진 그들의 마음이 그대로 드러났다.

수평선의 여명이 새벽을 열고 있었다. 지친 그들은 그물질을 포기하고 그냥 배에 주저앉아 있었다. 배는 파도를 타고 조금씩 바닷가로 떠밀려 나왔다. 그때 누군가 바닷가에서 그들을 향해 손을 흔들며 소리치는 사람이 있었다.

"저 사람 우리를 부르는 거야? 누군데 우리를 아는 척하지?"

배가 뭍에서 90미터쯤 거리가 좁혀졌을 때 그 사람의 말을 들을 수 있었다.

"친구들! 고기 좀 잡았나? 배 오른편에 그물을 던져보지 그래. 그쪽에 고기가 많아 보여."

제자들이 배 오른쪽 바다를 내려다보았다. 고기가 별로 보이지 않았다. 더 아래 밑에 희미하게 고기들이 보이는 것 같기도 했다. 그들은 한 번만 더 그물을 던져 보기로 했다.

"와, 묵직한데. 그물을 끌어 올려 봐."

그물 속에 고기들이 다투어 위로 튀어 올랐다. 올라오는 그물에 고기가 가득 담겨 있었다. 베드로는 문득 자신이 예수님의 제자로 부름 받을 때의 정황과 너무도 흡사하다는 생각이 들었다. '혹시, 바닷가에 서 있는 저분이 선생님이신가?' 그때 어떤 제자가 소리쳤다.

"예수 선생님이시다!"

"뭐? 정말?"

베드로가 후닥닥 바다로 뛰어내렸다. 급한 마음에 느리게 움직이는 배에서 기다릴 수 없었다. 마음만 급했지 뭍에 도착한 것은 배를 타고 온 제자들이나 베드로나 거의 비슷했다. 그들은 부활하신 예수를 알아보았다. 그는 이미 숯불을 피워 놓고 떡을 굽고 있었다.

"어서들 와. 잡은 고기 몇 마리 가져오지. 자, 아침 식사하자."

제자들은 선생님에게 물어볼 말이 많았으나 무슨 말부터 해야 할지 몰라 아무 말도 못 하고 빵과 생선을 떼어 먹었다. 예수도 잠시 말없이 생선을 뜯어 입으로 가져갔다. 예수는 제자들이 자신만 주목하는 모습을 보고 손을 털며 그들을 둘러보았다. 베드로와 시선을 맞추며 물었다.

"시몬아, 네가 나를 사랑하느냐?"

베드로가 선생님의 얼굴을 마주 보았다. 새벽 공기 속 저 눈빛! 그날 새벽이 생각났다. 가야바의 뜰에서 끌려 나오던 선생님과 먼 발치에서 마주쳤던 그 새벽의 눈빛이었다. 베드로는 울컥 목이 메었다. 선생님을 세 번 부인하고 마음이 미어져 성벽 아래서 통곡했던 그때의 심정이 되살아나 얼굴만 붉어지며 말을 잇지 못했다. 수많은 생각과 언어들이 그의 머릿속에서만 소용돌이쳤다. 이윽고 막힌 숨이 터지듯 그의 대답이 울먹임으로 토하여졌다.

"내가 주를 사랑하는 줄 주께서 아시나이다."

베드로의 대답을 듣고도 예수는 베드로를 시몬으로 호칭하며 세 번씩이나 거듭해서 동일한 질문을 했다. 처음 제자로 부름 받았을 때의 사명적 응답을 재확인하는 듯했다. 베드로는 속으로 외쳤다. '이제는 정말 선생님과 함께 죽을 수 있을 것 같습니다. 선생님 없는 내 인생은 아무것도 아니라는 사실을 뼈저리게 절감했습니다!' 그러나 그는 그 말을 지난번처럼 입 밖으로 큰소리치지 않았다. 다만 그의 눈물이 말하고 있었다.

"내 양을 치라."

예수는 베드로에게 다시 한번 사명을 주었다. '사람 낚는 어부가 되게 하겠다'고 처음 제자를 삼으며 주었던 사명을 상기시켰다. 이어서 그는 다른 제자들을 둘러보며 한 사람씩 눈길을 주었다. 그들이 주고받는 그 눈길은 그들 각자에게 주었던 사명을 재확인하는 질문이자 응답이었다.

예수가 제자들에게 말했다.

"예루살렘에 모여 하나님이 약속하신 성령을 기다려라."

일주일 후 제자들은 예루살렘으로 돌아왔다. 그들의 얼굴에는 새로운 희망으로 결의에 차 있었다. 그들은 마가의 다락방에 수시로 모였고 날마다 기도하며 기다렸다. 부활 후 40일째 되던 날 예수는 제자들이 모여 있는 그곳에 나타났다. 제자들이 선생님에게 물었다.

"이제 때가 된 것입니까?"

제자들은 부활하신 예수의 능력과 그들에게까지 권능이 주어지면 온 유대가 염원했던 이스라엘 독립이 이루어질 것이라 확신했다. 예수가 계속해서 언급하는 하나님 나라는 로마 치하에서 독립하여 하나님의 신정국가로 이어지는 이상국가라고 생각했다.

"이스라엘 독립의 때는 하나님 아버지의 권한에 두셨으니 너희는 오직 내 증인이 되어 하나님 나라를 전파하라. 성령이 너희에게 임하시면 예루살렘뿐만 아니라 온 유대와 사마리아와 땅 끝까지 가서 너희가 내 증인이 될 것이다. 다른 제자들도 불러 감람산에 모이도록 해라."

예루살렘에는 열한 사도뿐만 아니라 70인 전도단과 그의 동생들이 있었고, 예수 부활 소식을 듣고 예루살렘에서 약속하신 성령을 기다리며 기도하던 많은 제자들이 있었다. 소식을 듣고 달려와 그날 감람산에 오른 제자가 약 500여 명가량 되었다.

"이제 내 때가 이르렀다. 내가 다시 올 때까지 하나님 나라를 생각하여라. 내가 누구인지를 잊지 말고 나의 증인으로 살아라. 이것이 내가 너희에게 주는 복된 사명이다."

말을 마치고 그가 하늘을 올려다보았다. 구름 사이로 하늘이 맑게 열리고 있었다. 살랑거리는 바람을 타고 은은한 향기가 퍼졌다. 한 줄기 빛이 예수의 머리와 어깨 위에 내렸다. 수많은 제자들이 선생님을 주목했다. 인자한 미소를 띤 예수의 몸이 서서히 공중으로 떠올랐다. 제자들은 넋이 나간 채 허공으로 떠오르는 선생님을 올려다보았다.

"이것이 진정한 일곱 번째 표적인가!"

존이 낮게 읊조렸다. 초막절 강론부터 줄곧 예수 설교의 중심 주제는 '떠남'이었다. 사람들은 메시아가 아브라함이 만난 멜기세덱처럼 어디서 왔는지 알 수 없게 등장할 것이라고 믿었다. 그들에게 예수는 '내가 떠나는 것을 보면 내가 어디서 왔는지 알게 되리라'고 했다.

예수 승천 장면은 그가 메시아라는 시각적 메시지였다. 그는 거기서 왔고 아버지가 그를 보낸 그곳으로 이제 떠나간다는 것이었다. 그가 어디서 왔으며 누구인지를 안다면 그의 십자가의 의미를 깨닫게 될 것이다. 나아가 그의 증인으로 살지 않을 수 없을 것이다. 이것이 다시 온다는 그의 약속을 믿고 살아가는 자들에게 주어진 삶의 나침반이다.

선생님이 구름 속으로 사라질 때 그들의 가슴에 선생님의 음성이 메아리가 되어 울렸다.

"내가 그다I am He!. 이제 나의 증인으로 살아라."

작가의 말

　동서고금을 통틀어 가장 오랫동안 베스트셀러에서 빠진 적이 없고, 수천 년 역사 속에서 많은 감동을 주면서도 비평과 논쟁이 끊이지 않은 책은 《성경》이다. 그 책의 메시지와 의미에 대하여 사람들이 가장 알지 못하는 책, 그래서 먼지 구석에 던져 두어 가장 홀대받는 책도 《성경》이리라.

　서점에는 수많은 《성경》 번역본과 성경공부 교재들이 쌓여 있다. 많은 설교와 가르침들을 담은 책이 넘쳐 난다. 《성경》에 대하여 가르치는 선생도 많다. 그런데도 그 속의 비밀은 여전히 펼쳐지지 않고 있다. 기독교라는 이름으로 쏟아지는 수많은 정보로 범람하는 홍수 속에서 더욱 갈증을 느끼는 오늘날 기독교인들의 실상은 무엇을 말하는 것일까.

　《성경》의 예언들, 예수가 행한 수많은 기적과 언행에 담긴 진정한 비밀을 알지 못해 그를 다만 위대한 성인으로 치부해 버린다. 신이 우리 앞에 직접 나타나면 믿겠다고 말하는 사람도 있다. 그러나 그것은 자기 속임일 수 있다. 기독교인으로 자처하면서도 그 비밀을 어렴풋하게 알고 있어 생명력이 없다. 진리의 비밀은 실재하는데 다만 사람들이 알지 못할 뿐이다. 이제 《성경》에 대하여 말하기보다 《성경》 속으로 들어가야 한다. 《성경》이 무엇을 말하는지 들어야 한다.

과학자들은 지구를 비롯한 행성들이 우주 공간에 엄청난 굉음을 터트리며 자전과 공전을 하고 있다고 주장한다. 다만 사람들이 그 소리를 듣지 못하고 있을 뿐이며, 그것은 인간의 귀를 보호하려는 창조주의 배려요 안전장치라는 것이다.

나는 예수의 메시지가 역사 속에 숨 쉬고 있으며, 그의 십자가의 절규가 아직도 메아리로 이 세상에 맴돌고 있다고 믿는다. 마음을 활짝 열고 진리의 비밀한 음성이 무엇인지 듣고자 하는 자를 오늘도 하나님은 찾으신다고 확신한다.

다니엘과 에스겔 선지자는 하늘 구름을 타고 오시는 메시아를 히브리말로 '벤 아담', 곧 사람의 아들 인자人子로 불렀다. 예수님은 자신을 그 '인자'라 지칭하며 '예언된 메시아'라는 그 의미를 취했다. 자신의 정체성을 분명히 한 것이다.

나는 온몸과 죽음으로 간절히 말하고 싶어 했던 예수의 속마음을 들여다보고 싶은 한 구도자였다. 오늘도 나는 예수님의 제자들 속에서, 한 바리새파 청년과 종교 지도자들 속에서 자신을 발견한다.

겸손하게 성령의 도움을 구하면서 《성경》에 귀를 기울여 보자.

진리의 맛이 느껴지기까지, 세상이 작아 보일 때까지. 질식할 것 같은 세상 속에서 풀과 나무만 보아도 행복이 가슴까지 차오를 때까지.

이 책이 나오기까지 도움을 주신 많은 분들께 감사를 표현하고 싶다. 먼저 출판을 수락해 주신 생각비행 출판사 손성실 대표님과 편집부에 감사드린다. 사복음서를 입체적으로 X좌표 Y좌표 도식을 만든 생터성경사역원 이애실 대표님께 감사드린다. 늦깎이로 문단에 입문할 수 있도록 도와주신 문복희 교수님, 소설이 무엇인지 기본을 가르쳐 주신 소설가 박희주 선생님, 졸고를 끝까지 읽고 조언과 격려로 함께해 주신 작가 가순열 선생님과 가온문학 대표 김정현 선생님, 먼저 읽고 추천서를 써 주신 일곱 분 목사님들께 진심으로 감사를 전하고 싶다.

관심을 두고 기도해 주신 성도님들에게 감사드리며, 끝까지 포기하지 않도록 힘이 되어 준 아내와 가족들, 특히 후견인이 되어 준 두 아들에게 사랑을 전한다.

2019년 남태평양 산호섬 피지에서

내용 관련 성구

구도자들

길을 예비하는 자 (막 1:1-6; 눅 1:80, 3:3-4; 사 40:3-5; 말 3:1, 4:5)

길을 찾는 사람들 (요 1:4-8, 35-40)

출생의 비밀 (눅 1:57-80)

요단 동편 집회 (마 3:1-12; 막 1:1-8; 눅 3:1-18; 요 1:19-28)

첫 유월절 회상 (출 3:1-12:51)

새로운 만남 (요 1:19-51)

폭풍의 눈

긴장하는 교권들 (마 3:7-12; 요 1:19-28)

첫 이적 (요 2:1-11)

가버나움 답사 (요 2:12)

예루살렘 성전에 등장한 예수 (요 2:13-22)

대책회의 (눅 6:11; 요 7:25)

제자들의 담론 (요 2:13-25; 눅 20:1-8)

밤의 방문객 (요 3:1-15)

갈릴리 도상 (요 2:23-25, 4:1-42)

마리아의 회상

갈릴리 가나 (요 4:43-54)

나사렛 귀향 (눅 4:14-30; 마 4:13-17; 막 1:14-15)

회상 (마 1:16-18; 눅 1:26-38, 2:1-5)

출산과 표적들 (눅 2:6-40)

처녀 잉태의 비밀 (마 1:1-25)

동방에서 온 박사들 (마 2:1-12)

이집트 망명 (마 2:13-23)

나사렛 회당 사건 (눅 4:16-30; 마 4:12-17; 막 6:1-6)

갈릴리 1차 사역

사역 본부와 제자들 (눅 5:1-11; 마 4:18-22; 막 1:16-20)

공식 사역 (눅 4:16-31-44; 마 8:14-17; 막 1:14-15, 1:21-34)

소문 (마 12:38-40, 16:1-4; 막 8:11-13)

죄를 사하는 권세 (눅 5:27-32; 마 9:9-13; 막 2:13-17)

세례요한의 질문 (눅 7:18-35; 마 11:2-19)

광야 시험 (마 4:1-11; 막 1:12-13; 눅 4:1-13; 창 3:1-24)

두 번째 유월절

베데스다 연못 사건 (요 5:1-18)

살의 (요 5:16-18, 7:19, 25-32; 눅 6:11)

안식일의 주인 (눅 6:1-10; 마 12:1-8; 막 2:23-28)

침투 (요 6:15-16; 행 1:13)

세례요한의 죽음 (마 14:1-12; 막 6:14-29; 눅 9:7-9)

산상수훈 (눅 6:12-49; 마 5:1-7:29)

갈릴리 2차 사역

바리새파 시몬 (눅 7:36-50; 마18:22-34)

2차 순회전도 여행 (눅 8:1-15; 마13:10-17; 막4:10-13)

영적 권세 (마 8:23-34; 막 4:35-5:17; 눅 8:22-39)

누가 나의 가족이냐 (마 12:46-50; 막 3:31-35; 눅 8:19-21)

오병이어 사건 (마 14:13-21; 막 6:31-44; 눅 9:12-17; 요 6:1-15)

죽은 이를 살린 표적 (눅 7:11-17)

되살아난 회당장의 딸 (마 9:18-26; 막 5:21-43; 눅 8:40-56)

바다 위를 걷다 (마 14:22-33; 막 6:45-52; 요 6:16-21)

은둔의 시간들

집중 훈련 (마 15:21-39; 막 7:24-8:10)

두 번의 안수 (막 8:22-26)

베드로의 고백 (마 16:13-28; 막 8:27-38; 눅 9:18-27)

뜨인 돌 (단 2:1-2:45)

하늘나라 열쇠 (마 16:18-20)

변화산의 예수 (마 17:1-13; 막 9:1-13; 눅 9:28-36)

70인 전도단 (눅 10:1-16; 요 7:1-9)

흔들리는 제자 공동체 (마 18:1-35; 막 9:33-37; 눅 9:46-48)

의미 있는 소수 (눅 10:1-16, 15:1-32; 마 18:12-14)

일곱 표적 예언 (요 7:10-13)

요단 동편 사역

하늘에서 온 자 (요 7:14-36)

빛, 진리, 자유 (요 8:1-9:41)

하나님의 화법 (요 8:12-10:18)

70인 전도단 보고대회 (마 19:1-20:16; 막 10:1-31; 눅 10:17-24;
　요 10:40-42)

모두를 위한 죽음 (요 11:45-57; 마 26:1-5; 막 14:1-2; 눅 22:1-2)

나사로의 부활 (요 11:1-44)

마리아의 향유 옥합 (요 12:1-8; 마 26:6-13; 막 14:3-9)

종려주일 아침 (마 21:1-11; 막 11:1-11; 눅 19:28-40; 요 12:12-19)

최후의 일주일

성전 정화 (마 21:12-13; 막 11:15-17; 눅 19:45-46)

무화과나무 저주 (마 21:18-22; 막 11:12-14, 20-25)

화요 신학 논쟁 (마 21:23-23:39; 막 11:27-12:44, 13:28-37; 눅 20:1-21:4)

예루살렘 멸망 예언 (마 23:37-24:51; 눅 21:5-28; 계 4:1-5:14)

가룟 유다의 오판 (마 26:14-16; 막 14:10-11; 눅 22:1-6; 요 6:70-71)

다락방 강론 (마 26:17-29; 막 14:12-25; 눅 22:7-30; 요 13:1-14:31)

겟세마네의 밤 (마 26:30-56; 막 14:26-52; 눅 22:39-53; 요 15:1-18:11)

가야바의 집 (마 26:57-27:2; 막 14:53-72; 눅 22:54-71; 요 18:12-27)

사형을 언도한 빌라도 (마 27:11-26; 막 15:1-15; 눅 23:1-25;
　요 18:28-19:16)

골고다 언덕 십자가 (마 27:27-56; 막 15:16-41; 눅 23:26-49; 요 19:17-37)

안식 후 첫날 (눅 24:1-49; 마 28:1-20; 막 16:1-18; 요 20:1-29)

부활 후 승천 (요 21:1-25; 막 16:19-20; 눅 24:50-53; 행 1:1-11)